Niederösterreich
Wachau

Es ist ein weites Land, das sich rund um die Metropole Wien erstreckt. Denn Niederösterreich ist nicht nur das größte Bundesland der Alpenrepublik, sondern gleichsam seine Quintessenz: Seine ›wander‹bare Bergwelt reckt ihre schneebedeckten Gipfel bis in die Zweitausenderregion hinauf. Und gleich daneben liegt das brettebene Marchfeld, das seinem Ruf als Gemüsegarten Wiens alle Ehre macht.

Damit nicht genug: Urtümliche Donauauwälder mit einer anderswo längst verschwundenen Flora und Fauna gehören genauso zu Niederösterreich wie mystische Wackelsteine im Waldviertel, prähistorische Grabmugeln im Weinviertel, fruchtlustige Obstbäume im Mostviertel, die Weinterrassen der weltberühmten Wachau oder die schon sprichwörtlichen ›G'schichten aus dem Wiener Wald‹.
In diese Fülle paßt auch die Ehre, daß Österreich ausgerechnet in Neuhofen an der Ybbs seinen Namen erhielt. Im Jahr 996 erwähnte eine von Otto III. ausgestellte Urkunde erstmals den Namen ›Ostarrichi‹.

Dennoch steht die Region immer noch klar hinter den klassischen Fremdenverkehrsmagneten wie Tirol oder Kärnten zurück, wenn es um die Anziehungskraft auf Touristen geht. Niederösterreich-Besucher stellen erfreut fest, daß man sich hier treu geblieben ist – auf eine angenehm sachlich-zurückhaltende Weise. Der Gast wird freundlich aufgenommen, aber nicht von modernen Freizeitattraktionen unterhalten.
An echten Attraktionen, da sind sich die Niederösterreicher sicher, fehlt es ihnen nämlich ohnehin nicht. Man nehme nur die zahlreichen Burgen, Schlösser, Kirchen und Klöster, die sich im Einklang mit der Landschaft überall verteilen. Das Barockjuwel Stift Melk animierte den italienischen Autor Umberto Eco sogar zu seinem Bestseller ›Der Name der Rose‹.

Eco war beileibe nicht der einzige Künstler, der sich von der hiesigen Aura inspirieren ließ. Ludwig van Beethoven, Franz Schubert, Arthur Schnitzler, Franz Grillparzer, Ferdinand Raimund, Egon Schiele, Oskar Kokoschka oder Ludwig Wittgenstein – alle hinterließen in Niederösterreich ihre Spuren.
Der Autor Edgar Schütz aus Wien und der Fotograf Joachim Holz aus Mönchengladbach haben diese und andere Facetten des Landes für diesen HB-Bildatlas zusammentragen.

Hauptattraktion der Wachau ist das barocke Benediktinerstift Melk, das schönbrunngelb auf einem Donaufelsen erstrahlt.

Titel: Am Hauptplatz von Weitra im Waldviertel.

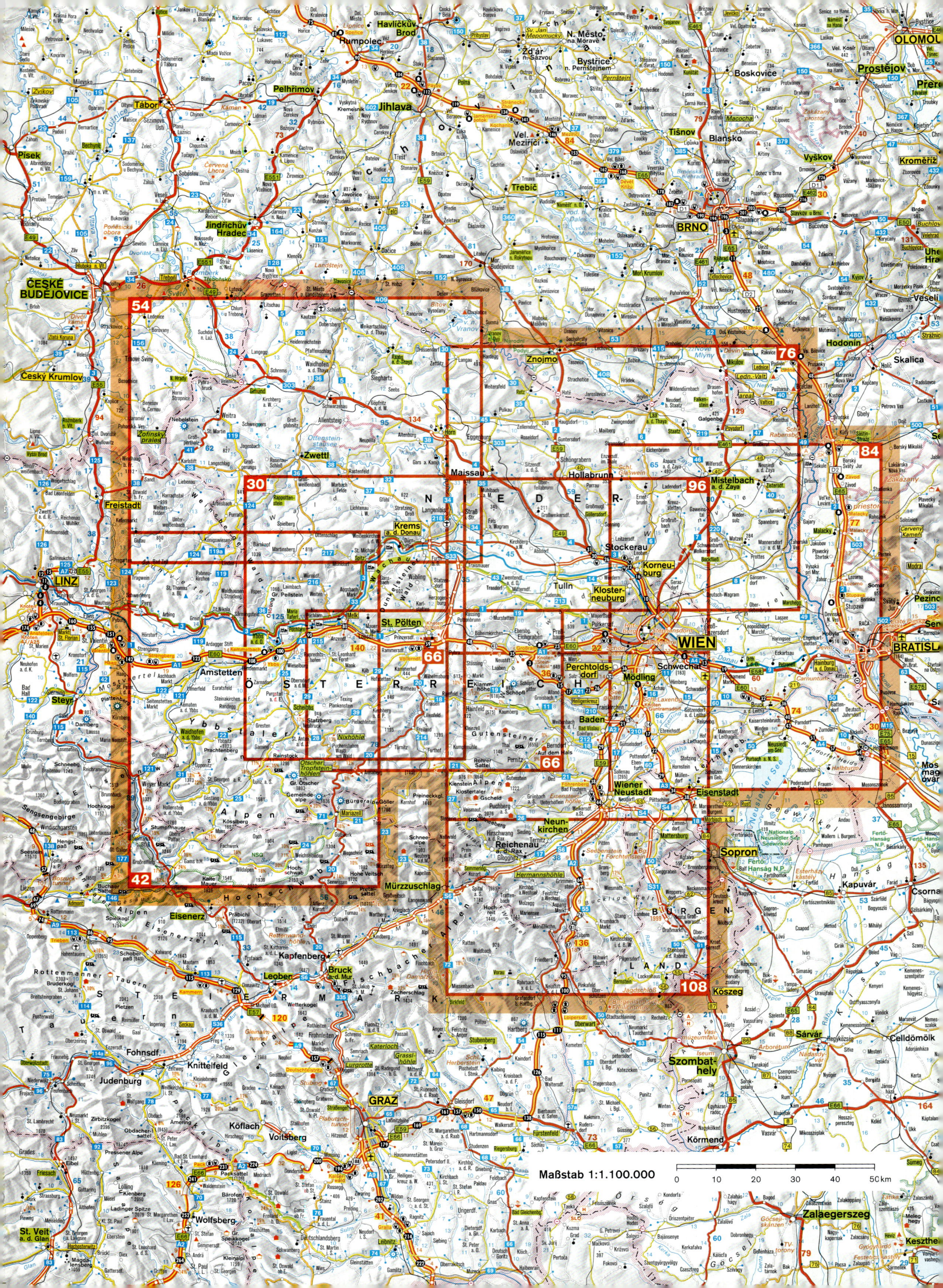

OLOMOUC
Prostějov
Havlíčkův Brod
Humpolec
N. Město n. Moravě
Boskovice
Pelhřimov
Jihlava
Tábor
Písek
Tišnov
Blansko
Vyškov
Kroměříž
Trebič
Jindřichův Hradec
BRNO
Velké Meziříčí
ČESKÉ BUDĚJOVICE
Český Krumlov
Hodonín
Skalica
Znojmo
Mikulov
54
76
84
Horn
Zwettl
Freistadt
Hollabrunn
Mistelbach a. d. Zaya
Maissau
30
96
Krems a. d. Donau
Stockerau
Korneuburg
Klosterneuburg
Tulln
LINZ
St. Pölten
WIEN
BRATISLAVA
Amstetten
Steyr
Perchtoldsdorf
Mödling
Schwechat
66
Baden
Wiener Neustadt
Eisenstadt
Sopron
Neunkirchen
Reichenau
Mattersburg
42
Mürzzuschlag
Eisenerz
Kapfenberg
Leoben
Bruck a. d. Mur
Kőszeg
108
Szombathely
Sárvár
Celldömölk
Kapuvár
Csorna
Knittelfeld
Judenburg
Fohnsdf.
GRAZ
Köflach
Voitsberg
Körmend
Wolfsberg
St. Veit a. d. Glan
Zalaegerszeg
Keszthely
Maßstab 1:1.100.000
0 10 20 30 40 50 km

Inhalt

Das südlich von Wien gelegene Mödling ist eng mit der Metropole verflochten; die Wiener gehen hier gern im Schatten der Mariensäule auf dem Hauptplatz einkaufen.

Die Grenze trennt nicht mehr

Niederösterreich ist immer Grenzland gewesen. Davon zeugen auch die vielen Burgen und Schlösser, die ihre Wehrhaftigkeit allerdings schon lange verloren haben. Nur rund zehn Jahre sind dagegen vergangen, seit der ›Eiserne Vorhang‹ fiel. Als der Stacheldraht verschwand, war die Freude groß – bis manch heimischer Friseur oder Händler die Nachteile der neuen Zeit erkennen mußte: Beim Nachbarn in Tschechien oder der Slowakei ist der Lebensunterhalt eben deutlich kostengünstiger.

Die Ruine Aggstein liegt 300 Meter über dem Donautal. Nur die Burgherren konnten einst den Ausblick genießen. Gefangene aber hatten die teuflische Wahl: verhungern oder springen …

Geistlichkeit und Weltschönheit

Die Bereitschaft, dem Himmel zu Ehren mit beiden Beinen auf der Erde zu stehen, wird in Niederösterreich allerorten deutlich. Stifte, Klöster und Abteien sind kreuz und quer im Land verstreut. Daß bei aller Gottesfurcht auch für seine Vertreter auf Erden mancher Kunstschatz abfiel, war eher eine läßliche Sünde. Was heute auch den Besuchern zugute kommt.

Die Bücherschränke der Bibliothek von Stift Melk bergen über 85000 Bände und 2000 Handschriften aus dem 9. bis 15. Jahrhundert.

ANKER & BERGER

Hauptstadt auf dem Sprung

Eine junge Hauptstadt braucht ein ebensolches Gesicht. An den Ufern der Traisen wurde in kurzer Zeit ein modernes Regierungsviertel gebaut. Dieses Wahrzeichen St. Pöltens ist aber mehr als eine langweilige Beamtenburg: Hier schlägt das Herz von Stadt und Bundesland. Mit der Eröffnung des Festspielhauses entwickelte sich St. Pölten auch zu einem Fixpunkt des österreichischen Kulturlebens. Besonders im Bereich des Tanzes macht man große Sprünge.

St. Pölten gibt sich jugendlich – hier im neuen Regierungsviertel am Landhaus.

Städtisches Herz vielfältiger Natur

Von der Barockstadt St. Pölten aus wird Österreichs größtes Bundesland regiert. Ob urige Auwälder, mystische Kultplätze, zum Wandern einladende Berge, blühende Obstbäume oder kunsthistorische Kleinode – Niederösterreich vereint den imperialen Glanz seiner einstigen Herrscher mit vielfältigen Reizen der Natur, lebendigen Industriedenkmälern, verschiedensten Sportmöglichkeiten und zeitgemäßem Kulturangebot.

Sein Amtszimmer teilt der St. Pöltener Bürgermeister Willi Gruber mit der Galerie seiner Vorgänger.

Land voller Begegnungen

Wolfgang Amadeus Mozart spielte in Baden Orgel; Ludwig Wittgenstein arbeitete in Trattenbach als Volksschullehrer; der letzte Kaiser Österreich-Ungarns, Karl I., ging von Schloß Eckartsau aus ins Exil; Franz Kafka war Patient der Lungenanstalt in Klosterneuburg; Oskar Kokoschka wurde in Pöchlarn geboren und Kronprinz Rudolf nahm sich in Mayerling nahe Heiligenkreuz das Leben – Niederösterreich ist voll von erinnerungsträchtigen Plätzen. Wer sich ihnen nähert – ob im Auto, Zug, zu Fuß oder per Rad –, muß mit Überraschendem rechnen.

In der Wachau bleibt Zeit für ein kurzes Gespräch: Freizeitsportler und Weinbäuerin nahe Spitz.

Wiege des Alpinskilaufs

Der alpine Skisport machte dort seine ersten Schwünge, wo man sie kaum erwartet hätte: Nicht in Tirol, Kärnten oder der Schweiz, sondern in Lilienfeld in Niederösterreich. 1896 brachte Matthias Zdarsky den Brettl'n hier die neue Technik bei. Heute verfügt Niederösterreich über zahlreiche Skigebiete, die ihren schicken Kollegen am Arlberg oder in Kitzbühel eines voraus haben: Sie sind individuell geblieben. Und doch ist auch hier die Zeit nicht stehengeblieben, Sesselbahnen, Snowboarder und Halfpipes haben das Voralpenland längst erobert.

Die Mitglieder der Nostalgieskigruppe Traisen aus Lilienfeld sind wie ehedem mit Seilzugbindungen, Gamaschen und Einstock unterwegs.

Niederösterreich:

Vom Rand ins Zentrum

Nichts ist mehr wie früher. Seit sich der ›Eiserne Vorhang‹ Ende der 1980er Jahre geöffnet hat, rückte das Grenzland Niederösterreich – mit 415 Kilometern Staatsgrenze zu Tschechien und der Slowakei – von seiner früheren Randlage mehr in Europas Zentrum: ein ökonomischer Vorteil, aber auch ein Nachteil, denn das Leben ist etwas hektischer geworden.
Unbedeutend war Niederösterreich schon vorher nicht. Immerhin ist es mit einer Fläche von 19 172 Quadratkilometern das größte der neun österreichischen Bundesländer. In 67 Städten, 296 Märkten und 3 909 Ortschaften leben 1,47 Millionen Menschen. Seit 1986 ist das 50 000 Einwohner große St. Pölten Sitz der Landesregierung; zuvor wurde Niederösterreich von Wien aus verwaltet. Die 1,7 Millionen-Metropole – oft kritisch ›Wasserkopf Österreichs‹ genannt – liegt wie eine Enklave im östlichen Landesteil, ist aber als Hauptstadt der Republik ein eigenes Bundesland. Sehr ländlich strukturiert sind die Gebiete im Wein- und Waldviertel, wo Dreiseit-, Streck- und Hakenhöfe dominieren. Im Alpenvorland überwiegen Vierseithöfe.

Nicht nur in den größeren Städten wie St. Pölten oder Wiener Neustadt ist Niederösterreich modern: Straßencafé in Retz.

Zwischen Auen und Reben

Niederösterreichs landschaftliche Vielfalt ist groß: Als seine ›Lebensader‹ gilt die Donau, deren von West nach Ost verlaufendes Tal von der Ennsmündung an der Grenze zu Oberösterreich und dem Zusammenfluß mit der March am Übergang zur Slowakei insgesamt 232 Kilometer lang ist. Die beiden berühmtesten Abschnitte sind Wachau und Nibelungengau im Westen sowie die naturbelassenen Donauauen in der Nähe von Hainburg, die 1996 Nationalpark wurden. Dazu umfaßt die Palette schroffe Berge mit Gipfeln in der Zweitausenderregion, bewaldete Hochplateaus aus Urgestein, hügeliges Voralpenland und schottrige Tiefebenen. Im Nordosten liegt das Nadelwald-bedeckte Waldviertel, das ans oberösterreichische Mühlviertel und Tschechien grenzt.
Die Geologie rechnet das Waldviertel der aus Granit und Gneis bestehenden Böhmischen Masse zu. Im Süden durch die Donau begrenzt, geht das Waldviertel im Osten ins Hügelland des Weinviertels über. Ein Gebiet, das einst vom Meer bedeckt war, weshalb es reich ist an Fossilien.

Von der Ebene in die Alpen

Im Osten wird das ›Viertel unter dem Manharttsberg‹ – so der Verwaltungsname – immer flacher, bis es im Marchfeld völlig eben ist. Dieser Teil, der bereits zum nördlichen Wiener Becken zählt, ist erdöl- und erdgasreich – im Laufe der Jahre entstand deshalb ein echter Bohrturmwald.
Im Süden des Wiener Beckens verläuft am Westrand die Thermenlinie, die ihren Namen den warmen, heilkräftigen Quellen verdankt. So flach sich Niederösterreich hier präsentiert, so bergig wird es im Gebiet der großen Nord-Süd-Täler der Flüsse Ybbs, Erlauf und Traisen. Diese zu den nördlichen Kalkalpen zählenden Gebirgsstöcke erreichen fast 2 000 Meter, sind also auch für Wintersportler attraktiv. Die südlichen Kalkalpen gipfeln in den beiden Hausbergen der Wiener, der Rax und dem Schneeberg, der mit 2 760 Metern höchsten Erhebung des Bundeslandes.
Topographisch bescheidener gibt sich das agrarisch geprägte Alpenvorland. Hier liegt auch der Wienerwald, der die Bundeshauptstadt von der Donau bis zur Thermenlinie halbkreisförmig umarmt. Schon zu den Zentralalpen zählt der äußerste Südosten mit Semmering, Wechsel und Buckliger Welt. Die beiden wichtigsten Gewässer sind hier Schwarza und Pitten, die sich südlich von Wiener Neustadt zur Leitha vereinen. Deren historische Bedeutung ging mit der Donaumonarchie zugrunde: Der Fluß war die Grenze zwischen Zis- und Transleithanien, also der österreichischen und ungarischen Reichshälfte.

Sonnig und schneesicher

Mannigfaltig wie die Landschaft ist auch das Klima. Von ihm verwöhnt ist besonders das Donautal, wo der Frühling oft bereits Mitte März Einzug hält. Auch zeigt sich hier die Sonne statistisch häufiger als im Landesschnitt.
Weinviertel, Marchfeld und Wiener Becken sind von kontinentalem Klima geprägt – die Sommer sind heiß, die Temperaturen in Herbst und Frühling unbeständig, die Winter kalt. Noch frostiger kann es freilich im Waldviertel werden, wo die Temperaturen im Jahresmittel deutlich unter den Werten anderer Regionen liegen. Die Niederschlagsmengen aber sind größer, die Nebelstunden zahlreicher.
Ähnlich regnerisch, jedoch im Winter schneereich, zeigt sich die Alpenregion. Hier liegt mit Lunz am See einer der Kältepole Österreichs. Die geringsten Niederschläge verzeichnet das Flachland im Osten. Entsprechend empfiehlt es sich, Gebiete wie das Weinviertel oder das Alpenvorland, Wienerwald oder Wachau im Frühling zu besuchen. Im Waldviertel und den Alpenregionen sind selbst heiße Sommer durchaus erträglich. ›Wander‹bar ist Niederösterreich besonders im Herbst. Die Skisaison beginnt meist Mitte Dezember und geht bis in den März.

Nur rund elf Zentimeter groß ist die 25 000 Jahre alte ›Venus von Willendorf‹, die heute im Naturhistorischen Museum Wien steht.

Frühe Siedlungsspuren

Menschliche Spuren lassen sich in Niederösterreich bis in die mittlere Altsteinzeit, also rund 100 000 v. Chr., nachweisen. Die ältesten Kunstfunde stammen aus der Zeit um 23 000 v. Chr.: weibliche Statuetten, die Fruchtbarkeitssymbole waren. Die berühmteste ist die ›Venus von Willendorf‹. Seßhafte Bauern gab es hier seit der Jungsteinzeit, eine erste Hochblüte erlebte die Kultur in der Bronzezeit, als Kupfererze zur Werkzeug-, Waffen- und Schmuckherstellung geschmolzen wurden. Illyrer und Kelten errichteten am Schnittpunkt von Donau und Bernsteinstraße bei Hainburg eine Höhensiedlung auf dem Braunsberg.
Bedeutende Spuren hinterließen die Römer, die entlang der Donau, der nördlichen Grenze der Provinzen Noricum und Pannonien etliche Standlager errichteten, die in Form von Dörfern oder Städten teils bis heute überdauerten. Nach der Teilung des

Land, Leute, Geschichte

Römischen Reiches drangen im Zuge der Völkerwanderung Hunnen und andere germanische Stämme, später auch Slawen und Bajuwaren in das Gebiet vor.

›Österreichs‹ Geburtsstunde

Ab 976 nimmt die eigentliche Geschichte (Nieder-)Österreichs ihren Lauf: Markgraf Luitpold wird von den Ottonen mit der zwischen Enns und dem westlichen Wienerwald bzw. dem Wagram nördlich der Donau und den Voralpen gelegenen Grenzmark belehnt. Als ›Babenberger‹ lenkt sein Geschlecht von nun an 270 Jahre die Landesgeschicke. 996 taucht in einer Urkunde erstmals der Begriff ›ostarrichi‹ auf; 1156 wird die Mark zum Herzogtum.

Nach dem Aussterben der Babenberger (1246) geht Niederösterreich in Besitz des Königs von Böhmen, der es unter der Enns teilt. Nach seinem Fall verleiht Rudolf von Habsburg 1282 das Land an seine Söhne – die Habsburgerherrschaft reicht bis ins Jahr 1918.

Gemeinsam mit Wien ist das Land rund um die Kaiserresidenz seit der Barockzeit eine kulturelle und wirtschaftliche Mitte des Habsburgerreiches. Im Wiener Becken entsteht seit dem 18. Jahrhundert eine bedeutende Industrie. Nach dem Zusammenbruch der k.k.-Monarchie 1918 wird das ehemalige Kern- zum Grenzland.

Seit der Verfassung von 1920 gilt Niederösterreich als Bundesland. 1938/45 gehörte es zum Reichsgau Niederdonau. Bis 1955 war Niederösterreich Teil der sowjetischen Besatzungszone.

In dieser Schenkungsurkunde Ottos III. von 996 – zu sehen in Neuhofen – ist der Name ›Ostarrichi‹ erstmals urkundlich erwähnt.

Bevölkerung und Brauchtum

Nicht so vielfältig wie die Landschaft präsentiert sich die Bevölkerung Niederösterreichs. Sie gilt als äußerst homogen mit Wurzeln im frühen Mittelalter, als die Bajuwaren hier seßhaft wurden. Abgesehen von Zuwanderern aus Böhmen und Mähren zu Zeiten der k.k.-Monarchie waren die Einwanderungsquoten immer niedrig. Erst der Zustrom von Flüchtlingen und Arbeitssuchenden aus dem ehemaligen Jugoslawien änderte diese Situation jüngst ein wenig: Ihr Anteil an der Gesamtbevölkerung liegt jetzt bei sechs Prozent.

Brauchtum wird in Niederösterreich hochgehalten, wenn auch nicht demonstrativ zur Schau gestellt. Doch kirchliche Feste werden meist feierlich begangen, beispielsweise die Fronleichnamsprozessionen. Verwundern kann dies nicht, denn seit der Gegenreformation machen die Katholiken rund 80 Prozent der Gläubigen aus.

Landwirtschaft mit Tradition

Niederösterreichs Wirtschaft war lange durch seine politische Randlage und das Fehlen einer eigenen Landeshauptstadt geprägt. Traditionserwerbe wie Land- und Forstwirtschaft und eine veraltete Industriestruktur überwogen; der Dienstleistungssektor war klein. Bis heute liefert Niederösterreich rund ein Drittel der gesamten landwirtschaftlichen Produktion Österreichs. Zudem ist es die größte Weinbauregion des Landes, rund 60 Prozent der Rebenprodukte kommen von hier.

Bodenschätze sind vor allem Erdöl und Erdgas im Weinviertel und Marchfeld, Produktionsschwerpunkte der Industrie Chemie, Metallverarbeitung, Nahrungs- und Genußmittel und das Bauwesen.

Reich an Kultur

Frühe Bauten des 10. und 11. Jahrhunderts wie das Ottonische Oktogon der Pfarrkirche St. Ulrich in Wieselburg stehen noch in karolingischer Tradition. Prunkstücke der Hochromanik sind Sehenswürdigkeiten wie Stift und Kirche in Heiligenkreuz oder der Kapitelsaal von Stift Zwettl. Auch Kunstschätze wie das Melker Kreuz, der Verduner Altar in Klosterneuburg oder die Buch- und Glasmalereien von Göttweig oder Heiligenkreuz belegen die Ambitionen dieser Epoche.

Im 13. Jahrhundert bringen die Zisterzienser aus Frankreich jene Stilrichtung gen Osten, die sich nach der Machtübernahme der Habsburger voll entfaltet: die Gotik. Es entstehen die Kartausen von Mauerbach oder Gaming. Zu den Bauten von kunsthistorisch überregionaler Bedeutung zählen beispielsweise Chor und Brunnenhaus von Stift Heiligenkreuz. Die Renaissance konnte sich nie mit jener Dynamik ausbreiten wie der Barock. Seine österreichische Blüte ist mit Namen wie Johann Bernhard Fischer von Erlach (1656–1723), Johann Lukas von Hildebrandt (1668 bis 1745), Jakob Prandtauer (1660–1726) und Joseph Munggenast (1680–1741) verbunden. Melk, Göttweig, Seitenstetten, Herzogenburg, Dürnstein, Klosterneuburg oder Heiligenkreuz – fast alle großen Klöster oder Stifte wurden im Laufe des 18. Jahrhunderts umgestaltet oder neu gebaut. Ähnlich unerschöpflich erwies sich das kreative Potential der Barockmalerei. Eine Sonderstellung nimmt hier der nach dem Ort seines Schaffens ›Kremser Schmidt‹ genannte Martin Johann Schmidt (1718–1801), der einige hundert Altarbilder hinterließ.

Biedermeier, Romantik und Historismus prägen das 19. Jahrhundert, ehe sich um 1900 Jugendstil und Expressionismus – mit den beiden Malern Egon Schiele (1890 bis 1918) und Oskar Kokoschka (1886 bis 1980) an der Spitze – durchsetzten. Ein Brennpunkt zeitgenössischen Kunstgeschehens, das landesweit auf Museumsvielfalt baut, ist das architektonisch innovative Regierungsviertel in St. Pölten mit seinen diversen Kultureinrichtungen.

Pulkau im Weinviertel ist ein Stück typisches Niederösterreich: Weinbau und Landwirtschaft prägen das Bundesland auch heute.

Der Sommer ist an vielen Orten Niederösterreichs Open-air-Zeit: Hier ›Companie Cirque Anomalie‹ beim Donaufestival in Krems.

Mächtig erhebt sich das Benediktinerstift Melk über dem gleichnamigen Ort an der Donau. Das Kloster zählt zu den schönsten Barockbauten Europas.

Die Wachau: Gottesfurcht und irdische Genüsse

Die Steinskulptur der ›Venus von Willendorf‹ belegt, daß in der Wachau bereits vor 25 000 Jahren Menschen siedelten. Bis heute gilt die vom Klima begünstigte Landschaft – beliebte Weißweine werden hier gekeltert – zwischen Ybbs und Krems als Österreichs Mitte. Links und rechts der Donau wechselt barocke Pracht mit mittelalterlichen Bauten. Weltberühmt für ihre Schönheit sind zwei Gotteshäuser: das mächtige Stift Melk im Westen und Stift Göttweig im Osten der Wachau. In Sachen Gottesfurcht gab es keine halben Sachen.

△ Stift Melk an der Donau ist ein Juwel barocker Baukunst. Das zeigt die Fassade ebenso …

Himmlische ›Deckenträger‹ im Stift Melk ▽

△ … wie das Schiff der Stiftskirche mit dem Hochaltar und seinen Figuren der Apostel Petrus und Paulus als Mittelpunkt

Herbststimmung vor Schloß Artstetten ▽

△ *Das Deckenfresko der Melker Bibliothek schuf Paul Troger 1731/32*

Plausch in einem Stadtcafé von Ybbs ▽

Sein Anblick macht manchen, der es zum ersten Mal sieht, stumm vor so viel Schönheit: Majestätisch thront das Benediktinerstift Melk auf einem 60 Meter hohen Felsen wie ein Willkommensgruß in der westlichen Wachau. Melk, ab dem Mittelalter ein geistiges Zentrum des Abendlandes, strotzt vor Superlativen: 17500 Quadratmeter mißt seine Fläche, 362 Meter breit ist die Südfront, 1888 Fenster erlauben Blicke hinaus, stolze 64 Meter hoch ist die Kuppel.

Die Klostergeschichte begann 1098, als sich Mönche des heiligen Benedikt hier niederließen. Doch erst im 18. Jahrhundert schuf der kreative Baumeister Jakob Prandtauer eines der monumentalsten Zeugnisse des österreichischen Barocks. Als Prandtauer ab 1702 mit dem Bau begann, war die schwierigste Phase des Klosters bereits überstanden. Die Reformationszeit hatte die katholische Kirche in eine Krise gestürzt – Adel und Bürger liefen fast zur Gänze zur Lehre Luthers über, und Melk konnte über zwei Dekaden keine einzige Neuaufnahme in den Konvent verzeichnen; um 1560 lebten gerade noch zehn Mönche im Kloster. Das intellektuelle Leben kam zum Stillstand.

Ort der Literatur und Malerei

Heute ist Melk immer noch lebendig, und neuer Ruhm kam 1980, als der Italiener Umberto Eco der Abtei ein literarisches Denkmal setzte: Der Mönch Adson, Protagonist im ›Namen der Rose‹, wird in Melk geboren und erzählt im Alter hier seine Lebenserinnerungen. Die bei Eco in Flammen aufgehende, mit über 80000 Bänden wohlbestückte Stiftsbibliothek wiederum machte 1998 Schlagzeilen: Eine Wissenschaftlerin stieß in einem Buch auf Originalfragmente des Nibelungenliedes. Verwundern kann das nicht, doch beansprucht das einige Kilometer flußaufwärts im Nibelungengau gelegene Pöchlarn, das epische ›Bechelaren‹ zu sein.

Pöchlarns berühmtester Sohn freilich stammt aus jüngerer Zeit. Der Maler Oskar Kokoschka (1886–1980) erblickte hier das Licht der Welt. Seit 1973 ist ihm in seinem Geburtshaus eine Dokumentation gewidmet.

△ Spitz ist berühmt für seine Marillenblüte

Erst die Arbeit, dann das Vergnügen: Marillenkirtag in Spitz ▽

△ Auch die Kleinen feiern beim Marillenkirtag die Obsternte

△ Auch wenn die Technik hilft, fordert die Marillenernte auch heute noch ganzen Körpereinsatz

△ Am Donaustrand vor Schloß Schönbühel

Vergangenes wird im Schiffahrtsmuseum von Spitz gegenwärtig ▽

Wachauer Frauengeschichten

Sie ist klein und dennoch ein Star. Ihre ausladenden Kurven kennt in Österreich jedes Schulkind, weil die nur zehn Zentimeter große Dame respektable 25 000 Jahre alt ist: 1908 wurde die ›Venus von Willendorf‹ im gleichnamigen Wachau-Ort bei Grabungen für die Donauuferbahn gefunden. Noch heute gilt die guterhaltene Steinfigur als sensationeller Fund aus der Altsteinzeit, dem Paläolithikum. Das Fruchtbarkeitstotem versinnbildlicht vermutlich die ›Magna Mater‹, die große Erdmutter. Das Original steht jetzt im Naturhistorischen Museum in Wien, eine Gedenkstatue erinnert in Willendorf an den Fundort.

Die Wachau kennt aber auch andere berühmte Frauen. ›Mariandl, -andl, -andl‹ tönte es in den Jahren nach dem Zweiten Weltkrieg aus den Kinos, als man in Heimatfilmen das Selbstbewußtsein einer heilen Österreichidentität suchte. ›Der Hofrat Geiger‹ mit Volksschauspielern wie Hans Moser, Waltraud Haas und Maria Andergast wurde in jenem Hotel in Spitz gedreht, das noch heute ›Mariandls‹ Namen trägt.

Weit älter ist die Sage vom ›Donauweibchen‹, das mit betörendem Gesang junge Männer in die Fluten lockte. Hatte die Donau ein neues Opfer gefordert, setzte sich das ›Donauweibchen‹ dem Volksglauben zufolge hin und band einen Blumenstrauß. Diesen schickte es aus der Tiefe empor, um den Menschen zu zeigen, daß einer von ihnen ertrunken war.

Den Tod an Bord

Gewiß, Geschichten wie diese wurden aus Seemannsgarn gesponnen, doch das Leben am großen Fluß war lange Zeit tatsächlich sehr gefährlich. Vor der großen Regulierung im 19. Jahrhundert, als der Strom noch wirklich strömte, war die Donau vor allem im Strudengau ein wahres Wildwasser. Bizarre Felsklippen sorgten dafür, daß der Tod oft mit an Bord der Schiffe war: Daß Schiffern und Fährleuten bei Strafe verboten war, schwimmen zu lernen, wirft ein Bild auf die Arbeitsverhältnisse jener Tage. In Gefahr, so das Kalkül der Schiffseigner, wäre die Besatzung andernfalls zu leicht in Versuchung geraten, sich selbst zu

△ Stift Göttweig, auch ›Kastell des Himmels‹ genannt

Franz Anton Pilgrams Kaiserstiege von 1738 im Stift ▽

△ Kurze Pause beim Spaziergang durch die Gäßchen von Dürnstein

△ Heute besuchen Wanderer Dürnstein, ... in dessen Burg Richard Löwenherz gefangen war ▽

retten, das Boot samt Fracht aber den Fluten zu überlassen.
Heute ist die Donau durch menschliche Eingriffe träge geworden, auch wenn Projekte eines Wachaukraftwerkes, wie sie noch in den 1970er Jahren gewälzt wurden, der Vergangenheit angehören. Rechtzeitig hat man erkannt, daß das Potential dieses Naturjuwels nicht in Megawattstunden gemessen werden darf.
Den Lauf der Donau stört in der Wachau zwischen Melk und Krems bis heute auch keine Brücke. Wer von einem Ufer zum anderen übersetzen will, muß eine Fähre benutzen. Wie ehedem richtet der Fährmann das Steuerruder gegen die Strömung, und dank des Rollseils, an dem sein Gefährt hängt, gleitet es sanft dem jenseitigen Gestade zu. Einzig in Dürnstein verkehrt im Sommer auch ein Motorboot, das aber nur Fußgänger und Radfahrer befördert.

Löwenherz in Dürnstein

›Fingerzeig Gottes‹ wird der barocke Turm des ehemaligen Stifts genannt, der mit der Burgruine im Hintergrund jenes identitätstiftende Motiv der Region darstellt, das die Fotoapparate zum Klicken bringt. Dabei ist Dürnstein wohl der einzige Ort der Welt, der voll Stolz auf einen Gast verweist, der ein Vermögen zahlte fortzukommen.
Die Geschichte des englischen Königs Richard Löwenherz, der ab Weihnachten 1192 über Monate in der Burg festgehalten wurde, weil er es sich bei einem Kreuzzug mit dem Babenberger Leopold V. verscherzt hatte, erfuhr durch die Jahrhunderte eine romantische Überhöhung. Man erzählt vom treuen Troubadour Blondel, der auf der Suche nach seinem König von Burg zu Burg zog. Als er bei der Feste Dürnstein ein englisches Volkslied sang, stimmte Löwenherz aus dem Verließ ein. Blondel kehrte nach England zurück, beschaffte gemeinsam mit Robin Hood das Lösegeld und befreite seinen Herrn. Soweit die Sage.
In Wahrheit war es reines ›Kidnapping‹, das Leopold ein Körberlgeld in Form von fast 23,5 Tonnen Silber einbrachte. Er ließ damit Wiener Neustadt erbauen und für den Dürnsteiner ›Gastgeber‹ Hademar II. von Kuenring fiel auch ein bisserl ab.

△ *In Krems' historischem Stadtensemble ist trotz geschäftiger Hektik Zeit für ein Gespräch*

Entlang der Donau führt der Radwanderweg von Passau nach Wien ▽

△ Das Städtchen Stein an der Donau wird von den Türmen der Pfarrkirche St. Nikolaus und der Frauenbergkirche überragt

△ Die Wachau ist Feinschmecker-Land: Gasthof ›Alte Post‹ in Krems

Ausflug mit Kaffeegenuß am Donauufer nahe Krems ▽

Wein und gutes Essen

Seinem mittelalterlichen Charakter ist die Stadt Dürnstein treu geblieben, doch hat auch sie sich wie die ganze Region in den vergangenen Jahrzehnten modernen Gelüsten geöffnet. Viele erstklassige Restaurants sind nur ein Beleg dafür. Neben internationalen Kreationen setzt man dort vor allem auf ›Schmankerln‹ aus hiesigem Rind, Schwein oder Fisch. Dazu kommen die zarten Marillen – in der Wachau nie das hochdeutsche Wort ›Aprikose‹ in den Mund nehmen! –, die, in Strudel- oder Knödelteig gehüllt, Augen wie Gaumen eines jeden Genießers gleichermaßen erfreuen.

Das milde Wachauer Klima ist zudem gut für runde, zum lokalen Essen passende Weine. Ihre Reben gedeihen nicht zuletzt wegen der hohen Luftfeuchtigkeit vortrefflich, wobei hiesige metereologische Eigenheiten dafür sorgen, daß Riesling und Veltliner, Steinfeder oder Federspiel ein und desselben Jahrgangs so unterschiedlich munden können, als stammten sie aus gänzlich verschiedenen Gegenden. Aber es sind wohl doch nur Weinexperten, die am Geschmack des Rebensaftes erkennen, wie oft in einem Sommer in der Nachbargemeinde die Sonne schien ...

Tausendjähriges Krems

Historische Gebäude prägen das architektonische Bild der alten Stadt Krems, die mit ihrer Schwesternstadt Stein strenggenommen topographisch schon gar nicht mehr zur Wachau gehört. Ein Spaziergang durch ihre malerischen Gassen gleicht einer Zeitreise: Von Grund auf restaurierte Barockbürgerhäuser, Wehranlagen und Sakralbauten sind ein ruhiger Kontrast zu den modernen Cafés und Boutiquen, in denen der Zeitgeist zu seinem Recht kommt. Dabei ist Krems stolz darauf, daß eine Burg ›Chremisa‹ bereits in einer Tauschurkunde von 995 erwähnt ist.

Daß es mitunter aber die jüngere Geschichte ist, die es aufzuarbeiten gilt, beweist ein Besuch auf dem Jüdischen Friedhof. Dort wurde erst 1998 nach langen Diskussionen ein Mahnmal für die Kremser Opfer des Holocaust errichtet.

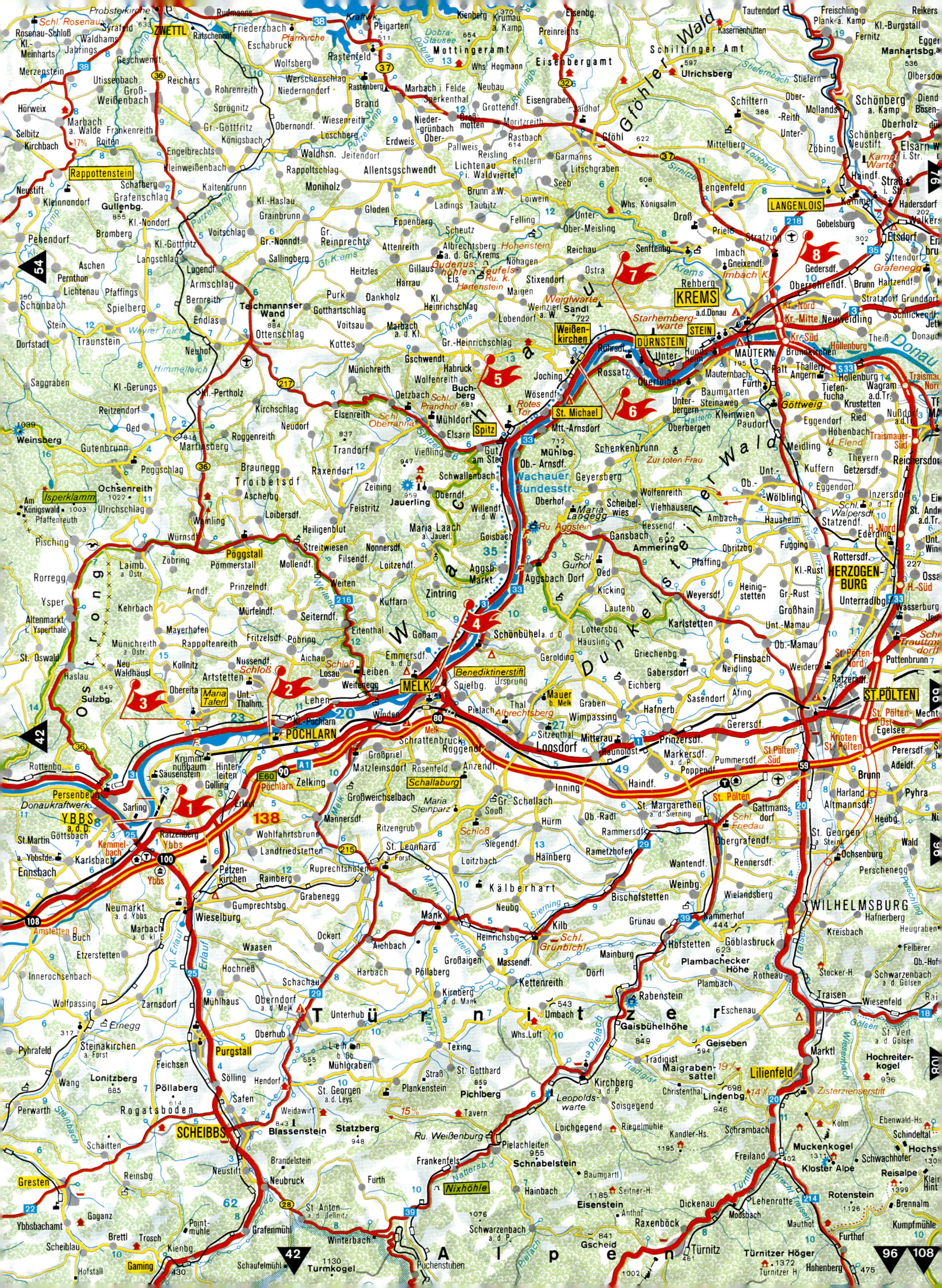

Zwettl
Rastenfeld
Ottenschlag
Gföhl
Gföhler Wald
Langenlois
Krems a.d.Donau
Stein
Mautern
Dürnstein
Weißenkirchen
Spitz
St. Michael
Wachau
Wachauer Bundesstr.
Aggsbach Dorf
Aggsbach Markt
Schönbühel a. d. D.
Melk
Benediktinerstift
Pöchlarn
Ybbs a.d. D.
Persenbeug
Donaukraftwerk
Pöggstall
Ostrong
Dunkelsteiner Wald
Göttweig
Herzogenburg
St. Pölten
Traismauer
Wilhelmsburg
Lilienfeld
Mank
Kilb
Loosdorf
Wieselburg
Purgstall
Scheibbs
Gresten
Gaming
Türnitz
Türnitzer Höger
Muckenkogel
Rabenstein
Kirchberg a. d. P.
Frankenfels
Nixhöhle
Schwarzenbach a. d. P.
Turmkogel
Ötscher Alpen
Neumarkt a. d. Ybbs
Kemmelbach
Ybbs
Amstetten O
Sulzbg.
Maria Taferl
Artstetten
Schloß
Emmersdorf a. d. D.
Weitenegg
Jauerling
Maria Laach a. Jauerl.
Mühldorf
Oberranna
Hohenstein
Gudenushöhle
Teufelshöhle
Weinsberg
Isperklamm
Rappottenstein
Kamp
Donau
Hollenburg
Wölbling
Karlstetten
Prinzersdorf
Haindl.
St. Margarethen
Schallaburg
Zelking
Böheimkirchen
54
42
96
108

Wo gibt es was?

Fähnchennummer = Textnummer ❶ = Auskunft

Ybbs an der Donau ①

Die alte Stadt (6000 Einw.) wird geprägt vom Donaukraftwerk Ybbs-Persenbeug (April–Sept. mo–do 9–16, fr 9–13 Uhr). **Sehenswert:** Pfarrkirche St. Lorenz (15. Jh.), Rathaus, Bürgerhäuser, ›Passauer Kasten‹ (13. Jh.) als Teil der frühgotischen Stadtburg, Stadtbefestigung mit Graben, Heimatmuseum (n. Anmeldung), Fahrradmuseum (Mai–Okt. 10–12 u. 14–19 Uhr). **Aktivitäten:** Hallenbad, Tennis, Badminton, Wandern, Rad, Fischen; Eisstock, Eislaufen. **Veranstaltung:** Kulturfest Ybbsiade (April). **Umgebung:** Auf der anderen Donauseite liegt *Persenbeug-Gottsdorf* mit dem Habsburger-Schloß, in dem Österreichs letzter Kaiser, Karl I., geboren wurde; Marienkirche mit Altarbild von Paul Troger; barockes Rathaus mit Heimatmuseum (mo–fr 8–12 Uhr); Schiffmeisterhaus, 700jährige Linde. 5 km östl. *Sarling* mit Veitskirche (Ursprung 15. Jh.), von dort 3 km nördl. die Kirche *Säusenstein* mit Paul-Troger-Fresken und Renaissancekanzel.
❶ Stadtamt, Hauptplatz 1, A-3370 Ybbs, Tel. 07412/52612.

Pöchlarn ②

Um die Nibelungenstadt wird seit alters gesiedelt; die Römer hatten hier einen Hafen. **Sehenswert:** Mittelalterliche Befestigung, Pfarrkirche Hl. Mariä Himmelfahrt, Karner, Schloß Pöchlarn (1576), Oskar-Kokoschka-Dokumentation im Geburtshaus des Malers (Regensburgerstr. 29; Mai–Sept. di–so 9–12 u. 14–17). Tischlerei- und Heimatmuseum (nur nach Anmeldung). **Aktivitäten:** Tennis, Rudern, Fischen, Freibad, Wandern, Radfahren. **Veranstaltung:** Nibelungenfest (Sommer; nur in geraden Jahren).
❶ Touristeninformation, Regensburgerstr. 1, A-3380 Pöchlarn, Tel. 02757/231030.

Maria Taferl ③

Sehenswert: In der Wallfahrtsbasilika mit Schatzkammer haben sich der Barockbaumeister Jakob Prandtauer und der Maler Martin Johann Schmidt, der Kremser-Schmidt, ab 1660 ein Denkmal gesetzt. *Marbach* (3 km westl.) mit hist. Rathaus und Volksschule (20. Jh.; Erstlingswerk von Clemens Holzmeister). 3,5 km nördl. *Schloß Artstetten* mit Franz-Ferdinand-Museum (›Von Mayerling bis Sarajevo‹; April–Nov. 9 bis 17.30 Uhr); Schulmuseum (Ostern–Nov., so 9.30–11.30). *Schloß Pöggstall*, 20 km nordöstl., mit Folterkammer, Heimat- und Imkermuseum (April–Okt; n. Anmeldung), Museum für Rechtsgeschichte (April–Okt., tgl. 10–16 Uhr). **Aktivitäten:** Freibad, Tennis, Minigolf, Kegeln, Radfahren, Reiten, Pferdeschlitten.
❶ Verkehrsverein, A-3672 Maria Taferl, Tel. 07413/7040.

Melk ④

Die Stadt (6500 Einw.) am westl. Wachau-Eingang wird vom barocken Stift überragt. Melk war 976–1110 Residenz der Babenberger, die 1089 ein Benediktinerkloster stifteten. Die größte Abtei Niederösterreichs wurde 1736 nach dem Tod des Erbauers Jakob Prandtauer (1726) von Franz Munggenast vollendet. Torbau (1718) von Lorenzo Mattielli. Durchfahrtshalle mit Fresken von Franz Rosenstingl (1743), Bibliothek (über 80 000 Bände) mit Deckenmalereien von Paul Troger, barocke Stiftskirche Peter und Paul. Das Melkerkreuz (14. Jh) wird bei Führungen nicht gezeigt (April 9–17, Mai–Sept 9–18, Okt. 9–17, Einlaß bis 16, Nov.–März nur mit Führung 11 u. 14 Uhr). In der Stadt Melk lohnen Rathaus (1575), Koloman brunnen (1687), Alte Post (1790), zahlreiche Häuser mit Fresken, Barock- und Renaissancefassaden sowie das Heimatmuseum (n. Anmeldung) den Besuch. **Aktivitäten:** Frei- und Flußbad, Wandern, Tennis, Schiffsausflüge, Eislaufen, Eisstock. **Veranstaltungen:** Barocktage, Sommerspiele (Juli/Aug.), Pfingstkonzerte. **Umgebung:** *Schloß Schönbühel* (5 km nordöstl.; privat), *Aggsbach-Dorf* (9 km nordöstl.) mit Kartause (n. Anmeldung) und Burgruine Aggstein.
❶ Touristeninformation, Babenbergerstr. 1, A-3390 Melk, Tel. 02752/52307-37.

Spitz ⑤

Weinbauort am ›Tausendeimerberg‹. **Sehenswert:** Spätgot. Pfarrkirche St. Mauritius, Pfarrhof (Kern 15. Jh.), Schiffsmeisterhaus, freskenverzierte Winzerhöfe (16./17. Jh.), das ›Untere Schloß‹, Schiffahrtsmuseum (April–Okt., mo–fr 10–12 u. 14–16; so/fei 10–12 u. 13–17). *Mühldorf* (6,5 km nördl.) mit Burg Oberranna (Anm.); *Willendorf* (8 km südl.) mit Steinzeitmuseum, *Maria Laach* (10 km südwestl.) mit Wallfahrtskirche Unserer Lieben Frau Sechs Finger (Chor um 1400). **Aktivitäten:** Schiffsrundfahrten, Tennis, Minigolf, Wandern, Radfahren. **Veranstaltungen:** Marillenkirtag (Juli).
❶ Verkehrsverein, Mittergasse 3, A-3620 Spitz, Tel. 02713/2248.

Weißenkirchen ⑥

Größte Weinbaugemeinde der Wachau mit alten Gassen und historischen Häusern. **Sehenswert:** Die spätgotische Kirche St. Michael (3 km südwestl.) mit Karner gilt als Mutterpfarre der Region. Wehrkirche, Schulgebäude (1385), Wachaumuseum (April–Okt. di–so 10–17), Weinakademie, Wachau- und Musikmuseum (für alle: Info Gemeindeamt). *Joching* (2 km südwestl.) mit Prandtauerhof (1308). **Aktivitäten:** Strandbad, Schiffsrundfahrten, Tennis, Minigolf, Wandern, Weinweg. **Veranstaltungen:** Rieslingfest (Aug.), Trauben- u. Mostkuren (Sept./Okt.), Donaufestwochen (Sommer).
❶ Gemeindeamt, Teisenkoferhof, A-3610 Weißenkirchen, Tel. 02715/2232.

Dürnstein ⑦

Weinstädtchen mit historischem Stadtkern. **Sehenswert:** Mittelalterliche Wehrmauern, Stadttor, Ruine der Kuenringerburg, auf der Richard Löwenherz gefangen war. Ehem. Augustiner-Chorherrenstift (1715/33; April–Okt. tgl. 9–18 Uhr; Führungen stdl.), Klarissinnenkloster (gegr. 13. Jh.; heute Hotel), Rathaus, barockes Kellerschlössel. **Aktivitäten:** Schiffsrundfahrten, Freibad, Tennis, Wandern, Rad, Eisstockschießen. **Veranstaltungen:** Konzerte (Mai–Sept.), Musikfest (Juli), Feuerwehrfest (Aug.). **Umgebung:** *Furth bei Göttweig*, 12 km westl., mit dem Stift Göttweig (April–Okt. tgl. 10–17; Führungen 10, 11, 14, 15, 16 Uhr). Das Benediktinerkloster (›Österreichs Montecassino‹) wurde 1083 gegründet; in der Barockzeit Ausbau durch Johann Lukas Hildebrandt (1719). Sehenswert sind Kaiserstiege, Fürstenzimmer, Altmannisaal, Kaiserzimmer und Kirche Mariä Himmelfahrt.
❶ Gemeindeamt, A-3601 Dürnstein, Tel. 02711/219.

Krems und Stein ⑧

Krems (erste Nennung 995) und Stein, die als Doppelstadt (24 000 Einw.) zwar je eine Stadtmauer besaßen, verbindet bis heute das gemeinsame Stadtrecht. **Sehenswert *in Krems:*** Stadtpalais Gozzo (13. Jh.), Piaristenkolleg (um 1640), Göttweigerhofkapelle (13. Jh), Großer Passauerhof (13. Jh), ehem. Klosterkirchen der Dominikaner (um 1250), Steiner Tor, Haus zu den vier Jahreszeiten, Mariensäule (1635) am Körnermarkt, Rathaus (Fassade 16. Jh.), Pfarrkirche St. Veit (12. Jh.), Pulverturm, Bürgerspitalkirche (1470), Göglhaus, Weinstadtmuseum (März–Nov. di 9–8 mi–so 13–18 Uhr), Motorradmuseum Eglsee (tgl. 9–17), Ausstellungen Kunsthalle Krems (di–so, 10–18 Uhr). ***In Stein:*** Kremser Tor, Göttweigerhof (13. Jh), Minoritenkirche (1265), Salzstadel (16. Jh.), Kirche St. Nikolaus (15. Jh.), frühgot. Frauenbergkirche, klassizistisches Rathaus mit Nepomuk-Denkmal, Großer Passauerhof, Mazzettihaus, Mauthaus. Im ehem. Kapuzinerkloster der Vorstadt Und Weinkolleg (tgl. 11–19 Uhr). 10 km östl. *Schloß Grafenegg* (13. Jh.; Ausstellungen u. Konzerte April–Nov.). **Aktivitäten:** Frei-/Hallenbad, Tennis, Schiffsrundfahrten, Golf; Eislaufen, Eisstock. **Veranstaltungen:** Donaufestival (Juni/Juli), Kellergassenfest (Juni), Weinherbst, Wachaumarathon (Sept.), Operettensommer Schloß Haindorf, Christkindlmarkt.
❶ Verkehrsbüro, Undstr. 6, A-3504 Krems, Tel. 02732/82676.

Maßstab 1:250.000 — 0 2,5 5 7,5 10 12,5 km

Alljährlich im Frühsommer versammeln sich die Eisenwurzer in Gresten zum großen Eisenwurzer Trachtentreffen.

Gestern und Heute im Mostviertel

Der Landstrich im Südwesten von Niederösterreich blieb vom Tourismus lange Zeit unbeachtet. Und so manches hat sich erhalten, das anderswo längst im Aussterben begriffen ist: Zu entdecken gibt es etwa in den alten Schmieden die Spuren der einst mächtigen Hammerherren, die in der Eisenwurzen den Ton angaben. Auf den vielen Apfel- und Birnbäumen gedeihen die Früchte, die in den typischen Vierkanthöfen zu jenem spritzigen Getränk reifen, das dem Land den Namen gab.

△ Im Sommer finden im Innenhof des alten Stifts Ardagger Konzerte statt

△ Für Apfel- und Birnenmost ist die Mostgalerie von Stift Ardagger bekannt

›Vierkanter Gottes‹ heißt Stift Seitenstetten im Volksmund ▽

△ Obstbäume, wohin man schaut bei Wolfsbach | Bauernhof in der wald- und felsreichen Landschaft nahe Waidhofen/Ybbs ▽

Tausend Jahre sind vergangen, seit eine eher unbedeutende Schenkungsurkunde zum Paten eines Weltreiches wurde, in dem unter den Fittichen des Hauses Habsburg eine ganze Weile lang die Sonne nicht unterging.
Am 1. November 996 schenkte Kaiser Otto III. dem Hochstift Freising ›in der Gegend, die in der Volkssprache Ostarrichi heißt‹, dreißig Königshufen, also etwa 1000 Hektar Land. Ungeachtet dieser historischen Belege nimmt jedoch auch der kleine Flecken Neuhofen an der Ybbs für sich in Anspruch, jener Ort zu sein, an dem Österreich ›erfunden‹ wurde.

Synthese Österreichs

Und ganz falsch kann dies nicht sein. Denn wirklich liegt Neuhofen in einer Region, die wie eine Synthese des heutigen Österreichs wirkt. Man strebt hier nicht nach schwindelerregenden Höhen, wie es etwa in den alpinen Regionen Tirols oder Kärntens Sitte ist. Man gibt sich aber auch nicht so bescheiden flach wie dies in Richtung Osten üblich wird. Der Amtsschimmel nennt diese Gegend prosaisch ›Viertel ob dem Wienerwald‹. Der Volksmund ließ es sich aber nicht nehmen, einen Namen zu finden, der das Wesen viel treffender umschreibt: Mostviertel.

Wandlungen im Jahreskreis

Das Kernland an der Ybbs macht alljährlich eine Wandlung durch, die malerisch, im Grunde aber ein ganz natürlicher Vorgang ist: Abermillionen von Obstbäumen stehen Frühling für Frühling hier in Blüte. Wenn Birnen und Äpfel dann über den Sommer gereift sind, werden sie gepreßt und zu Obstsaft oder jenem vollmundigem Most verarbeitet, dessen leichter Alkoholgehalt die Gemüter anregt, ohne die Sinne einzutrüben. Zudem kann er als Mostbraten zum kulinarischen Hochgenuß werden.
Der lehmhaltige Boden des Mostviertels ist wie geschaffen für die Kultivierung von Apfel- und Birnbäumen, die erst mit vierzig Jahren ihre volle Last tragen können, dann aber bis zu 200 Jahre lang ihre Fruchtbarkeit behalten. Den Anstoß zum Obstbau gab im 18. Jahrhundert

△ Regionale Lebensader von Scheibbs ist die Erlauf

△ Beim Eisenwurzer Trachtentreffen in Gresten

Einfach tierisch, der Winter bei Gaming ▽

△ Ötscherland: Am schönsten ist der ›Einkehrschwung‹, hier am Kleinen Ötscher

Gaminger Wintermärchen ▽

die Monarchin Maria Theresia, die per Dekret anordnete, entlang den Straßen fruchtlustige Bäume zu pflanzen. Daraus entwickelte sich eine sehenswerte Artenvielfalt: Ob sie nun Rosenhof-, Knoll-, Land- oder Lehoferbirne heißen – die Liste ist lang, und Most nicht gleich Most.

Lebensphilosophie Most

Galt der Most früher als Armeleutegetränk, gewinnt er heute mehr und mehr Freunde. Immer häufiger wird zum guten Essen ein ebensolches Glas Most bestellt. Was die Werbestrategen als Erfolg sehen, haben die Mostbauern immer schon gewußt: Most ist mehr als ein Durstlöscher – hierzulande nämlich ein Stück Lebensphilosophie. In edelbauchige Flaschen gefüllt, erfreut sich etwa prickelnder Birnenschaumwein steigender Beliebtheit. Womit sich die regionale Lebensweisheit bewahrheitet: ›Ein volles Mostfaß ist die beste Sparbüchse.‹

›Vierkanter Gottes‹

Ein Nährboden der geistigen Art ist seit Jahrhunderten das Benediktinerstift Seitenstetten. Sein Einfluß reichte über die Mauern hinaus. Neben eindrucksvollen Kunst- und Naturaliensammlungen und einem in reinstem Rokoko möblierten Mineralienkabinett ist auch der durch Kräutergarten und Rosarium ergänzte Klostergarten einen Besuch wert. Seit den Österreich-Millenniumfeiern präsentiert er sich wieder so wie 1621, als die agrarisch aufgeschlossenen Mönche eine Nutzpflanze zogen, die eben erst aus Südamerika nach Europa gelangt war: den Erdapfel, die Kartoffel.
Bei so viel Verbundenheit mit der Scholle wundert es nicht, daß das Kloster vom Volk bald einen Spitznamen weghatte. In Anlehnung an die hierorts übliche Hofform wird es ›Vierkanter Gottes‹ genannt.

Winter, auch für Olympiasieger

Sportlich ambitionierte Gäste zieht die Gegend rund um den fast 1900 Meter hohen Ötscher an. Skifahrern sind Orte wie Göstling an der Ybbs, Lackenhof, Lunz am See oder Mitterbach seit Jahrzehnten ein Begriff. Jedoch: So ›trendig‹ wie am Arlberg geht es hier

△ Zeugen eherner Vergangenheit: Gußeiserne Heilige zieren die Töpperbrücke bei Lunz

△ Holzdrift auf der Ybbs bei Lassing

So wohnten die ›Schwarzen Grafen‹: Ybbsitzer Hammerhaus ▽

△ Sommerfreuden auf und am Lunzer See

Der Fahrngruber Hammer in Ybbsitz ist eine Schmiede wie früher ▽

nun wirklich nicht zu. Auch der Winter-Jet-set macht sich eher rar, wobei dies nicht unbedingt ein Nachteil sein muß.
Immerhin trumpft man hier mit einer Karte auf, die prominentere Skigebiete oft schon verspielt haben: Das Preis-Leistungs-Verhältnis stimmt. Und die sportlichen Qualitäten müssen sich auch nicht verstecken – denn Niederösterreich stellt mit dem in Tulln geborenen Thomas Sykora sogar einen Slalom-Olympiasieger und Slalom-Gesamtweltcupsieger 1997, der seine ersten Brettln am Hochkar verschliß und immer noch dort trainiert.

Im Ötscherland-Expreß

Naturfreunde und Wanderer zieht besonders der 9000 Hektar große Naturpark Ötscher-Tormäuer an. Als Ausgangspunkt wählt man am besten Gaming, dessen berühmte Kartause bis zu ihrer Aufhebung durch Joseph II. im Jahr 1782 den geistigen und wirtschaftlichen Mittelpunkt des Mostviertels bildete. Bahn-Freaks dampfen von hier aus mit dem Ötscherland-Expreß bis nach Lunz und rattern dabei über zahlreiche Brückenkonstruktionen, die an den Wilden Westen erinnern.

›Schwarze Grafen‹

Auch die frühe Industrie hat ihre Spuren hinterlassen. Im Ybbs- und im Erlauftal begegnet man den stummen Zeugen jener Tage, als das rhythmische Hämmern aus den Schmieden und das schrille Kreischen der Schleifen zum ›guten Ton‹ gehörte. Damals brachten die Flößer das Erz vom steirischen Erzberg zu Sensenschmieden, Nägelerzeugern, Drahtmachern und Schleifern.
Diese Produktion hatte Mitte des 19. Jahrhunderts ihre Blütezeit. Besitzer der Schmiedern waren die Hammerherren, die man ›Schwarze Grafen‹ nannte: ›schwarz‹ vom Ruß der Schmieden, ›Grafen‹, weil sie mit ihrem Wohlstand bald den Landadel überflügelten. Ein typisches Produkt der hiesigen Eisenverarbeitung waren Sensen – die bis nach Sibirien verkauft wurden. Doch die zunehmende Industrialisierung machte dem seit dem 14. Jahrhundert existierenden Gewerbe den Garaus.

△ Reife Äpfel auf dem Sonntagberg

Barocke Decke der Wallfahrtskirche am Sonntagberg ▽

△ Weit blickt der hl. Nepomuk vom Sonntagberg

Das Ybbstor in Waidhofen ▽

△ Die 1881 neogotisch umgebaute Burg von Waidhofen/Ybbs ... ... wird im Sommer zur Bühne des Kulturfestivals ▽

An das prosperierende Alltagsleben der ›Schwarzen Grafen‹ kann heute noch so manches erinnern: Statuen und Statuetten aus Bronzeguß ebenso wie schmiedeeiserne Haus- und Zunftzeichen, Kruzifixe und Marterln sowie geschwungene Balkon- oder Fenstergitter, vor allem aber die minutiös gearbeiteten gußeisernen Schutzheiligen auf der berühmten Töpperbrücke im Ortsteil Kasten von Lunz am See.
Das Bauwerk zählt zu den letzten Boten einer vom Mittelalter bis ins 20. Jahrhundert dauernden Epoche der wirtschaftlich starken Region Eisenwurzen, die sich vom Mostviertel über die Pyhrn-Region in Oberösterreich bis in die Steiermark zieht. Der seit dem 12. Jahrhundert gebräuchliche Name Eisenwurzens hat seine Wurzeln in alten, alchimistischen Vorstellungen von den Erzen, die in der Erde reifen.

Schmiede guter Ideen

Gemeinsam mit Oberösterreich und der Steiermark macht die Initiative ›NÖ Eisenstraße‹ – also Niederösterreichs Eisenstraße, so die übliche Abkürzung für das Bundesland – die montanhistorischen Kostbarkeiten zum Teil wieder sicht- und erlebbar. Besucht man heute den Fahrngruber Hammer von Ybbsitz oder das Sichelmuseum in Opponitz, lassen die Schmiede wieder ihre Muskeln spielen und halten so die eisernen Erinnerungen aufrecht.
In Ybbsitz erhalten die Besucher auch Einblick in das für die Eisengewinnung unentbehrliche Köhlergewerbe. Und in Hobbykursen läßt sich sogar das Einmalens des Schmiedehandwerks erlernen.

Vielseitiger Annaberg

Den Kirchweiler Annaberg wissen gleichermaßen Wintersportfreunde und Kunstkenner zu schätzen. Die 969 Meter hoch gelegene Wallfahrtskirche mit ihrem gotischem Chor aus dem Jahr 1327 ist schon von weitem zu sehen. Annaberg war seit Jahrhunderten ein Fixpunkt der Pilger auf der Wallfahrtsstraße nach Mariazell.
Weit profaner geht es am dritten Samstag im August zu, wenn sich die Pferdekenner zum jährlichen Haflinger-Markt hier versammeln.

54
30
Hammerschmiedbg.
Weitersfelden
Königswiesen
Unterweißenbach
Himmelberg
Predigtbg.
Böhmgarten
Weinsberg
Gutenbrunn
Ottenschlag
Martinsberg
Traunstein
Lohn
Aschen
Pernthon
Kottes
Mühldorf
Spitz
Mühlberg
Jauerling
Tragwein
Perg
Grein
Burg Klam
Klam
Schlucht
Strudengau
Machland
Donau
Naarn i. M.
Mitterkirchen
Wallsee
Sindelburg
Ardagger Markt
Ardagger Stift
Kollmitzberg
Persenbeug
Ybbs a. d. Ybbs
Donaukraftwerk
Pöggstall
Ostrong
Maria Taferl
Pöchlarn
Melk
Benediktinerstift
Schallaburg
Wachau
Mank
Strengberg
Haag
Oed
Amstetten
Schaffenfeld
Hausmening
Euratsfeld
Wieselburg
Purgstall
Neumarkt a. d. Ybbs
Gumprechtsbg.
Oberndorf
Türnitzer Alpen
Scheibbs
Gaming
Randegg
Gresten
Seitenstetten Markt
Biberbach
Sonntagberg
Waidhofen a. d. Ybbs
Ybbstaler
Ybbsitz
Eisenwurzen
Opponitz
Lunz
Göstling
Ötscher
Ötschergräben
Tormäuer
Naturpark Ötscher-Tormäuer
Mariazell
Wallfahrtskirche
Erlaufsee
Annaberg
Weyer Markt
Großraming
Weyerer Land
Enns
Altenmarkt
St. Gallen
Gesäuse Ennstal
NSG
Hochkar
Gamsstein
Gästlinger Alpen
Kräuterin
Zeller Staritzen
Salzatal
Palfau
Göstlinger Alpen
Dürrenstein
Rotwald
Lackenhof
Neuhaus
Bürgeralpe
Mitterbach
Wastl am Wald
Hennesteck
Kirchberg
Nixhöhle
Frankenfels
Schwarzenbach
Lassingfall
Weichselboden
1
2
3
4
5
6
7
8
9
10

Wo gibt es was?

Fähnchennummer = Textnummer ⓘ = Auskunft

Amstetten ①

Als Bezirkshauptstadt des Mostviertels mit 22 500 Einwohnern auch dessen wirtschaftliches und verkehrstechnisches Zentrum.
Sehenswert: Rathaus, Filialkirche Hl. Agathe (11. Jh.), mittelalterliche Schloßanlage, Marktplatz, Schloß Edla mit historischer Waffensammlung Urschitz (jeden 2. sa und 4. so im Monat 14–17), Mostviertler Bauernmuseum (Familie Distelberger, Gigereith 39; jeder 1. sa und 3. so im Monat).
Aktivitäten: Frei-/Hallenbad, Tennis, Wandern, Reiten, Kutschenfahrten, Rad, Golf.
Veranstaltungen: Fasching, Ostermarkt, Obstbaumblütefest, Obsterntefest, Sommerfestspiele (Juli/Aug.), Kulturwochen (Nov.), Weihnachtsmarkt.
Umgebung: *Stift Ardagger* (5 km nördl.; 11. Jh.) mit spätromanischer Pfeilerbasilika und dem prächtigen Margaretenfenster mit 14 kreisrunden Medaillons (um 1240).
ⓘ Tourismusbüro, Hauptplatz 29, A-3300 Amstetten, Tel. 07472/601348.

Neuhofen an der Ybbs ②

Der Ort (2700 Einw.) gilt als ›Wiege Österreichs‹: Hier wurde der Name ›Ostarrichi‹ erstmals urkundlich erwähnt.
Sehenswert: Die 1980 errichtete Ostarrichi-Gedenkstätte wurde anläßlich der Millenniumsfeiern 1996 zum ›Kulturhof‹ erweitert und neugestaltet. Die Dokumentation zeigt die erste urkundliche Namensnennung Österreichs (996 durch Kaiser Otto III.) und die Entwicklung des Begriffs bis zur Zweiten Republik. Gotische Pfarrkirche Mariae Himmelfahrt. Filialkirche St. Veit in *Toberstetten* mit kuriosem Hühnerstall für Hühneropfer.
Aktivitäten: Freibad, Tennis, Kegeln, Wandern, Rad, Reiten, Pferdekutschenfahrten; Ski (Schlepplift), Eislaufen, Eisstock.
Veranstaltungen: Sonderausstellungen im Ostarrichi-Kulturhof.
ⓘ Gemeindeamt, A-3364 Neuhofen an der Ybbs, Tel. 07475/52700.

Seitenstetten ③

Der kleine Ort wird vom gleichnamigen Benediktinerstift dominiert.
Sehenswert: Stift mit hist. Hofgarten (gegr. Anfang 12. Jh.; Ostern–1. Nov. Führungen mo–sa 10 u. 15, so 10.30 u. 15 Uhr). Bauernmuseum Wimmer (n. Anmeldung).
Aktivitäten: Tennis, Segel- und Motorfliegen, Wandern, Rad; Eisstockschießen.
Veranstaltungen: Theater im Stift.
ⓘ Gemeindeamt, A-3353 Seitenstetten, Tel. 07477/42224-13.

Waidhofen an der Ybbs ④

Die 800 Jahre alte Eisenstadt ist Hauptort der Eisenwurzen, des Gebiets zwischen Erlauf und Enns im Südwesten von NÖ.
Sehenswert: Pfarrkirche Hl. Magdalena und Lambert (1264), Schloß (1407), Stadtturm aus der Zeit der Türkenkriege (16. Jh.) Mariensäule und Spitalskirche; Stadtmuseum (Oberer Stadtplatz 32; Ostern–15.10., di–sa 9.30–12, 14–17, so/fei 9–12 Uhr).
Aktivitäten: Freibad, Beachvolleyball, Tennis, Squash, Kegeln, Rad, Wandern, Drachenfliegen, Paragleiten, Reiten, Fischen; Skilaufen, Eisstock, Eislaufen, Rodeln.
Veranstaltungen: Stadtfest (15. Aug.), Kulturfest Sommerarena.
Umgebung: *Sonntagberg* (4 km nördl.) mit Wallfahrtsbasilika (18. Jh.) und Eisenstraßen-Dokumentation. *Opponitz* (13 km südl.) mit Sichelmuseum (Mai–Okt. n. Anmeldung). Marktgemeinde *Ybbsitz* (10 km westl.) mit eisenverarbeitender Werkstatt Fahrngruber Hammer (In der Noth 10; tgl. 9–18 Uhr n. Anmeldung).
ⓘ Gemeindeamt, Freisingerberg 2, A-3340 Waidhofen a.d. Ybbs, Tel. 07442/511255.

Wieselburg ⑤

Die Kleinstadt ist insbesondere für ihr gutes Bier bekannt.
Sehenswert: Die Pfarrkirche Hl. Ulrich mit dem Oktogon gilt als ältester Sakralbau im deutschsprachigen Raum (994 geweiht); Braumuseum (fr 13–15 Uhr und n. Anmeldung). Schloß Weinzierl mit Museum für Früh- und Urgeschichte (17. Jh.; mo–so 9–11 u. 13–16, fr 9–11 Uhr).
Aktivitäten: Freibad, Minigolf, Tennis, Reiten, Kutschenfahrten, Ballonfahren, Eislaufen, Eisschießen.
Veranstaltungen: Adventmarkt.
ⓘ Stadtamt, Hauptplatz 26, A-3250 Wieselburg, Tel. 07416/52319.

Purgstall ⑥

Der kleine Ort mit vielen alten Bauwerken gilt als ›Tor zum Ötscherland‹.
Sehenswert: Pfarrkirche hl. Petrus (15. Jh.), Erlauftaler Feuerwehrmuseum (Mai–Okt., sa 9.30–12 u. 14–17; so/fei 9–12 Uhr), Museum im Ledererhaus (um 1576; Anmeldung), Wehrturm.
Aktivitäten: Kuranstalt, Freibad, Tretboote, Tennis, Rad, Reiten, Fischen, Wandern.
Veranstaltungen: Marktfest (Mai), Mostheurige (Mai–Aug.)
ⓘ Touristeninformation, Pöchlarnerstr. 17, A-3152 Purgstall, Tel. 07489/2711-17.

Scheibbs ⑦

Der Hauptort des Ötscherlandes (4400 Einw.) hat ein historisches Stadtbild.
Sehenswert: Stadtmauer mit Torturm (1495), Kartäuserschloß (1495), Wehrkirche Hl. Maria Magdalena (1322), Kapuzinerkirche (1684), Schützenscheibenmuseum (Rathausplatz 10; nach Anmeldung)
Aktivitäten: Hallen-/Freibad, Wildwasser, Tennis, Minigolf, Rad, 71 km markierte Wanderwege, Naturlehrpfad, Pferdekutschen, Fischen.
Veranstaltungen: Stadtfest (Mai), Dreikönigsritt (Juni), Jazzseminar und Holzschnitzwoche (Juli).
ⓘ Gästeservice, Rathausplatz 1, A-3270 Scheibbs, Tel. 07482/42511-63.

Gaming ⑧

Die ehemalige Klosteranlage Kartause Gaming (gestiftet 1330; ganzjährig nach Anmeldung) gilt als Kulturjuwel.
Sehenswert: Kulturzentrum Kartause Gaming, Holzknechtmuseum (Anmeldung), Schmiedemuseum, Grabner Hammer (mo–fr 9–19 Uhr), Ötscher-Tropfsteinhöhle (Mai–Okt., sa/so und fei 9–16).
Aktivitäten: Nostalgiefahrten auf der Ybbstalbahn-Bergstrecke (Ötscherland-Expreß), Frei-/Hallenbad, Paddeln, Wandern, Tennis, Minigolf, Rad, Reiten, Fischen, Drachenfliegen, Winter-Camping, Paragleiten, Skigebiet im nahegelegenen Lackenhof (Dreisesselbahn, 7 Schlepplifte, Halfpipe für Snowboarder), 21 km Langlaufloipe.
Veranstaltungen: Chopin-Festival (Aug.), Kulturveranstaltungen Kartause Gaming.
Umgebung: *Gresten* (10 km westl.) mit Heimatmuseum (sa/so 15–16 Uhr) und Eisenwurzer Trachtentreffen (Juni).
ⓘ Gemeindeamt, Im Markt 1, A-3292 Gaming, Tel. 07485/97308-12.

Lunz am See ⑨

Die Urlaubsgemeinde am Lunzer See ist eingebettet in die Berge des Voralpenlandes.
Sehenswert: Pfarrkirche Hll. Drei Könige (1455), Heimatmuseum im Amonhaus (Juni bis Sept. di–fr 10–12, ganzjährig mi 10–12 Uhr); im OT *Kasten*, 3 km südl., führt die Töpperbrücke über die Ybbs mit gußeisernen Heiligenstatuen von Helena, Andreas, Nepomuk, Florian u.a.
Aktivitäten: Freibad, Strandbad, Bootsverleih, Tennis, Wandern, Rad, Fischen, Pferdekutschenfahrten, Reiten; Skifahren, Eislaufen, Eisstock; 20 km südl. schneesicheres Skigebiet am *Hochkar* mit je fünf Sessel- und Schleppliften.
Veranstaltungen: Konzerte, Theaterbühne.
ⓘ Gemeindeamt, Amonstraße 16, A-3293 Lunz am See, Tel. 04786/31015.

Annaberg ⑩

Die malerisch im Ötscherland gelegene Gemeinde ist Sommerfrische wie Wintersportort. Zahlreiche Wandermöglichkeiten zu den Ötschergräben und zum Lassingfall.
Sehenswert: Pfarrkirche St. Anna mit gotischem Chor (1327).
Umgebung: 10 km südwestl. *Josefsberg*, Ski, Snowboard; 16 km südwestl. *Mitterbach am Erlaufsee*, Wandern, Baden, Ski.
ⓘ Gemeindeamt, A-8245 Annaberg, Tel. 02728/8245.

Maßstab 1:300.000
0 2,5 5 7,5 10 12,5 15km

Über dem Thayatal erhebt sich Schloß Riegersburg. Ab 1730 erhielt der Prunkbau nahe der Grenze zu Mähren sein barockes Gesicht.

Waldviertel zwischen Vorzeit und Freizeit

Wenn sich Nebel über die Hügel des Waldviertels legt, meint mancher, Gespenster zu sehen. Lange Zeit wußten Fremde mit der eher rauhen Gegend und ihrem mitunter herben Klima wenig anzufangen. Seit ein paar Jahren aber gilt die Region zwischen Donau und Tschechien als Geheimtip: Mystiker und Künstler, Ruhesuchende und Familien finden hier ebenso Angebote wie Kulturinteressierte und Fitneßbewußte.

△ Auf einem hundert Meter hohen Felsen erhebt sich Schloß Rosenburg

Chorraum der Stiftskirche Altenburg ▽

Auf der Rosenburg wird die alte Falknerkunst gepflegt ▽

Renaissancehäuser in Langenlois ▽

△ Anziehungspunkt im Barockschloß Rosenau ist das Freimaurermuseum

Langenlois' Kornplatz schmückt die Pestsäule ▽

Es muß im Waldviertel einst mitunter unheimlich zugegangen sein, wenn man die Spuren richtig deutet, die unsere Urahnen im ›Viertel ob dem Manhartsberg‹ – so der Verwaltungsname – hinterlassen haben. Denn im Heidekraut oder im dichten Wacholdergestrüpp finden sich viele prähistorische Kult- und Grabstätten. Legenden erzählen von Treffpunkten für Druiden und geheimnisvollen Opfersteinen, deren ovale Aushöhlungen bis heute ›Blutschalen‹ heißen. Dunkle Streifen am hellen Stein gelten Mystikern als Beweis, daß hier zumindest Tieropfer dargebracht wurden. Daß der Phantasie der Heutigen da mitunter Flügel wachsen, ist kein Wunder angesichts tonnenschwerer Wackelsteine, die seit Jahrtausenden verloren in der weiten Hügellandschaft ruhen, aber scheinbar leicht von Menschenhand bewegt werden können.

Mystische Treffpunkte

Wer wollte strikt verneinen, daß sich hier in mondhellen Nächten Feen und Elfen zum Tanze, vielleicht aber auch Beelzebuben und Hexen zum Sabbath treffen könnten? Daß mancher dieser Granitriesen – wie jener auf der Blockheide bei Gmünd – Namen wie ›Teufels Bettstatt‹ hat, läßt sich noch als menschliches Hirngespinst erklären. Wozu die Steinpyramide in Oberneustift bei Großgerungs westlich von Zwettl aber geschaffen wurde, gibt um so größere Rätsel auf. Wünschelrutengänger haben nachgewiesen, daß an Orten wie diesem besondere Kraftfelder wirken.

Abergläubisches Christentum

Wie dicht Glaube und Aberglaube oft beieinander liegen, ist an der Schloßkirche von Rosenau abzulesen: Statt wie üblich an der Ostseite, errichteten die Altvorderen den Altar hier im Westen. Moderne Pendler orteten dort ein wahres Energiebündel. Und selbst im ehrwürdigen Stift Geras schlagen die Ruten bei Altar und Kanzel am stärksten aus.

Trotzdem sind selbst die unzähligen Wegkreuze und Bildstöcke kein Indiz für eine besondere Frömmigkeit der Waldviertler. Vielmehr

△ Wächter im Grenzland: Burg Raabs wurde schon um 1100 erstmals erwähnt

△ Geras: Ziegen im Naturpark

△ Burg Hardegg liegt über dem gleichnamigen Ort an der Thaya

△ Stift Geras mit seiner Kirche Mariä Geburt ist ein Prämonstratenserkloster

Vor der Klosteranlage liegen Fischteiche ▽

hatten die Christen offenbar vor den alten Göttern und deren spiritueller Kraft mächtig Respekt. So häufen sich diese Marterln rund um die Stadt Zwettl, also genau dort, wo die meisten der sagenumwobenen Kultplätze zu finden sind.

Selbst in unserer eher profanen Gegenwart haben die Erdstrahlen-Phänomene scheinbar nicht an Reiz verloren. ›Die Region ist eine Chance für eine geistig-seelische Neuorientierung‹, plädiert etwa der Zwettler Rupert Leutgeb und weiß als Autor des Buches ›Mystisches Waldviertel‹, wovon er spricht. So wie Leutgeb ist eine Reihe von Esoterikern und Rutengängern der Überzeugung, daß die Menschheit viele Rätsel lösen könnte, wenn sie sich häufiger die Erkenntnisse alter Völker zunutze machte. Selbst Tourismusmanager nennen sie zwar ›Spinner‹ – doch ihre Anziehungskraft auf Gäste freut sie dennoch.

Waldviertler Gegensätze

Eines ist indes gewiß: Im Waldviertel prallen die Sehnsüchte der Fremden mit den Realitäten der Einheimischen manchmal hart aufeinander. Während es sich die Großstädter aus Wien in den aufgegebenen Dorfschulen gemütlich gemacht haben oder anheimelnde Bauernhöfe für die Wochenendruhe suchen, bauen die Jungbauern lieber am Dorfrand ein Fertighaus.

Zweifellos zerstören diese genormten Neubauten das architektonische Antlitz des Landes nachhaltig. Doch es ist etwas anderes, einige Tage in einer renovierten Keusche – einem einfachen Wohnhaus – auszuspannen und die Aura der Einsamkeit zur Maxime zu erheben, als daraus sein Leben zimmern zu müssen. ›Der Städter begeistert sich am malerischen Baumbruch und kennt keinen Borkenkäfer‹, bringt der österreichische Journalist Armin Turnher diesen Zwiespalt auf den Punkt.

Dennoch wird es manchem Dorf einmal leid tun, daß es nicht mehr so aussieht wie noch vor wenigen Jahren mit Anger, Schwemme und Kapelle – als wäre es von der Gegenwart vergessen worden.

△ Die mystischen Felsen bei Gmünd heißen im Volksmund ›Teufels Brotlaib‹

△ Schönstes Gebäude am Hauptplatz von Gmünd ist das Sgraffitohaus

△ Barocke Apotheke in Weitra

Im Naturpark Hochmoor-Gemeindeau ▽

Burg Heidenreichstein ist die größte erhaltene mittelalterliche Wasserburg Niederösterreichs ▽

Typische (Künstler-)Häuser

Einige der typischen, langgestreckten einstöckigen Waldvierteler Häuserreihen mit der sparsamen Linienführung oder gar letzte strohgedeckten Holzriegelhäuser wie das in Klein Reinprechts bei Weitra gibt es gleichwohl noch. Wenn die unterteilten ›Sprießerl‹-Fenster restauriert und blumengeschmückt sind, leben meist zugereiste Künstlernaturen dahinter, die hier Luft zur freien Entfaltung finden.
So gründete beispielsweise Johannes Fessl in einem alten Hof in Wurmbrand die Galerie und Edition Zwettltal. Seine Grafiken, Radierungen und Texte machten ihn weit über die Region hinaus bekannt.

Echte Waldviertlerknödel

Wenn es ums Kulinarische geht, werden regionale Traditionen jedoch hochgehalten: Waldviertlerknödel stehen auf fast jeder Speisekarte. Sie sind das verläßlichste Indiz für die Fertigkeit von Koch oder Köchin – ist der Erdäpfelteig zart und flaumig geraten, ›ißt‹ man in guten Händen. Ab nun liegt es am Gast selbst, sich als Kenner der Landessitten zu erweisen: ›Wer den Knödel nicht reißt‹, lautet die Regel, ›ist nicht wert, daß er'n beißt.‹

Verschwundene Dörfer

Viele alte Dorfkulturen hingegen sind schon vor Jahrzehnten von der Landkarte verschwunden. So mußten im Döllersheimer Ländchen zwischen 1938 und 1942 rund 7000 Bewohner ihre Heimat verlassen, weil die Deutsche Wehrmacht einen Truppenübungsplatz errichten wollte. Wo einst 50 Dörfer standen, hat jedoch längst die Natur das Kommando übernommen. Nur hier und da tauchen im Gestrüpp Mauerstücke, ein Kirchturm oder letzte Reste eines Friedhofs auf.
Hölzerne Schilder weisen den Weg zu Orten, die es längst nicht mehr gibt. Wie sie einst aussahen, ist im Aussiedlermuseum Allentsteig dokumentiert. Nach dem Krieg beschlagnahmten die russischen Besatzer das Gebiet, später legte die Republik Österreich ihre Hand darauf. Noch heute hält das Bundesheer hier Übungen ab.

△ Reger Bootsverkehr auf dem Stausee Ottenstein: Die Burgruine ist in ihrer heutigen Form erst im 19. Jahrhundert entstanden

△ Unverändert seit dem Mittelalter: Burg Rappottenstein

△ Die Mohnblumen von Armschlag … … sind Dekoration am Mohnkirtag ▽

△ Auf Zwettls Marktplatz sprudelt ein Hundertwasser-Brunnen

Sommerliches Open-air in der Burgruine von Gars am Kamp ▽

Die alten Städtchen

Malerisch muten Städtchen wie Weitra mit den stuck- und sgraffitogeschmückten Bürgerhäusern und einem Renaissanceschloß an. Doch das Leben darin wird zunehmend stiller. Noch trotzen Gemischtwarenhändler und Fleischer der Moderne, aber Handel und Verwaltung konzentrieren sich längst auf die vier Bezirksstädte Zwettl, Gmünd, Waidhofen an der Thaya und Horn. Auf mittelalterliche Ursprünge zurückgehend, sind sie kleinstädtisch geblieben, auch wenn vor den Toren Einkaufszentren und Gewerbegebiete entstehen.
Den Stadtkernen hat diese Entwicklung allerdings sichtbar gutgetan. Wo noch vor kurzem der Putz bröckelte, strahlen jetzt die Barock- und Renaissancefassaden. Alte Stadtmauern werden renoviert, neue Boutiquen öffnen. Wo früher nach Ladenschluß ländliche Langeweile Einzug hielt, sorgen heute Cafés und Pubs für Leben. Die Aufbruchsstimmung ist verständlich, liegt man seit der Öffnung Osteuropas doch nicht nur geografisch mitten in Europa.
Peripherie war man lange genug. Steinerne Zeugen dafür gibt es zahlreich: Raabs, Heidenreichstein, Hardegg oder Rapottenstein – streng wachen die Burgen übers Land. Freilich machten sich früher manche das Leben unnötig schwer: Als man im 19. Jahrhundert die Bahnstrecke Wien–Prag baute, setzte das dominante Bürgertum der Hauptorte – Händler, Hersteller und Transportunternehmer – alles daran, nicht daran angeschlossen zu werden. So groß war die Angst vor der Konkurrenz.

Schön und lecker: Mohn

Er sieht schön aus, und im Waldviertel ist er sogar ein Wirtschaftsfaktor: Mohn wird hier bereits seit dem 13. Jahrhundert angebaut. Im mitunter rauhen Klima gedeiht die alte Kulturpflanze gut, vor allem der Schließmohn. Anders als der wilde Klatschmohn öffnet er seine Kapseln bei der Reife nicht. So bleibt der Samen erhalten und kann von Bauern geerntet werden. Heute wird vor allem Graumohn gezogen, der gemahlen manche Mehlspeise verschönt. Gefeiert wird er alljährlich beim Mohnkirtag in Armschlag.

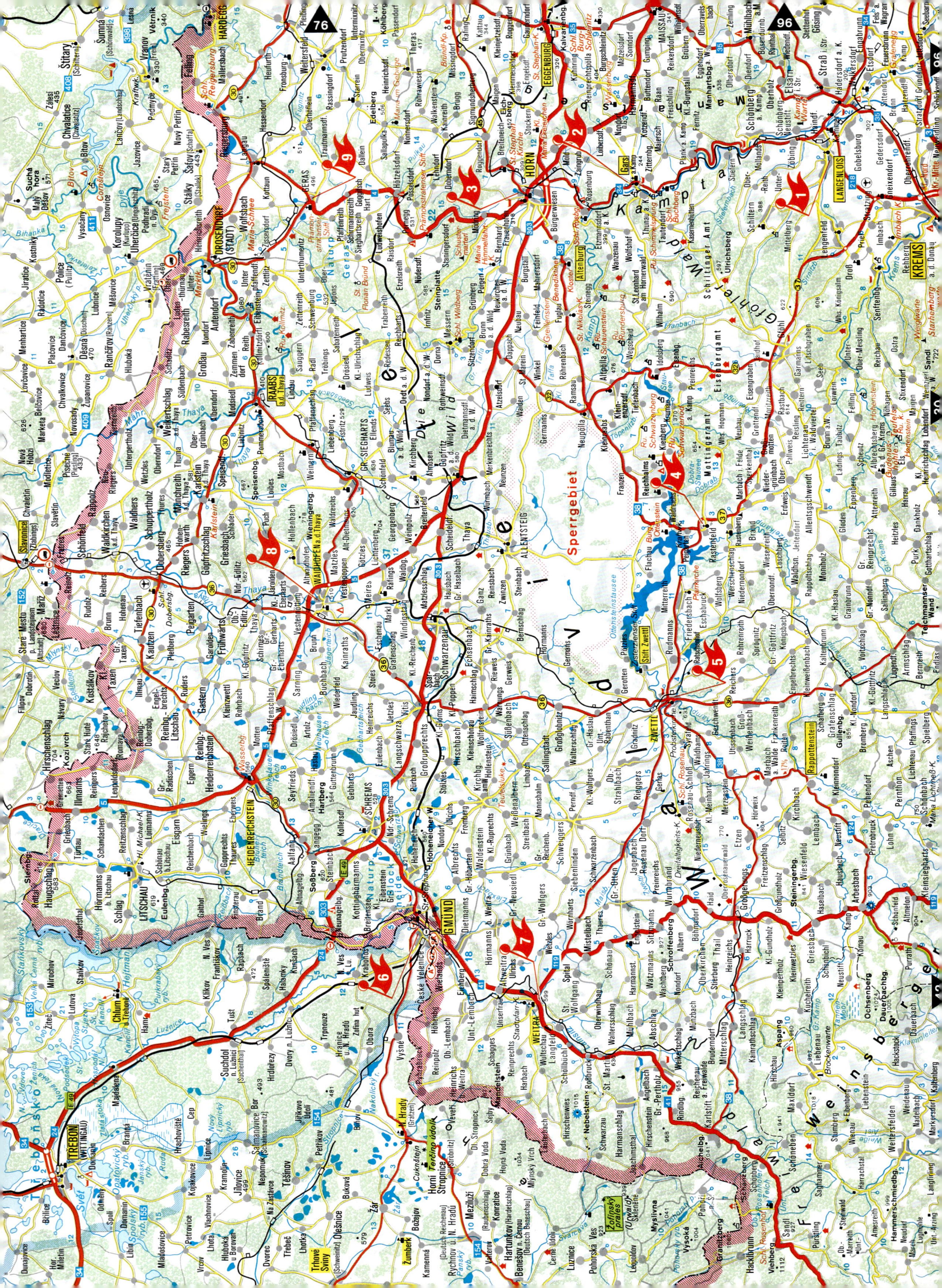

76
96
Waldviertel
Sperrgebiet
Kamptal
Gföhler Wald
Freiwald
Weinsberger Wald
HARDEGG
DROSENDORF (STADT)
RAABS a.d. Thaya
WAIDHOFEN a.d. Thaya
GR. SIEGHARTS
ALLENTSTEIG
HORN
EGGENBURG
Altenburg
LANGENLOIS
KREMS
ZWETTL
Stift Zwettl
Rappottenstein
SCHREMS
GMÜND
WEITRA
LITSCHAU
HEIDENREICHSTEIN
Slavonice (Zlabings)
TŘEBOŇ (WITTINGAU)
Chlum u Třeboně
Trhové Sviny
N. Hrady
Žumberk

Wo gibt es was?

Fähnchennummer = Textnummer ❶ = Auskunft

Langenlois ①

Nahe dem ›Eingangstor zum Waldviertel‹ (6600 Einw.) fließt der Kamp in die Donau. **Sehenswert:** Holz- und Kornplatz mit Barock- und Renaissancefassaden, Pestsäule (1713), Bürgerspital, Sgraffitohaus (1561), Heimatmuseum (Ostern–1. Nov. di–so 10–12 Uhr), Weinhaus Ursin (städt. Vinothek mit Proben, mo–fr 10–12 u. 13–18, sa/so u. fei 10–18 Uhr), Museum ›Mensch u. Umwelt‹ (s. Ursinhaus), Maurermuseum (April–Okt. sa/so u. fei 9–16 Uhr), Rathaus (14. Jh.), Pfarrkirche (15. Jh). *Schloß Gobelsburg* mit Volkskundemuseum (16. Jh.; 2 km südöstl.; Mai–Okt. 9–19, sa/so 11–18 Uhr).
Aktivitäten: Freibad, Kanu, Tennis, Wandern, Fischen, Weinlehrpfad, Eislaufen.
Veranstaltungen: Kellergassenfest (Sept.), Weintaufe (7. Nov.)
❶ Tourismusverein, Kornplatz 5, A-3550 Langenlois, Tel. 02734/2000-0.

Gars am Kamp ②

Ferienort mit mittelalterlicher Burgruine. **Sehenswert:** Kirche St. Gertrud (12. Jh.), Pfarrhof (16. Jh.), Handelsmuseum und Franz-von-Suppé-Gedenkstätte im Rathaus (Amtszeiten); Heimatmuseum (n. Anmeldung); Gründerzeit-/Jugendstilvillen, historisches Kampbad (um 1900).
Aktivitäten: Flußbad, Frei- u. Hallenbad, Tennis, Tischtennis, Rad, Wandern, Reiten, Fischen, Grasski; Eislaufen, Eisstock.
Veranstaltungen: Sommerfest u. Kirtag (Juli), Opernfestspiele (Juli/Aug.), Markt (sa).
Umgebung: Die *Rosenburg*, 4 km nördl., ist eine zum Renaissanceschloß ausgebaute Wehranlage mit Turnierhof (12. Jh.; April–Nov. tgl. 9–17, Museum bis 16 Uhr, Märchenwelt; Greifvögelschau 11, 15 Uhr).
❶ Gemeindeamt, Hauptplatz 82, A-3571 Gars am Kamp, Tel. 02985/2225.

Horn ③

Bezirks- und Schulstadt mit 7700 Einw. **Sehenswert:** Teils erhaltene Festungsmauern, Schloß (1539/40), Pfarrkirche St. Stephan (Ursprung 11. Jh.), Stadtkirche St. Georg (1593/98), Piaristenkirche (1660), Höbarth- u. Madermuseum (u.a. Agrartechnik; Palmsonntag–1. Nov. tgl. 9–12, 13–17 Uhr).
Aktivitäten: Rad, Wandern, BMX, Frei- u. Hallenbad, Boot, Tennis, Minigolf, Fischen, Kegeln; Langlaufen, Eislaufen, Eisstock.
Veranstaltungen: Festtage (Juni), Kammermusikfestival (Aug.), Theaterfestival (Sept.).
Umgebung: *Schloß Greillenstein* (1371; 10 km westl.; April–Okt. 9.30–17, Juli/Aug. 9.30 bis 18 Uhr). 6 km südl. *Stift Altenburg* (1144; Führungen Ostersonntag–1. Nov. 10.30, 14, 15, so u. fei 11, 14 Uhr). Wallfahrtskirche *Maria Dreieichen* (3 km östl.).
❶ Tourismusinformation, Wiener Str. 4, A-3580 Horn, Tel. 02982/2372-1.

Rastenfeld ④

Mit Gföhl, Lichtenau, Krumau, St. Leonhard, Pölla u. Jaidhof bildet Rastenfeld die Ferienregion Kamptalstauseen-Gföhlerwald.
Sehenswert in Rastenfeld die Pfarrkirche (1111), Pranger (1622) und Kornmetzer (um 1300) sowie Schloß Ottenstein mit Märchenwelt (Schlüssel im Restaurant). Von hier führt die Straße durch den Truppenübungsplatz nach *Allentsteig* (bei Manövern gesperrt) mit Aussiedlermuseum (15. Mai bis Sept. sa/so u. fei 10–12 u. 14–17 Uhr); in *Gföhl* Schulmuseum (tgl. 7–12, di 13–18 Uhr), Bauernhofmuseum (n. Anmeldung); in *Krumau* Burg und Heimatmuseum (n. Anmeldung); in *Lichtenau* Schloß (1157); in *Pölla* Ruine Schauenstein (gegr. 12. Jh.) und Heimatmuseum; in *Jaidhof* Schloß (1381).
Aktivitäten: Baden, Bootfahren, Surfen, Tauchen, Tennis, Reiten, Rad, Golf, Wandern, Grasski; Eislaufen, Langlauf.
Veranstaltungen: Rastenfeld: Bauernmarkt (Palmsonntag), Kirtag (Aug.); Gföhl: Andreasmarkt (letzter Sa Nov.), Winnetouspiele (Juli/Aug.), Kultursommer; Lichtenau: Frühlingskirtag (Himmelfahrt), Volkskulturtage (Mai), Herbstkirtag (1. So Sept.); Krumau: St.-Leonhard-Markt (1. So nach 6. Nov.).
❶ Gemeindeamt, A-3521 Rastenfeld, Tel. 02826/289.

Zwettl ⑤

14000 Einwohner zählende Kuenringerstadt mit mittelalterlicher Stadtmauer. **Sehenswert:** Probsteikirche (11. Jh.), Rathaus (1307) mit Sgraffiti (1549). Stadtmuseum (Mai–Okt. fr 14–17, sa/so/fei 10–12 u. 14–17, Juli/Aug. di–do 14–17 Uhr); Mai bis Okt. di–so 10–18 Uhr); Privatbrauerei Zwettl (Führungen mo–fr 9–11 u. 13–15, sa 10–11 Uhr). 3 km außerhalb Zisterzienserstift (12. Jh.; Mai–Juni, Okt. u. Ostern so/fei 11, 14, 15, mo–fr 10, 11, 14, 15; Juli, Aug., Sept. auch 16 Uhr; Nov.–April n. Anm.).
Aktivitäten: Frei-/Hallenbad, Fischen, Golf, Tennis, Reiten, Wandern, Klettern; Langlauf.
Veranstaltungen: Orgelfest (Juni/Juli), Fasching, Bauernmarkt (Mai–Okt. fr).
Umgebung: 8 km westl. Freimaurermuseum im *Schloß Rosenau* (1740; April–Okt. tgl. 9–17 Uhr) mit Märchenhaus (Palmsonntag–Okt. tgl. 9–17). *Burg Rappottenstein* 12 km südwestl. (12. Jh.; Mai–Sept. di–so tgl., Okt. sa/so 10, 11, 14, 15, 16, 17 Uhr). 18 km südl. ›Mohndorf‹ *Armschlag*, das im Juni Mohnkirtag feiert.
❶ Gästeinformation Zwettl, Gartenstr. 3, A-3910 Zwettl, Tel. 02822/52233.

Gmünd ⑥

Nordwestlichste Stadt Österreichs. **Sehenswert:** Stadtplatz mit Renaissance-Sgraffitohäusern, Pfarrkirche Hl. Stephan (13. Jh.), Altes Rathaus mit Stadtmuseum (15. Jh.; Anm.), Schloß (16. Jh.) mit Park, Glas- und Steinmuseum (Mai–Sept. mo–fr 9–12 u. 13–17, sa/so u. fei 9–12 Uhr), Naturpark Blockheide. Dampf-Schmalspurbahn nach *Großgerungs* (14tgl. sa/so).
Umgebung: *Heidenreichstein* mit Burg (1200; 12 km nördl.; Mitte April–Mitte Okt.) u. Moor-/Torfmuseum (Mitte Mai–Okt. fr–so u. fei 14–16, Juli/Aug auch mi 14–16 Uhr).
Aktivitäten: Rad, Wandern, Frei- u. Hallenbad, Tennis, Fischen, Lang auf.
Veranstaltungen: Volksfest (Juli), Blockheidefest (1. so Aug.), Adventmarkt
❶ Tourismusbüro, Schremser Str. 6, A-3950 Gmünd, Tel. 02852/52506.

Weitra ⑦

Älteste Braustadt Österreichs (3000 Einw.). **Sehenswert:** Stadtkern mit Sgraffitohäusern. Renaissanceschloß mit Schloß- und Biermuseum (1590/1606; Mai–Okt. mi–so u. fei 9.30–17.30 Uhr), Webereimuseum (Mai–Okt. di–so 10–12, 14–17 Uhr).
Aktivitäten: Hallenbad, Tennis, Wandern, Rad, Fischen, Golf, Eislaufen.
Veranstaltungen: Volksfest (Aug.).
❶ Gästeinformation, Rathausplatz 1, A-3970 Weitra, Tel. 02856/2998.

Waidhofen/Thaya ⑧

Bezirksstadt (13000 Einw.) mit Stadtrecht von 1230.
Sehenswert: Hauptplatz mit Rathaus (1601), Pfarrkirche (1716). Webereimuseum u. Heimathaus (Mai–Okt. so 10–12; Juli/Aug. do–so 10–12), Silomuseum (n. Anm.).
Aktivitäten: Frei- u. Hallenbad, Rudern, Tennis, Rad, Wandern, Fischen, Skilanglauf.
Veranstaltungen: Volksfest (Juni), Folkfest (Juni), Kirtag (Aug.), Blasmusikfest (Okt.).
Umgebung: 8 km östl. *Groß-Siegharts* mit Schloß (16. Jh.) u. Textilmuseum (so 10–12, 14–16 Uhr). 7 km südl. *Schloß Schwarzenau* (12. Jh.).
❶ Informationsbüro, Bahnhofstr. 2, A-3830 Waidhofen/Thaya, Tel. 02842/51500.

Geras ⑨

Der Ort wird geprägt durch das barocke Prämonstratenserstift (1153 erstmals genannt; Ostern–Okt. Führungen di–sa 10, 11, 14, 15, 16, so 11, 14, 15, 16 Uhr).
Aktivitäten: Kräuterpfad, Camping, Rudern, Minigolf, Wandern, Rad, Tennis, Fischen.
Umgebung: 10 km südl. ehem. Chorfrauenkloster *Pernegg* (17. Jh.; Ostern–1. Nov., so 14 Uhr), 12 km nördl. *Schloß Riegersburg* (18. Jh. April–Mitte Nov. tgl. 9–17, Juli/Aug. 9–19 Uhr). 19 km nordöstl. *Burg Hardegg* (1140; April–Mitte Nov. tgl. 9–17, Juli/Aug 9–19), 10 km nordwestl. *Drosendorf* mit Schloß (1180) und Kiesslingmuseum (Archäol.; tgl. Juni–Aug. 11–12, 17–19 Uhr), 16 km nordwestl. *Burg Raabs* (11 Jh.).
❶ Gemeindeamt, Hauptstr. 16, A-2093 Geras, Tel. 02912/7050-0.

Maßstab 1:300.000 — 0 2,5 5 7,5 10 12,5 15 km

Die neue Landeshauptstadt St. Pölten birgt manche Schönheit – wie die alte Apotheke in der Wiener Straße.

St. Pölten und Umland: Schwung aus der Provinz

Seit St. Pölten den Sitz der niederösterreichischen Landesregierung beherbergt, gibt man sich aufgeschlossen, schwungvoll und selbstbewußt. Und das zu Recht, denn mit dem neuen Regierungsviertel am Traisen besitzt die Stadt Prunkstücke der modernen Architektur. Nostalgischer geht es dagegen im Umland zu. In Lilienfeld erinnert man daran, daß hier vor einhundert Jahren der alpine Skilauf ›erfunden‹ wurde.

△ St. Pölten: das neue Festspielhaus im Regierungsviertel

Pause vor dem Bistro ▽

Ernst Hoffmanns moderner Klangturm ist begehbar ▽

△ Auf dem Domplatz ist samstags Markt ...

... mit Zeit für eine ganz persönliche Beratung ▽

Alles neu: Gastronomie im Multiplex-Kino ▽

Fast vergessen, aber noch gar nicht so lange her ist die Zeit, da hatte St. Pölten mit dem Ruf zu kämpfen, ein Ort provinzieller Tristesse zu sein, dem es an Nonchalance, bunter Urbanität und monumentaler Würde mangele. Denn seit Wien selbst 1922 den Status eines Bundeslandes erwarb, tagten Niederösterreichs Landesregierung und Parlament ›exterritorial‹ in der Wiener Herrengasse 13. Dabei war St. Pölten einst so etwas wie ein Trendsetter: Das Stadtprivileg bekam man im 11. Jahrhundert – es ist das älteste Österreichs.

Doch jetzt hat die 50 000-Einwohner-Stadt das Image einer bloßen Provinzschönheit abgelegt. Seitdem am 10. Juli 1986 per Volksabstimmung beschlossen wurde, St. Pölten zur Hauptstadt Niederösterreichs zu machen, weht der Zeitgeist durch die Gassen. Das gilt zumal für das völlig neue Regierungsviertel, das in seiner futuristisch anmutenden Gesamtheit vom Österreicher Ernst Hoffmann konzipiert worden war.

Alles neu im Regierungsviertel

1990 hatte ein Preisgericht dazu zwischen zwei konträren Entwürfen zu entscheiden, einer monumentalen Turmscheibe in ellipsenförmigem Ring und einem langgezogenen Stadtquartier. Hoffmanns längsachsiges Konzept gewann, weil es elastischer war und zudem in mehreren Etappen verwirklicht werden konnte.

Der Verwaltungsbezirk, in dem binnen vier Jahren nicht weniger als 221 000 Kubikmeter Beton, 17 000 Tonnen Stahl im Gesamtwert von fast vier Milliarden Schilling (knapp 600 Millionen Mark) verbaut wurden, ist mehr als eine ›Tintenburg‹, in der 3000 Landesdiener ihrer Arbeit nachgehen. Er ist parallel zur Traisen ausgerichtet und wird vom ›Schiff‹ genannten Sitzungssaal des Landtages abgeschlossen.

Entlang der Querachse schlägt das ›Herz der Landeskultur‹. Eine Schaumeile zeitgenössischer Austria-Baukultur ist hier entstanden mit dem Landesmuseum von Hans Hollein, einem Radio- und Fernsehstudio von Gustav Peichl, dem Festspielhaus von Klaus Kada, dem Landesarchiv samt Bibliothek von Paul Katzberger.

△ St. Pöltens historisches Herz ist der Rathausplatz mit Dreifaltigkeitssäule von Andreas Gruber

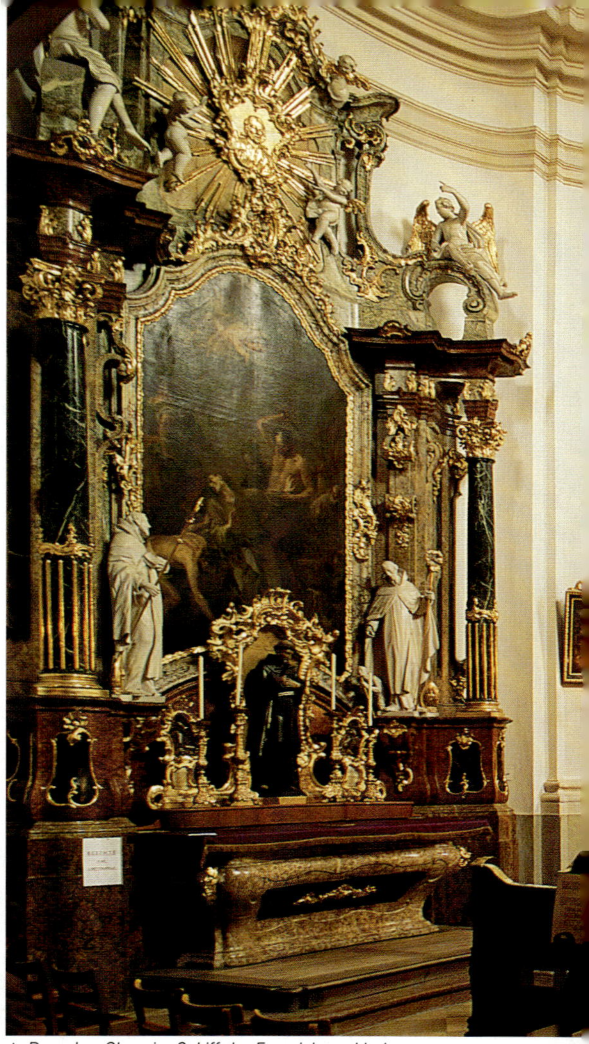

△ Barocker Glanz im Schiff der Franziskanerkirche

Das Hauptschiff im Dom dominiert die Orgel ▽

Das Institut der Englischen Fräulein war Unterrichtsstätte für adelige Töchter ▽

Innenraum der Ehemaligen Synagoge an der Lederergasse ▽

Klingender Aussichtsturm

Zum Kulturensemble gehört auch der fast 80 Meter hohe Hoffmannsche Klangturm, ein veritables Ausrufezeichen, in dem in drei Etagen begehbare Klangkugeln wie Seifenblasen schweben. Der Klangturm ist hoch wie ein Campanile und effektvoll in die Blickachsen gesetzt. Scheinwerfer und Lautsprecher machen ihn zu einem Multimedia-Instrument. Obendrauf sitzt die Aussichtsplattform, von der der Blick vom Ötscher im Südwesten zum Dunkelsteiner Wald im Norden geht.

Mit dem Regierungsviertel ist auch das Selbstbewußtsein der Stadt gewachsen: Stolz nehmen die St. Pöltner die Namen der Architekten in den Mund und freuen sich, daß selbst die zuvor so großspurigen Wiener gerne einen Ausflug unternehmen, um dem frisch herausgeputzen Nachbarn einen Besuch abzustatten.

Charmante Altstadt

Wer in St. Pöltens Altstadt vordringt, wird erkennen, daß die nach dem heiligen Hippolyt benannte Stadt weitläufig und offen wirkt und nie so engstirnig war, wie ihr Ruf es wollte. Die Architektur spricht da deutliche Worte.

An der bedeutenden West-Ost-Handelsroute gelegen, hatte St. Pölten an weltlichen Gütern keinen Mangel. Und hätte es in der Barockzeit den Ausdruck schon gegeben, wäre die Künstlerkolonie an der Traisen als frühe ›Designermetropole‹ in die Geschichte eingegangen: Mit Jakob Prandtauer, Daniel Gran oder Joseph Munggenast hatten schon damals die bedeutendsten Formgeber ihrer Zeit die Hände im Spiel, als es darum ging, der Stadt ein ansehnliches Äußeres zu verleihen. Trotz schwerer Bombardements im Zweiten Weltkrieg, die vierzig Prozent der Bauwerke zerstörten, ist viel erhalten.

In den ehrwürdigen Gemäuern rund um Dom- und Rathausplatz pulsiert heute neues Leben. So inszeniert das Stadttheater besondere Stücke für Jugendliche, um Kinder und Schüler fürs Theater zu begeistern. Und die ›Bühne im Hof‹ sorgt dafür, daß St. Pölten auch in Sachen Tanz oder Kabarett modern ist.

△ Glanzstück der Schallaburg ist der zweigeschossige Arkadenhof

Lilienfeld: gotisches Brunnenhaus ▽

△ Die Lilienfelder Stiftsbibliothek beeindruckt auch Lesemuffel

△ Herzogenburg: Die Orgelempore der Stiftskirche von 1750 ... ... und Blick vom Bildersaal auf das Nordportal des Stifts ▽

Renaissancekleinod Schallaburg

Auf Kunst hält auch die Umgebung der Landeshauptstadt. Eines der besten Beispiele dafür und ein Muß für Kunstinteressierte ist die Schallaburg. Keine 20 Kilometer westlich von St. Pölten gelegen, ragt das Renaissanceschloß – das Experten als eines der schönsten seiner Art in Europa bezeichnen – weit sichtbar aus der Landschaft hervor.
Die schon im Mittelalter bestehende Anlage mit Wohnburg, romanischer Kapelle, Mauer und Graben ließ der Adelige Christoph von Losenstein im Jahre 1540 großzügig zu einer repräsentativen Anlage nach italienischem Vorbild ausbauen. Vollendet wurde das Werk von seinem Sohn Hans Wilhelm, der zwischen 1570 und 1600 noch eine dreiflügelige Torburg sowie einen großen Turnierhof hinzufügte.

Fräulein mit dem Hundekopf

Herz des Komplexes aber ist der zweistöckige Große Arkadenhof mit einem wunderschönen Terrakottaschmuck aus Figuren, Wappen, Büsten und Ornamenten, dessen 1600 Einzelteile Jakob Bernecker entwarf. Zu sehen sind antike Helden und Details aus der Herkuleslegende ebenso wie Allegorien der Sieben Freien Künste oder die Kardinalstugenden. Das berühmteste Kuriosum ist sicher das ›Fräulein mit dem Hundekopf‹: Einer Rittersage zufolge sollen Mordlust und Geldgier eines hiesigen Ritters mit der Geburt dieser häßlichen Tochter bestraft worden sein.
Im Zweiten Weltkrieg und der folgenden Besatzungszeit wurde die Schallaburg schwer in Mitleidenschaft gezogen. Doch seit den 1970er Jahren hat sie wieder ihren früheren Glanz und beherbergt alljährlich Sonderausstellungen.

Wo die Brettln laufen lernten

1996 feierte der alpine Skisport hundertjähriges Jubiläum. Doch was kaum jemand weiß: Der Ort, an dem ›die Brettln laufen lernten‹, liegt nicht etwa in den Hochalpen, sondern in – Niederösterreich. Genauer gesagt in Lilienfeld.
Es war der in Südmähren geborene Mathias Zdarsky, der die nordische Skilauftechnik, wie sie seit Mitte des

△ Blick auf den Ötscher vom Annaberg

Anfänge des Wintersports im Skimuseum Lilienfeld ▽

△ Lilienfeld: Die Skinostalgiegruppe Traisen ...

... und Winterwanderer ▽

△ Kühlendes Naß im Hochsommer bietet der Erlaufsee

Richtig erlebt man das Voralpenland erst auf einer Wanderung ▽

19. Jahrhunderts insbesondere in Südnorwegen praktiziert wurde, in Frage stellte. Zdarsky wollte eine Revolution: Die Skier sollten nicht bloß laufen, man sollte mit ihnen fahren. Ziel war das kontrollierte Beherrschen der Abfahrt mittels Ski-Technik. Zdarsky entwickelte in sechs Wintern und über 200 Versuchen eine 1896 patentierte Stahlsohlenbindung, bei der zwar die Ferse noch vom Ski abgehoben werden konnte, der Fuß aber seitlich vollkommen stabilisiert war.

Der ›Newton der Skigesetze‹

Damit brachte Zdarsky erstmals die Skistellung in eine klare Ordnung – das Zeitalter des vom Hang wegführenden Schwungs und des rhythmischen Bogenfahrens in Fallinie konnte beginnen. Kurz: Er war ein ›Newton der Skigesetze‹. Seine im November 1896 erschienene ›Alpine (Lilienfelder) Skilauftechnik‹ war eine echte Sensation und wurde zum vielstudierten Standardwerk. Schon bald kamen bewegungshungrige Großstädter aus der Reichsmetropole Wien mit Sonderzügen angereist.

1901/02 organisierte Zdarksy den ersten Skikurs Mitteleuropas. 1905 ließ er dann auf dem Muckenkogel den ersten Torlauf der Geschichte stattfinden, wobei der Sieger aus einer Kombination von Fahrzeit bei möglichst geringer Anzahl von Stürzen ermittelt wurde. Heute ehrt Lilienfeld seinen Skipionier standesgemäß mit einem Skimuseum, das in einem alten Torturm aus dem 14. Jahrhundert untergebracht ist.

Voller Geschichte: Lilienfeld

Weil sich aus dem Attribut ›Wiege des Alpinskilaufs‹ aber kaum noch Kapital schlagen läßt, verweist man in Lilienfeld gerne auf andere Schätze wie das 1202 vom Babenbergerherzog Leopold VI. gegründete Zisterzienserstift. 1230 wurde es von dessen Sohn Friedrich II., dem Streitbaren, bestätigt: Das Siegel auf dieser Urkunde zeigt zum ersten Mal den rot-weiß-roten Bindenschild, womit Lilienfeld von sich behaupten darf, der Ort zu sein, an dem erstmals die österreichischen Staatsfarben auftauchen.

54
76
Sperrgebiet
ALLENTSTEIG
St. Pölten
St. Pölten Hbf.
St.Pölten Alpenbahnhof
Linzer Straße
Europa-Schul-ring
Wiener Str.
Rennbahn-
Niederösterreichring
Herzogenburger Straße
Goldegger Straße
Kremser G.
Daniel-Gran-Str.
Mariazeller Str.
HERZOGENBURG
ST.PÖLTEN
MELK
PÖCHLARN
WILHELMSBURG
Lilienfeld
HAINFELD
HOLLABRUNN
Türnitzer Alpen
Gutensteiner Alpen
Traisen
42
30
96
108

Wo gibt es was?

Kreis- bzw. Fähnchennummer = Textnummer ❶ = Auskunft

Maßstab 1 : 15.000 (0 – 200 – 400 – 600 – 800 m)

St. Pölten

Die größte Stadt Niederösterreichs (50 000 Einw.) ist als Nachfolgerin von Wien seit 1986 auch die Hauptstadt dieses Bundeslandes. Unter dem römischen Kaiser Hadrian wurde um 122 n. Chr. eine am Fluß Traisen gelegene Keltenstadt zur Römersiedlung ›Aelium Cetium‹. Der heutige Name von St. Pölten aber geht auf ein dem hl. Hippolyt geweihtes Kloster zurück, das die Franken Ottokar und Adalbert um 796 dort gründeten, wo heute der Dom steht. Sein Stadtrecht erhielt St. Pölten von Bischof Konrad von Passau bereits im Jahr 1159 verliehen. Geographisch liegt St. Pölten zwischen Donau und Alpenvorland.

Sehenswürdigkeiten ①–⑬

Rathaus ① (Ursprung 1503) mit Fassade des Barockbaumeisters Joseph Munggenast (1727) und barockem Bürgermeisterzimmer (nur gelegentlich zugänglich); Rathausplatz mit Dreifaltigkeitssäule (1767/82) und Bürgerhäusern (u.a. Schuberthaus); an der Nordseite die **Franziskanerkirche** ② (1757/79) mit Turm von 1896; **Stadttheater** ③ (1820); ehemaliges **Karmelitinnenkloster** ④ (1707) und **Institut der Englischen Fräulein** ⑤ (beide von Barockbaumeister Jakob Prandtauer in der ersten Hälfte des 18. Jh. erbaut); **Riemerplatz** ⑥ mit lückenlosem Althausbestand; **Prandtauerkirche** ⑦ (1708/12); **Kremsergasse** ⑧; **Herrenplatz** ⑨ mit Mariensäule (1718); **Domplatz** ⑩ mit Dom (urspr. romanische Basilika, 12. Jh., durch Prandtauer und Munggenast barockisiert) und Bistumsgebäuden (bis 1785 Chorherrenstift); **ehemalige Synagoge** ⑪ (1912/13; mo–fr 8.30–15.30 Uhr).
Aus Glas, Stahl und Beton entstand ab 1986 Niederösterreichs neues **Landhausviertel** ⑫ (Neue Herrengasse 4; Führungen 9–13 u. 14–18 Uhr): Zentrum des Tummelplatzes renommierter Architekten und baulicher Höhepunkt des von Ernst Hoffmann konzipierten Landhauskomplexes ist das Landtagsschiff. Weiter sehenswert ist der **NÖ-Kulturbezirk** ⑬ mit Klangturm (Hoffmann), Fest.Spiel.Haus (Klaus Kada), Shed-Halle (Hans Hollein), Landesbibliothek und -archiv (Paul Katzberger), ORF-Landesstudio (Gustav Peichl), Tor zum Landhaus (Boris Podrecca).

Kunst und Bühnen ⑭–⑰

Museen und Galerien: Das **Diözesanmuseum** ⑩ zeigt Sakrales von der Romanik bis zum 20. Jh. (Domplatz 1; April–Okt. di–fr 10–12 u. 14–17, sa 10–13; 1. So im Monat 10–12 Uhr); **Stadtmuseum** ⑭ (Prandtauerstr. 2; Jan.–Okt. di–sa 10–17, so 9–12 Uhr); **Schloßmuseum Pottenbrunn** ⑮ (Zinnfiguren; April–Okt. di–so 9–17 Uhr); **Museum im Hof** ⑯ (Geschichte der Arbeiterbewegung; Heßstr. 4; n. Anmeldung), Privatmuseum ›Wilhelmsburger Zier- und Gebrauchsgeschirr‹ (Christian-Artl-Str. 9; n. Anmeldung); Galerie Artem (zeitgenössische Kunst; Kostergasse 25); Galerie Herrenhof (klassische Moderne; Wienerstraße 20); NÖ Dokumentationszentrum für moderne Kunst (Prandtauerstr. 2; di–sa 9–18, so 9–12 Uhr); Galerie Maringer (zeitgenössische Kunst; Schreinergasse 4).
Bühnen und Theater: Landestheater ① (Musicals, Operetten, Kindertheater; Rathausplatz 11; Sommerpause Juli/Aug.); **Bühne im Hof** ⑰ (Kabarett, Tanz, Konzerte; Linzer Straße 18); **Fest.Spiel.Haus** ⑬ (Klassik bis Pop; Franz-Schubert-Platz).

Sport und Festivals

Aktivitäten: Frei-/Hallenbad, Badesee, Surfen, Wildwassersport, Tennis, Golf (18-Loch-Platz), Minigolf, Kegeln, Squash, Badminton, Reiten, Wandern, Rad; Eislaufen, Eisstockschießen, Langlaufen.
Veranstaltungen: Festwochen (Mai), Film am Dom (Juni), Open-air (Juli), Jazzworkshop (Anfang Juli), Hauptstadtfest (2. Fr im Juli), Seefest (Aug.), Barockfestival (Sept.); Musica Sacra (Sept.); Wochenmarkt am Domplatz (do, sa), Kleiner Markt am Herrenplatz (wochentags), Josefskirchenmarkt (sa), Flohmarkt Unterradlberg (sa/so), Flohmarkt Traisenpark (so 8–14 Uhr), Oster-, Christkindlmarkt, Silvesterrummel.
Umgebung: Naturbelassenes Pielachtal mit Bergbauernmuseum (Bergbauernhof Hausstein, Rosenbühelrotte 8, Frankenfels; n. Anmeldung) und Nixhöhle (Tropfsteine; Mai–Okt.; so u. fei ab 14); ›Urzeitmuseum‹ *Nußdorf* (April–Okt; di–so 9–17 Uhr); Saurierpark *Traismauer* (Ende März bis 1. Nov; tgl. 9–18 Uhr); Wildtiermuseum *Oberwölbing* (Ende März–Mitte Nov. sa/so und fei n. Anmeldung); Renaissanceschloß *Schallaburg* (April–Okt., mo–fr 9–17; sa/so 9–18 Uhr); Pfarrer Leo's Pfeifenmuseum *St. Aegyd am Neuwalde* (1. u. 3. So 9.30–11.30 Uhr).
Tip: Für eine Stadterkundung stehen ›Walkmanführer‹ zur Verfügung. Ferner bietet die Touristeninformation Altstadtführungen und Stadtrundfahrten an.
❶ Touristeninformation, Rathausplatz 1, A-3100 St. Pölten, Tel. 02742/353354.

Herzogenburg ⑱

Das Stadtbild wird vom 70 m hohen Turm des Augustiner Chorherrenstifts überragt.
Sehenswert: Stift (Jakob Prandtauer, Josef Munggenast und Fischer v. Erlach) mit einer der schönsten Kunstsammlungen Niederösterreichs (gotische Tafelbilder, Glasfenster, Schnitzereien), Schatzkammer und barockem Bildersaal. Der eigenwillige Kirchturm ist mit Herzoghut gekrönt (April–Okt. tgl. 9–11 u. 13–17 Uhr).
Aktivitäten: Freibad, Tennis, Wandern, Rad.
Veranstaltungen: Faschingsburgfest, Kindersommerspiele (Juli/Aug.)
❶ Gemeindeamt, A-3130 Herzogenburg, Tel. 02782/83315.

Wilhelmsburg ⑲

Das ›Tor zum Traisental‹ hat 6600 Einw.
Sehenswert: Gotische Pfarrkirche (14. Jh.), Reste des Schlosses Kreisbach, Statue des hl. Judas Thaddäus. Häuserensemble am Hauptplatz mit Barockfassaden und got. Erker, Marienkapelle (1320), Pestsäule.
Aktivitäten: Erlebnisfreibad, Tennis, Minigolf, Eisstock, Rad, Wandern, Reiten.
Veranstaltungen: Maikirtag (1. Mai).
❶ Gemeindeamt, A-3150 Wilhelmsburg, Tel. 02746/2315.

Lilienfeld ⑳

Die Babenbergerstadt (3000 Einw.) im Traisental ist Hauptort des waldreichsten Bezirkes Österreichs.
Sehenswert: Das 1202 gegründete Zisterzienserstift ist das größte mittelalterliche Kloster Österreichs und das größte Bauwerk der Babenbergerzeit. Im Stift wird die Urkunde des letzten Babenbergerherzogs (Friedrich II. ›der Streitbare‹) aufbewahrt, auf dem erstmals der österreichische Bindenschild verwendet wird. Lilienfeld gilt darum als Geburtsort der Staatsfarben Rot-Weiß-Rot. Das Stift ist im romanisch-gotischen Übergangsstil errichtet: Kreuzgang, Bibliothek mit 40 000 Bänden (Führungen tgl. 8–11, 14–16.30 Uhr). Dank Mathias Zdarskys Einsatz für modernen Skilauf nennt sich Lilienfeld auch ›Heimat des Alpinskilaufs‹ (Heimat- u. Zdarsky-Skimuseum, Babenbergstr. 3; do 17–19, sa 15–17, so 9.30–11.30 Uhr).
Aktivitäten: Rad (54 km Traisentalradweg), Tennis; Ski, Eisstock, Eislaufen.
Veranstaltungen: Markt (sa) Musikkurse (Juli), Almabtrieb mit Messe (8. Sept.), Adventsmarkt (Kulturprogramm am 3. Dez.).
❶ Gemeindeamt, A-3180 Lilienfeld Tel. 02762/52212-17

Türnitz ㉑

Von zahlreichen ›Tausendern‹ umgeben bietet der Ort neben waldreicher Landschaft mit romantischen Plätzen vor allem für Aktivurlauber ein reiches Angebot.
Sehenswert: Pfarrkirche Hl. Martin, k.k.-Museum (Mai–Okt. n. Anm.).
Aktivitäten: Freibad, Tennis, Minigolf, Wandern, Drachenfliegen, Paragleiten; Ski (Doppelsessellift, 4 Schlepplifte), Langlauf.
Veranstaltungen: Faschingsumzug (in geraden Jahren), Marktfest (ungerade Jahre).
❶ Tourismusinformation, A-3183 Türnitz, Tel. 02769/7435 oder 8204.

Maßstab 1:300.000 (0 – 2,5 – 5 – 7,5 – 10 – 12,5 – 15 km)

Mailberg wird vom Schloß des Malteserordens dominiert. Dieses Schloß, im Hintergrund, mit seiner Kirche wurde mehrfach umgebaut. Zur Anlage gehört ein Weingut.

Geprägt von Wein und Wind – das Weinviertel

Obwohl das Weinviertel unmittelbar nördlich vor den Toren Wiens liegt, scheint die Großstadt hier weit entfernt. Das Wellenspiel der Hügel mit ihren weiten Getreidefeldern und Rebhängen ist sanft; und in den rund 800 Kellergassen, in denen sich Weinkeller und Keltereien aneinander reihen, wird ein überregional beliebter Weißwein erzeugt. Diese Atmosphäre des Stillstands hätte sicher nicht überdauert, wäre das Weinviertel als Grenzregion nicht über Jahrzehnte ›vergessen‹ worden.

△ Gotik aus dem 19. Jahrhundert: Rathaus von Korneuburg

△ Trauben gibt es genug im Weinviertel

Maler Hermann Bauch in seinem Himmelkeller in Kronberg ▽

△ Spätmittelalterlicher Flügelaltar in der Sierndorfer Schloßkapelle

Burg Kreuzenstein ist Romantik des 19. Jahrhunderts ▽

Alles scheint im ›Viertel unter dem Manhartsberg‹ klein, kaum prunkvoll. Vernichtend urteilte vor rund hundert Jahren der Italiener Ignaz Castelli über das Weinviertel: ›Die Gegend zwischen Wien und Brünn ist nur wenig besser als gar keine Gegend.‹ Zum Protzen hat man hier nie geneigt, die Reize liegen im kleinen. In jener praktischen Architektur, die der Alltag über die Zeiten mit sich gebracht hat.
Hunderte von Kellergassen mit Tausenden Weinkellern und Preßhäusern gibt es hier im größten Weinbaugebiet Niederösterreichs. Obwohl die Reben an vielen Orten Österreichs gedeihen, gelten die hiesigen ›Triften‹ als einzigartig.

Mit Geologenhämmerchen

Daß das Weinviertel heute so aussieht wie es aussieht, liegt daran, daß man bei der Besiedlung im 12. Jahrhundert die hier vorhandenen Wälder abbrannte, um Ackerfläche zu gewinnen. Diese Brandrodungen waren der mächtigste ökologische Eingriff, den diese Landschaft je erfuhr.
Weil Jahrmillionen zuvor hier noch vorzeitliche Meeresfluten wogten, stoßen Bauern auch heute noch gelegentlich auf Walfischzähne oder Spitzschnecken. Auch filigrane Korallenriffe haben 130 Millionen Jahre überdauert. Mit Lupe und Geologenhämmerchen ausgerüstete Schatzsucher werden besonders am Semmelberg nördlich von Ernstbrunn im Herzen des Weinviertels und in den Steinbrüchen von Dörfles oder Klafterbrunn fündig.
Ökonomisch bedeutend ist freilich jenes Erbe, das Wissenschafter des russischen Zaren 1809 als ›schmutzige, übelriechende, klebrige Flüssigkeit, die in keiner Weise verwendet werden kann‹ definierten: das Erdöl. Auch wenn das Weinviertel nie den wirklich großen Ölrausch verfiel, konnte immerhin noch 1958 der Bedarf Österreichs aus diesen Quellen gedeckt werden – heute ist es gerade noch ein Zehntel. Doch unverändert fließt das schwarze Gold, strömt Gas in den Bohrturmwäldern. In Protteś nahe der slowakischen Grenze verquickt sogar ein Erdöllehrpfad Theorie und Praxis.

△ *Ehemals landesfürstliche Stadt: Altes Rathaus in Laa an der Thaya*

Auf einer 80 Meter hohen Kalkklippe steht die Burgruine Falkenstein ▽

△ Hadres: In der mit rund 1,6 Kilometer längsten geschlossenen Kellergasse Österreichs spielt Zeit keine Rolle

△ Kürbisfeld bei Staatz kurz vor der Ernte im Herbst

Das Museumsdorf in Niedersulz lädt zur Zeitreise ein ▽

Alte Bräuche ohne Schnörkel

Im Gegensatz zum Alpenland ist das Weinviertel kein Brauchtumsparadies. So läuft es aber auch nicht Gefahr, zum ›Trachtenzirkus‹ zu verkümmern. Selbst wenn die Moderne manches verschüttet, das Althergebrachte wird dennoch gepflegt. Nicht nur im Museumsdorf in Niedersulz, das in 60 Gebäuden – verschiedenen Höfen, Wirts- und Handwerkerhäusern, einer Kapelle, einer Mühle u.a. – die Welt vor der Industrialisierung zeigt, in der die Welt noch heil, aber auch mühevoll und entbehrungsreich war.

Auch in den Preßhäusern, den Keltereien, ist viel beim alten. Hier geben die Männer den Ton an. Die Frauen kommen nur zur Lese, und die Söhne der Bauern betreten die ›heiligen Hallen‹ nur unter Aufsicht des Vaters. Ob Burgunder oder Welschriesling – meistgeliebt sind Weißweine, nur rund jedes achte Achterl ist rot.

Kleinwetzdorfs ›Wallhalla‹

Mitunter wird die gleichförmige Landschaft des Weinviertels von Erhebungen gestört, deren Ebenmäßigkeit erkennen lassen, daß sie von Menschenhand geformt sind. Derartige Tumuli aus Bronze- oder Eisenzeit finden sich vielerorten.

Einen Totenkult der besonderen Art leistete sich Joseph Pargfrieder. Gerüchten zufolge war Pargfrieder ein illegitimer Sohn Kaiser Josephs II., was seiner Karriere aber nicht schadete: Mitte des 19. Jahrhunderts brachte er es zum bevorzugten Schnürstiefel-Lieferanten der kaiserlichen Armee. In Kleinwetzdorf schuf er mit dem Heldenberg eine Art österreichisches Walhalla.

Inmitten eines weitläufigen Parks mit Statuen und Denkmälern, die Helden der k.k.-Armee glorifizieren, ruhen neben Pargfrieder zwei Kriegsheroen der Italien-Feldzüge von 1848/49: Feldmarschall von Wimpfen und Graf Radetzky. Dieser war irdischen Vergnügungen so zugetan, daß Pargfrieder für seine Schulden aufkam – nachdem Radetzky versprach, sich auch im Waldviertel begraben zu lassen. Der Volksmund faßt seitdem zusammen: ›Hier liegen drei Helden in seliger Ruh'– zwei lieferten Schlachten, der dritte die Schuh'.‹

△ Die Retzer Windmühle krönt den Kalvarienberg

In ihrem Röschitzer Weinkeller hat Familie Weber berühmte Köpfe in Löß gehauen ▽

Fels am Wagram: Weinstöcke und Pfarrkirche ▽

△ Retz: Das Verderberhaus am Hauptplatz entstand um 1580 in venezianischer Renaissance

△ Eggenburgs Hauptplatz mit der Pestsäule … … und Teile der fast völlig erhaltenen Stadtmauer ▽

Windige Energie

In Zeiten globaler Schadstoffreduktion wird im traditionsbewußten Weinviertel auch die Technik der Vorfahren hochgehalten. Die im 18. Jahrhundert erbaute Windmühle von Retz ist zwar nur noch Wahrzeichen und Sehenswürdigkeit – bis zu 140 solcher Mühlen verrichteten im wasserarmen Landstrich ihre Arbeit –, doch haben ›himmlische Kinder‹ als Energielieferanten nicht ausgedient: Seit 1993 drehen sich in weiten Teilen des Weinviertels Windräder auf über 80 Meter hohen Säulen und erzeugen ökologisch unbedenklichen Strom. Selbst wenn mancher um die Schönheit der Landschaft fürchtet – von den mit ihren Armen wirbelnden Riesen geht eine eigenartige Faszination aus. Die Stare jedoch wissen diese zur Freude der Weinbauern nicht zu schätzen. Sie fürchten die gigantischen Vogelscheuchen und meiden jetzt die Gegend.

›Weinkunst‹ unter der Erde

Eines der merkwürdigsten Kunstwerke des Weinviertels glänzt im Verborgenen. In einem Weinkeller im Ort Röschitz bei Pulkau haben Ludwig Weber, genannt ›Michelangelo von Röschitz‹, und andere Mitglieder seiner Winzerfamilie ihre künstlerische Ader freigelegt: In die weichen Gewölbewände aus Löß schnitzten sie Prominenz. Die Porträts der Komponisten Franz Liszt, Johannes Brahms oder Richard Wagner blicken heute ebenso auf den Besucher herab wie Rudolf von Habsburg oder Konrad Adenauer.

Wein aus Retzer Brunnen

Trotz mancher Widrigkeiten brachten es die Weinviertler zu Wohlstand. Weil man diesen aber am besten genießt, wenn jemand dabei zusieht, entstanden in Retz, Eggenburg oder Laa an der Thaya noble, teils von sgraffitogeschmückten Bürgerhäusern gesäumte Hauptplätze. Unter freiem Himmel verfügte das Bürgertum über eine Bühne für die Inszenierung städtischer Ereignisse: Märkte, Gerichtsurteile – und Feste. Die werden bis heute gefeiert wie sie fallen. Und in Retz kann dann sogar plötzlich Wein aus dem Dorfbrunnen sprudeln …

HARDEGG
ZNOJMO (ZNAIM)
Hodonice
Tasovice (Teswitz)
Hrušovany
Šanov (Schönau)
Hrabětice (Grafendorf)
Nový Přerov
Pravlovský vrch
MIKULOV (NIKOLSBURG)
Lednice (Eisgrub)
Lednické rybníky
BŘECLAV (Lundenburg)
Valtice (Feldsberg)
Charvatská N. Ves
Poštorná
Lanžhot
Pohansko
Dyjákovice
Hrádek
Jaroslavice
Chvalovice
Šatov
Hnanice
Mitter-Retzbach
Spittelmais
RETZ
Unterretzbach
Kleinhaugsdorf
LAA A. D. THAYA
Wulzeshofen
Pernhofen
Falkenstein
Galgenberg
POYSDORF
Staatz
Ameis
Schl. Rabensburg
Rabensburg
Hohenau
Bernhardsthal
Reintal
Katzelsdorf
Schrattenberg
Herrnbaumgarten
Waldberg
Pillichsdorf
Pulkau
SCHRATTENTHAL
Zellerndorf
Guntersdorf
Hadres
Seefeld
Zwingendorf
Mailberg
Hl. Johannes d. T. Kirche
Stronsdorf
Laa
Hagenberg
Ernstbrunn
Leiser Berge
MISTELBACH A.D. ZAYA
Wilfersdorf
Hohenruppersdf.
ZISTERSDORF
Wallfahrtskirche Maria Moos
Dürnkrut
Jedenspeigen
Drösing
Ebenthal
Matzener Wald
Schl. Matzen
Hochleitenwald
Wolkersdorf
Schl. Bockfließ
GÄNSERNDORF
Safari- und Abenteuerpark
MARCHEGG
Deutsch-Wagram
W.-SÜSSENBRUNN
W.-NEUESSLING
W.-STAMMERSDF.
W.-STREBERSDF.
W.-FLORIDSDF.
W.-KAGRAN
KLOSTERNEUBURG
Kahlenberg
W.-GRINZING
Hermannskogel
KORNEUBURG
STOCKERAU
Spillern
Leobendf.
Tullner Feld
TULLN
Tulbinger Kogel
Mollersdf.
Absdorf
Kirchberg a. W.
Fels a. Wagram
Feuersbrunn
Grafenegg
TRAISMAUER
Traismauer-Nord
Sitzenberg
Heiligeneich
Hollabrunn
HOLLABRUNN
Schwarzwald
Göllersdf.
Maria Geburt
Hl. Georg-K.
Oberstinkenbrunn
Wullersdf.
Ziersdorf
Maissau
Eggenburg
EGGENBURG
St. Stephan-K.
Gars
Feldberg
Röschitz
Sandberg
Roseldorf
Sitzendorf
Straning
Limberg
Hohenwarth
Ravelsbach
Mühlbach a. M.
Gösing
Großweikersdf.
Großriedenthal
Kirchberg a. W.
Hippersdf.
Stetteldorf a. W.
Königsbrunn
Wagram
Traunfeld
Ulrichskirchen
Münichsthal
Hautzendorf
Niederkreuzstetten
Gaweinstal
Bad Pirawarth
Asparn a. d. Zaya
Schloß und Freilichtmuseum
Naturpk. Leiser Berge
Steinmandl
Michelstetten
Ladendorf
Paasdorf
Hüttendorf
Eibesthal
Ebersdorf
Hörersdorf
Kettlasbrunn
Maustrenk
Erdberg
Großkrut
Pfarrkirche
Altlichtenwarth
Hausbrunn
Dobermannsdf.
Patterndorf
Neusiedl a. d. Zaya
Niederabsdorf
Rannersdf.
Gösting
Eichhorn
Prottes
Angern
Stillfried
Suchohrad
Záhorská Ves
Vysoká pri Morave
Gajary
Jakubov
Malacky
Zohor
Bruderndorf
Karnabrunn
Simonsfeld
Ernstbrunn
Hornsbg.
Hundsberg
Kreuttal
Schleinbach
Manhartsbrunn
Harmannsdf.
Enzersfeld
Hagenbrunn
Kapellerfeld
Gerasdf.
Seyring
Bisamberg
Langenzersdf.
Flandorf
Stetten
Korneuburg
Sierndorf
Oberhollabrunn
Niederhollabrunn
Michelberg
Senning
Haselbach
Großmugl
Ringendf.
Füllersdf.
Steinabrunn
Gartenbg.
Herzogbirbaum
Obernursch
Enzersdf. im Thale
Altenmarkt im Thale
Weyerburg
Wieselsfeld
Aspersdf.
Schöngrabern
Obergrabern
Pranhartsberg
Großstelzendf.
Hollenstein
Hochfeld
Gaindf.
Wilhelmsdf.
Pfaffstetten
Zemling
Ebersbrunn
Radlbrunn
Neudegg
Baumgarten am Wagram
Ottenthal
Ruppersthal
Großwiesendf.
Tiefenthal
Inkersdorf
Zaußenberg
Eggendf.
Pettendf.
Hausleiten
Goldgeben
Zissersdf.
Oberolberndorf
Wiesen
Unterolberndorf
Würnitz
Kronberg
Riedenthal
Seebarn
Dürnrohr
Michelhausen
Judenau
Langenrohr
Asparn
Neusiedl
Kirchberg
Baumgarten
Freundorf
Zeiselmauer
Königstetten
Muckendorf
Wördern
St. Andrä
Gugging
Kierling
Hadersfeld
Greifenstein
Altenberg
Höflein
Kritzendorf
Sonnberg
Schwarzwald
Dyje
Thaya
Zaya
March
Morava
Schmida
Pulkau
Jaroslavický rybník
Nesyt
25
11
22
33
34
40
49
75
84
96
54
66
30
E 461
E 49
E 59
A22

Wo gibt es was?

Fähnchennummer = Textnummer ⓘ = Auskunft

Korneuburg ①

Nordwestl. von Wien gelegene Bezirksstadt (9700 Einw.) mit historischem Zentrum.
Sehenswert: Rattenfängerbrunnen, Stadtmauer, Synagoge (14. Jh.), neugotisches Rathaus, Dreifaltigkeitssäule (1747), Augustiner-Kirche (18. Jh.).
Umgebung: *Burg Kreuzenstein*, 4 km nördl., ab 1874 über einem mittelalterlichen Grundriß idealtypisch erbaut (Mitte März–Mitte Nov. di–so 9–16 Uhr).
Aktivitäten: Frei-/Hallenbad, Tennis.
Veranstaltungen: Puppentheatertage (März), Musiktage (Mai), Stadtfest (Juni), Musikfest (Juli), Mineralien-/Fossilienausstellung (Nov.), Silvesterkonzert.
ⓘ Stadtgemeinde, Hauptplatz 39, A-2100 Korneuburg, Tel. 02262/770700.

Stockerau ②

Größte Stadt des südlichen Weinviertels (15 200 Einw.).
Sehenswert: Pfarrkirche Hl. Stephan (1725), Rathaus (17. Jh.), Pestsäule (17./18. Jh.), Bezirksmuseum im Belvedereschlößl (16. Jh.; sa 15–17, so 9–11 Uhr).
Aktivitäten: Freibad, Tennis, Minigolf, Rad, Boot, Kanu; Eisstockschießen, Eislaufen.
Veranstaltung: Festspiele (Aug.).
Umgebung: 14 km nördl. *Großmugl* mit Grabhügel aus der Hallstattzeit.
ⓘ Informationsbüro Stadtgemeinde, A-2000 Stockerau, Tel. 02266/69518.

Wolkersdorf ③

Wolkersdorf gilt als Tor zum Weinviertel. Während der Schlachten von Aspern und Wagram schlug Kaiser Franz I. 1809 sein Quartier im Pfarrhof auf; Napoleon zog nach seinem Sieg im Schloß ein.
Sehenswert: Wasserschloß mit Park (13. Jh.), Stadtpfarrkirche Hl. Margaretha (14. Jh.), Pietà (1675), Pestsäule (1714). *Groß-Schweinbarth*, 10 km nordöstl., mit Volkskultur-Museum (April–15. Nov di–so 9–17 Uhr).
Aktivitäten: Freibad, Tennis; Langlauf.
Veranstaltungen: Faschingsumzug, Stadtfest (Okt.), Schloßkirtag (2. So im Juli), Johannisfeuer (Juni), Weinherbst (ab Sept.).
Umgebung: 6 km nördl. *Kronberg* mit dem Himmelkeller des (Weinkeller-)Malers und Sammlers Hermann Bauch, der in zahlreichen Kulträumen u.a. frühgeschichtl. Funde zeigt.
ⓘ Stadtgemeinde, Hauptstraße 28, A-2120 Wolkersdorf, Tel. 02245/2401-0.

Mistelbach ④

Die Bezirks- und Schulstadt (10 300 Einw.) ist Zentrum des östlichen Weinviertels.
Sehenswert: Got. Stadtpfarrkirche, roman. Karner, Pest-/Dreifaltigkeitssäule (17. Jh.), Barockschloß, Elisabethkirche (17. Jh.), röm. Steindenkmal (›Wamperter‹), Bienenlehrpfad, Puppentheatermuseum (sa/so 14–18 Uhr).
Aktivitäten: Freibad, Minigolf, Wandern, Rad, Tennis; Skilanglauf (24 km).
Veranstaltungen: Straßenfest (1. Mai), Pferdesportfest (1. So Mai), Sommerszene (Juli/Aug.), Feuerwehr-Sommernachtsfest (2. Wochenende im Juni), Feldsberger Kirtag (3. Wochenende Aug.), Hauerkirtag (Aug.), Int. Puppentage (Okt.), Nikoloumzug (5. Dez.), Bauernmarkt (1. u. 3. Fr im Monat).
Umgebung: 10 km südöstl. Museumsdorf *Niedersulz* (Palmsonntag–1. Nov. mo–fr 10–16, sa/so 10–18 Uhr); Heimatmuseum *Wilfersdorf* 6 km östl. (Ostermontag bis 1. Nov. so 14–16 Uhr); 18 km östl. *Zistersdorf* mit Stadtburg (17. Jh.) u. -museum (Mai bis Okt. so 10–12 Uhr). 7 km westl. *Asparn an der Zaya* im Naturpark Leiser Berge mit u.a. Burgschloß mit Wehrgang (12. Jh.), Minoritenkloster (1632) mit Weinlandmuseum (April–Okt, sa/so 13–17 Uhr) und Museum für Urgeschichte (April–15. Nov. di–so 9–17 Uhr). Schulmuseum *Michelstetten*, 5 km westl. (April–Okt. tgl. 9–17 Uhr).
ⓘ Toursimusverband Östliches Weinviertel, Hauptplatz 6, A-2130 Mistelbach, Tel. 02572/2515-248.

Poysdorf ⑤

Der Ort mit den romantischen Kellergassen gilt seit dem 14. Jh. als Weinhochburg.
Sehenswert: Pfarrkirche St. Johannes der Täufer (17. Jh.), Wallfahrtskirche Maria Bründl (18. Jh.), Preußendenkmal (1866) und Gedenkstätte der Franzosen (1805/09), Lourdesgrotte, Stadtmuseum für Weinbau, Volkskunde, Archäologie (Ostern–Okt. mi bis mo 9–12 u. 13–17 Uhr).
Aktivitäten: Tennis, Minigolf, Wandern, Rad, Reiten, Waldlehrpfad, Weinpanoramaweg.
Veranstaltungen: Weinwoche (März), -parade (Pfingsten), Winzer. u. Sturmfest (Sept.).
Umgebung: *Herrenbaumgarten* mit dem Museum der Verrücktheiten ›Nonseum‹, 5 km nördl. (Ostern–1. Nov. sa/so 13–18 Uhr); *Ruine Falkenstein*, 11 km nördl. (um 1050; Führung April–Okt. sa/so 15 Uhr).
ⓘ Weinviertel Information, Liechtensteinstr. 1, A-2170 Poysdorf, Tel. 02552/3515.

Laa an der Thaya ⑥

Der 7500-Einw.-Ort wurde um 1200 von den Babenbergern als Festung angelegt.
Sehenswert: Stadtmauer (1413), Wasserburg (15./16. Jh.), Altes Rathaus (1742), Pest- oder Mariensäule, Dreifaltigkeitssäule (13. Jh.), Pranger (1575), Pfarrkirche Hl. Veit (13. Jh.), Spitalskirche Hl. Jakob (13. Jh.), Biermuseum (sa/so 14–16 Uhr), Südmährer Heimatmuseum (April–Okt. so 14–16 Uhr), Kutschenmuseum (April–Okt. so 14–17 Uhr).
Aktivitäten: Hallenbad, Wandern, Tennis, Reiten, Fischen, Fun-Park; Eislaufen.
Veranstaltungen: Fasching, Sommernachtsfest (1. Sa im Aug.), Zwiebelfestival (Aug.), Frühjahrs- u. Herbstkonzerte.
Umgebung: 10 km südöstl. Burgruine *Staatz* (11. Jh.); 20 km westl. *Mailberg* mit Malteserschloß (12. Jh.).
ⓘ Tourismusbüro, Stadtplatz 17, A-2136 Laa a. d. Thaya Tel. 02522/2501-0.

Retz ⑦

Die malerische Stadt (4300 Einw.) blickt auf eine 500jährige Weinbautradition zurück.
Sehenswert: Hist. Hauptplatz, Pranger (1561), Sgraffitohaus (1576), Dreifaltigkeitssäule (1744), Rathaus, Stadtmauer, Dominikanerkirche, Windmühle (Anm.) und Österreichs größter historischer Weinkeller (Führungen tgl. 10.30, 14 u. 16 Uhr).
Aktivitäten: Freibad, Tennis, Reiten, Rad.
Veranstaltungen: Weintage (Juni), Weinlesefest (Sept.), Kürbisfest (Okt.).
Umgebung: 15 km östl. der Weinbauort *Hadres* mit der längsten Kellergasse Österreichs (1,6 km); Pfarrkirche St. Michael (13. Jh.), Pranger (1635) und Weinbaumuseum (Mai–Okt. sa/so/fei 14–18 Uhr).
ⓘ Tourismusverein, Hauptplatz 30, A-2070 Retz, Tel. 02942/2700.

Eggenburg ⑧

Geprägt von Mittelalter und Renaissance, besitzt der Ort (4000 Einw.) eine fast vollständige Stadtmauer und drei Stadttürme.
Sehenswert: Got.-rom. Kirche St. Stephan, Karner, Marktplatz mit Sgraffitohaus (1547), Winterzeile mit Bürgerhäusern (16.–18. Jh.), Pranger, Pestsäule, Bürgerspital mit Martinskapelle (1491), Ziegel- und Sakralmuseum. Krahuletz-Museum (Ur- und Frühgesch., Volkskunde; tgl. 9–17 Uhr), Motorradmuseum (mo–fr 8–16, sa/so 10–18), Kanzlerturm (Juli/Aug. sa/so 10–18 Uhr).
Umgebung: 8 km südl. *Maissau* mit hist. Kern (Altstadtweg). *Pulkau*, 8 km nördl., mit hist. Kern: Kirche zum kostbaren Blut Christi mit got. Flügelaltar (1515), Pfarrkirche St. Michael (12. Jh.) mit rom. Karner, Pranger (1542), Rathaus (1569), Pestsäule.
ⓘ Tourismusinformation, Krahuletzplatz 1, A-3730 Eggenburg, Tel. 02984/3400.

Hollabrunn ⑨

Zentrum im westl. Weinviertels (13 000 Einw.).
Sehenswert: Pfarrkirche Hl. Ulrich (13./14. Jh.), Filialkirche Maria Hilfe d. Christen, Hauptplatz, ehem. Kapuzinerkloster, Museum ›Alte Hofmühle‹ (Urgeschichte, Keramik, Stadt, Studenten; sa 14–16, so 10–11.30 u. 14–16 Uhr), Aussichtswarte Gaisberg.
Aktivitäten: Frei-/Hallenbad, Tennis, Wandern, Kutschfahrten, Golf; Eislaufen, Eisstock.
Veranstaltungen: Volksfest (Aug.), Frühjahrsmärkte, Theater.
Umgebung: *Heldenberg*, 15 km südwestl., mit einem Pantheon österr. Militärgrößen (März–Nov. di–so 10–17 Uhr) bei Schloß Kleinwetzdorf (Mai–Okt. sa/so 14 15, 16).
ⓘ Stadtgemeinde, Hauptplatz 1, A-2020 Hollabrunn, Tel. 02952/3335.

Maßstab 1:300.000
0 2,5 5 7,5 10 12,5 15 km

Die Donau-Marchauen im Osten Niederösterreichs sind Heimat einer artenreichen Flora und Fauna. Hier sind vor allem Zugvögel in ihrem Element.

Hier Marchschlösser, dort Donauauen-Urwald

Im Winter 1984 sorgte der Streit um die Donauauen östlich von Wien für eine Regierungskrise, weil das Öko-System Platz machen sollte für ein gigantisches Wasserkraftwerk bei Hainburg. Weitsichtigen Umweltschützern gelang das Unmögliche: Die Bauarbeiten wurden gestoppt und 1996 rund 9300 Hektar zum Nationalpark erklärt. Sanfte Erschließung macht nun Besuchern diesen letzten Urwald Mitteleuropas zugänglich, fast ohne die Natur zu stören. Einst war man weniger sensibel: Das bezeugen die Marchschlösser, die dem Adel als Ausgangspunkte großer Jagden dienten.

△ Auf Natur-Tour mit dem Auen-Info-Zentrum Stopfenreuth: Springfrosch

Herbststimmung in den Donauauen ▽

△ Bird-watching in den Marchauen: Storch im Frühjahr

△ Geduld und ein gutes Fernglas braucht man in den Donauauen

Ruderboote warten in den Donauauen auf Gäste ▽

Nichts erinnert mehr an die heißen Auseinandersetzungen, die im letzten großen Auwald Mitteleuropas im Dezember 1984 für Schlagzeilen sorgten: In der Nähe von Hainburg an der slowakischen Grenze sollte ein Donaukraftwerk errichtet werden. Doch da traten Umweltschützer auf den Plan. Hunderte besetzten das Pflanzengrün, das der Au zumindest im Sommer fast das Aussehen eines tropischen Regenwaldes verleiht. Sie harrten aus, bis sie ihr Ziel erreicht hatten: Das Kraftwerksprojekt wurde erst verschoben, später aufgegeben.

Der Natur auf der Spur

So blieb alles, wie es war: Auf 11 500 Hektar erstreckt sich ein ›Wasserwald‹, wo die Donau als Gebirgsfluß und der March als westlichster Steppenfluß Europas ein faszinierendes Biotop schufen.

Diese unberührte Natur machte den Anrainern früher kräftig zu schaffen. Die Unberechenbarkeit des Stromes setzte der menschlichen Besiedlung Grenzen, Eisstoß und Schneeschmelze ließen ihn regelmäßig über die Ufer treten; manchmal mußten ganze Orte aufgegeben werden. Nach einem verheerenden Hochwasser 1862 wurde eine große Donauregulierung beschlossen – wildes Dahinströmen fand ein Ende.

Trotzdem blieben die ökologischen Grundbedingungen erhalten. Und seit der Eröffnung des Nationalparks im Oktober 1996 regt sich neues Leben: Biber, einst als Fastenspeise beliebt – weil sie im Wasser lebten, galten sie als Fisch – und fast ausgerottet, sind zurückgekehrt. Auch Seeadler sind winters wieder zu Gast.

Dies sind die prominentesten Heimkehrer unter den rund 5000 Tierarten von Amsel, Aurorafalter und Azurjungfer bis zu Zilpzalp, Zwergtaucher und Zwitscherheupferd. Mit fachkundiger Unterstützung von Förstern kann man sich den Auen zu jeder Jahreszeit nähern: Im Winter auf den Schneespuren von Rothirsch, Wildschwein, Rotfuchs, Dachs oder Stock- und Schellenten. Im Frühling zur Blütezeit den vielen durchziehenden Vögeln lauschen. Laut geht es auch im Herbst zu, wenn das Brunftröhren der Hirsche erschallt.

△ Die Festtreppe von Schloß Harrach glänzt mit barocken Details

△ Die Grenzstadt Hainburg und die Donau gehören zusammen

△ Römerstadt Carnuntum: Wo heute Ausgrabungen stattfinden, ... lebten einst 50 000 Römer: Blick auf das Amphitheater ▽

△ 1713/29 wurde Schloß Marchegg barockisiert

Den barocken Großen Saal von Schloß Eckartsau gestaltete Daniel Gran ▽

Glanz und Elend der Monarchie

Die große Zahl der Wildtiere in den Auen ist auch der Grund, warum im March-Donauland zahlreiche Baujuwele zu finden sind: Eines der beliebtesten Freizeitvergnügen der Monarchie war die Jagd. Weil man hier die größten, jagdbarsten Tiere fand, wurden viele Familien des Hochadels für ihre Verdienste mit Herrschaftssitzen im Marchfeld belohnt. So entstanden Barockschlösser, die Rang und Kulturverstand der Besitzer demonstrieren sollten. Drei der prächtigsten Exemplare bewohnte einst Prinz Eugen von Savoyen: Obersiebenbrunn, Schloßhof, Niederweiden.

Längst sind die ehrwürdigen Gemäuer nicht mehr den Launen des Adels vorbehalten. Viele Marchschlösser bieten heute den glanzvollen Rahmen für Museen, Ausstellungen und Kulturveranstaltungen.

Auch den letzten Akt der Habsburger Herrschaft spielte in einem Marchfeldschloß: Kaiser Karl I. flüchtete am 11. November 1918 ins Jagdschloß Eckartsau, nachdem er kurz zuvor in Schönbrunn abgedankt und damit einen Schlußstrich unter fast 650 Jahre Regentschaft seiner Dynastie gezogen hatte. Hier lebte der Abgetretene mit seiner Familie bis zur Abreise ins Exil am 23. März 1919.

Heute dient Eckartsau volkstümlicheren Zwecken: Das Büro der Bundesforste ist hier untergebracht, das, wie das Auen-Info-Zentrum im 300 Jahre alten Forsthaus Stopfenreuth, Ausflüge mit Kutschen, Booten oder per Fahrrad organisiert.

Römerstadt Carnuntum

Einer der schönsten Abschnitte des Donau-Radwanderwegs führt von Wien über Hainburg bis nach Bratislava. Der ›Römerweg‹ verbindet Sport, Kultur, Geschichte. Von Bad Deutsch-Altenburg geht es an den Ausgrabungen von Carnuntum vorbei, den steinernen Resten jener Hauptstadt der römischen Provinz Oberpannonien, die zur Blüte über 50 000 Einwohner zählte.

Am Schnittpunkt von Donaulimes und Bernsteinstraße hatte sie hohe militärpolitische Bedeutung. Alles war vorbei, als 395 n. Chr. Markomannen und Alanen Lager und Zivilstadt in Schutt und Asche legten.

MISTELBACH
ZISTERSDORF
Leiser Berge
Hochleitenwald
Matzener Wald
KORNEUBURG
KLOSTERNEUBURG
GÄNSERNDORF
Marchfeld
WIEN
Lobau
GROSSENZERSDORF
Nationalpark Donau-Auen
SCHWECHAT
Fischamend Markt
PERCHTOLDSDORF
MÖDLING
BRUCK a. d. Leitha
HAINBURG A. D. DONAU
BAD DEUTSCH-ALTENBURG
Carnuntum
NEUSIEDL A. SEE
NEUSIEDLER SEE
Parndorfer Heide
Leithagebirge
EISENSTADT
MALACKY
Záhorie
Záhorská Ves
MARCHEGG
Stupava
BRATISLA
Devínska Nová Ves
Halbturn
Gols
Purbach am Neusiedler See
Schl. Laxenburg
Safari- und Abenteuerpark
Schl. Niederweiden
Schl. Hof
Schl. Eckartsau
Flughafen WIEN-SCHWECHAT
76
96
108

Wo gibt es was?

Fähnchennummer = Textnummer ℹ = Auskunft

Gänserndorf ①

Der 8700-Einwohner-Ort ist Zentrum des Marchfeldes mit Handel und Verwaltung. **Sehenswert:** Rathaus (16. Jh.), Pfarrkirche Hl. Schutzengel (Ursprung 14. Jh.), Pestsäule, Jüdischer Friedhof. Safari- u. Abenteuerpark mit exot. Tieren auf 68 ha (April bis Okt. mo–fr 9.30–15.30, sa/so 9–16 Uhr). **Aktivitäten:** Rad, Reiten, Pflanzenlehrpfad. **Umgebung:** Eisenbahnmuseum *Straßhof*, 3 km westl. (Mitte April–Mitte Okt. so/fei 10–16 Uhr); 8 km südl. Prinz-Eugen-Schloß *Obersiebenbrunn* (1725; Mai–Okt., jeden 1. so 15–16.30 Uhr); 23 km nördl. Schloß *Jedenspeigen* (ursprgl. 13. Jh.) mit Dokumentation zur Schlacht bei Dürnkrut zwischen Rudolf von Habsburg und Ottokar von Böhmen (Mai–Okt. sa/so 10–17 Uhr).
ℹ Stadtgemeindeamt, Wiener Str. 5a, A-2230 Gänserndorf, Tel. 02282/265116.

Deutsch-Wagram ②

Die Stadt (7300 Einw.) ging durch die Schlacht zwischen den Heeren Erzherzogs Carls und Kaiser Napoleons (5. und 6. Juli 1809) – nach der Niederlage bei Aspern siegten die Franzosen – sowie die Eröffnung der ersten Dampfeisenbahnlinie Österreichs (1837) in die Geschichte ein. **Sehenswert:** 1000jähriger Wehrturm der Pfarrkirche Johannes der Täufer, Kriegerdenkmal, Napoleon- u. Heimatmuseum bzw. Eisenbahnmusem (Mitte März–Mitte Nov. so/fei 10–16 Uhr, sonst n. Anm.). **Aktivitäten:** Freibad, Tennis, Minigolf, Rad, Wandern, Reiten, Eislaufen **Veranstaltungen:** Fronleichnam-Wandertage, Adventmarkt.
ℹ Gemeindeamt, Friedhofallee 9, A-2232 Deutsch-Wagram, Tel. 02247/2209.

Schwechat ③

Die Kleinstadt (15000 Einw.) ist vor allem als Standort des Wiener Flughafens bekannt. **Sehenswert:** Rothenmühle (17. Jh.), spätbarocke Thurnmühle, Neumühle (1674), Stadtpfarrkirche. **Aktivitäten:** Frei-/Hallenbad, Rad, Reiten. **Veranstaltungen:** Nestroy-Spiele (Juli), Stadtfest (Sept.), Adventmarkt.
ℹ Stadtgemeinde, 2320 Schwechat, Tel. 01/70108-214.

Orth a. d. Donau ④

Der 865 erstmals erwähnte Ort besitzt das älteste der Marchfeldschlösser vom Typ einer mittelalterlichen Wasserburg. **Sehenswert:** Pfarrkirche (12. Jh.), Pranger (17. Jh.), Mariensäule (18. Jh.). Das dreiflügelige Schloß aus der Mitte des 16. Jh. hat ein Donau-, Fischerei-, und Heimatmuseum (Mitte März–Mitte Nov. di–fr. 9–12 u. 13–17, sa/so 9–17 Uhr). **Aktivitäten:** Tennis, Fischen, Aulehrpfad. **Umgebung:** 9 km östl. liegt das barocke Jagdschloß Schloß *Eckartsau* (1137), das Österreichs letztem Kaiser als Zufluchtsort vor dem Gang ins Exil diente (Führungen durch die Kaiserwohnung: April–Okt. sa/so 11 u. 13 Uhr). Die Forstverwaltung im Schloß informiert über Ausflüge in die Donauauen.
ℹ Gemeindeamt, Am Markt 26, A-2304 Orth a. d. Donau, Tel. 02212/2208.

Bad Deutsch-Altenburg ⑤

Kurort (1300 Einw.) mit der stärksten Jod-Schwefelquelle im Archäologischen Park Carnuntum – vor 2000 Jahren nutzten schon die Römer sie zum Baden. **Sehenswert:** Romanisch-got. Pfarrkirche (urspr. 11 Jh.) mit Karner, Amphitheater. Therme Carnuntum (Kurzentrum). **Aktivitäten:** Rad, Reiten, Tennis, Fischen, Wandern (Donauauen), Weinverkostung. **Veranstaltungen:** Sommerkonzerte (Juli/Aug.), Umurkenkirtag (15. Aug.), Kurkonzerte (Mai–Aug.). **Umgebung:** In *Petronell-Carnuntum*, rund 4 km westl., finden die wichtigsten Ausgrabungen Mitteleuropas zur Römerzeit statt. Die Stadt Carnuntum war mit etwa 50 000 Einw. die Hauptstadt Oberpannoniens. Kurz nach Christi Geburt gegründet, war der Ort ca. 400 Jahre lang Garnisonsstadt. Bedeutend im heutigen Archäologischen Park sind Heidentor, Amphitheater, Auxiliarkastell und Palastruine (April–Okt. 9–17 Uhr), Römermuseum (Hauptstr., Mai–Sept., sa/so 10–16 Uhr oder n. Anmeldung). Regelmäßig verschiedene Themenführungen wie ›Ein Tag bei den Römern‹ u.a. Zu den lohnenden Veranstaltungen gehören u.a. Sportfest (Aug.) und Römerfest (Mai). *Rohrau*, 8 km südwestl., mit Schloß Harrach (frühklassizistischer Umbau 1776/77; Graf Harrach'sche Gemäldegalerie April bis 1. Nov. di–so 10–17) und Haydn-Geburtshaus (di–so 10–17). 7 km südl. das Weinbaumuseum *Prellenkirchen* (April–Okt. sa/so 15–19 Uhr).
ℹ Tourismusbüro, Badgasse 17, A-2405 Bad Deutsch-Altenburg, Tel. 02165/62459; Tourismusregion March-Donauland, Hauptstr. 296, A-2402 Petronell-Carnuntum, Tel. 02163/3555.

Stopfenreuth ⑥

Im alten Forsthaus Stopfenreuth ist das Auen-Info-Zentrum untergebracht, das Auskünfte über Exkursionen, Ausflüge u.a. im Nationalpark Donauauen gibt. **Aktivitäten (Donau-Auen):** Rad, Kanu- u. Schlauchbootexkursionen, Kutschfahrten, Erkundungstrips, ›Au-Abenteuer‹, Wandern, Workshops, Auen-Fotowerkstatt, Reiten. **Umgebung:** Schloß *Niederweiden* (4 km nördl.) von J. B. Fischer von Erlach mit barocker Jagdküche (auch Vinothek; April bis Nov., di–so 10–17 Uhr). Prinz-Eugen-Gut *Schloßhof* (1725/29; 7 km nordöstl.).
ℹ Auen-Info-Zentrum ›Forsthaus Stopfenreuth‹, A-2292 Stopfenreuth Nr. 12, 02214/2232; Nationalpark-Institut Donauauen, Messepalast, Stiege 14, A-1070 Wien.

Hainburg ⑦

Romantische alte Grenzstadt mit 5700 Einwohnern. Vom Braunsberg prächtiger Blick auf Donau-Marchauen und die slowakische Hauptstadt Bratislava. **Sehenswert:** Sanierte Burgruine, Stadtmauer, Mariensäule, ehem. Minoritenkloster, Pfarrkirche (1714), got. Synagoge, Karner (1225), Lichtsäule (1400), Wienertor, Ungartor, Fischertor. Museum für Heimat, Urgeschichte, Karpatendeutsche u.a. (Mai bis Okt, so 9–12 u. 14–17 Uhr). **Aktivitäten:** Kanu, Freibad, Tennis, Golf, Wandern, Segelfliegen; Eisstock, Eislaufen. **Veranstaltungen:** Hist. Stadtmarkt (Juni), Burgspiele (Juli/Aug.), Haydn-Konzerte (ganzj.), Kinderfest (Sept.).
ℹ Gästeinformation, Hauptplatz 23, A-2410 Hainburg, Tel. 02165/62111-23.

Marchegg ⑧

Die Stadt mit einer der größten Storchenkolonien Mitteleuropas wird vom gleichnamigen Schloß geprägt. **Sehenswert:** Stadtmauer (13. Jh.), Pfarrkirche Hl. Margarethe (12. Jh.), Filialkirche Christ-König im Schloß von 1568 und dem Schloßpark das Jagd-, Afrika- und Heimatmuseum (Mitte März–Nov., di–so 9–12 u. 13–17 Uhr), Wiener Tor. **Aktivitäten:** Tennis, Rad, Reiten, Fischen. **Veranstaltungen:** Sonnwendfeier (Ende Juni), 4 Jahrmärkte.
ℹ Stadtamt, Marktplatz 30, A-2293 Marchegg, Tel. 02285/7100-11.

Bruck an der Leitha ⑨

Die Bezirkshauptstadt (7200 Einw.) liegt zwischen Weingärten und Leithagebirge. **Sehenswert:** Mittelalterl. Innenstadt mit barockem Hauptplatz, Kirche Hl. Dreifaltigkeit (1083), Kapuzinerkloster (1629), Schloß Prugg (13. Jh.) Harrachpark (engl. Naturpark), teils erhaltene Stadtmauer, Stadtmuseum Ungarturm (Burgenlandstr. 22, April–Okt. so 10–12 Uhr), Bauern- (Feldgasse 75; n. Anm.) u. Vogelmuseum (Burgenlandstr. 13). **Aktivitäten:** Freibad, Tennis, Kegeln, Wandern, Reiten, Fischen; Eisstock, Eislaufen. **Veranstaltungen:** Theater, Kabarett, Faschingsumzug. **Umgebung:** Pferdemuseum in *Hof/Leithagebirge* (30 km südwestl.; April–Dez. tgl. 10–17), Röm. Villa ›Aubüheln‹ in *Höflein* (frei zugänglich).
ℹ Gästeinformation, Hauptplatz, A-2460 Bruck a. d. Leitha, Tel. 02162/67590.

Maßstab 1:300.000

0 2,5 5 7,5 10 12,5 15 km

Im Kapitelsaal, dem Versammlungsraum der Mönche, von Stift Heiligenkreuz ruht der letzte männliche Babenberger, Friedrich II.

Ohne Schmäh: Ausflüge in den Wienerwald

Wie ein grüner Gürtel liegt der Wienerwald rund um die Millionenmetropole Wien. Kein Wunder also, daß er den lufthungrigen Hauptstädtern seit jeher als beliebtes Ausflugsziel dient. Neben jenen grünen Schätzen, die nur die Natur zu bieten hat, ist die Region reich an Kulturgütern wie die Stifte Klosterneuburg oder Heiligenkreuz, die nicht nur geografisch in enger historischer Verbindung mit der ehemaligen Kaiserresidenz Wien stehen.

△ Eine Art Nationalheiligtum: das Augustiner-Chorherrenstift in Klosterneuburg

Zeugnis mönchischer Enthaltsamkeit: Kartause Mauerbach ▽

Größter Schatz Klosterneuburgs ist der Verduner Altar im Stift ▽

△ Herbstliche Impressionen in den Bergen bei Klosterneuburg

Ein Teil von Wiens ›Grüner Lunge‹: Birkenwald bei Mauerbach ▽

Imposante Geschichtsdaten sind häufig von Sagen umrankt. Mit dem nördlich von Wien gelegenen Klosterneuburg verhielt es sich danach so: Leopold III. von Österreich, der spätere Landespatron, soll zu Beginn des 12. Jahrhunderts am Tag der Hochzeit mit seiner Frau Agnes auf der heute nach ihm benannten Hügelkuppe gestanden haben. Da entriß, so die Legende, ein plötzlicher Windstoß der Jungvermählten den Schleier und trug ihn weit hinab in die Donauauen.

Neun Jahre später stieß der Markgraf bei einer Jagd auf das verwehte Stück Stoff, das völlig unversehrt in einem Holunderstrauch hing. Und weil derartige Wunder in jenen Tagen als ein Zeichen Gottes erkannt wurden, ließ er an ebendieser Stelle eine Kirche erbauen. Bis heute spiegelt das imposante Augustiner-Chorherrenstift in eindrucksvoller Weise die Geschichte des österreichischen Raumes und der Staatswerdung Österreichs wider.

Kunstliebhabern hat es insbesondere der Verduner Altar angetan. Das aus 51 ungemein detailreichen Bildtäfelchen bestehende Heiligtum ist der unumstrittene Schatz des Klosters. Engagierte Mittelalterkenner bezeichnen ihn als eines der zentralen Emailkunstwerke des Abendlandes.

Wiener beim Sonntagsausflug

Wandern ist eine Kulturform der Fortbewegung. Und wie alles Kulturelle ist es den Schwankungen des Zeitgeistes unterworfen. Mal ist es modern, dann wieder ›out‹, um plötzlich – quasi neu erfunden – als ›Trekking‹ alles Betuliche abzulegen.

Doch halt – dies mag anderswo so sein. Die Wiener lassen sich von solchen Moden nicht beeindrucken. Der sonntägliche Ausflug in den Wienerwald gehört zur Biographie eines echten Bewohners der Bundeshauptstadt einfach dazu. Mögen die Kindheitserinnerungen an diese Spaziergänge auch nicht immer die besten sein – wer wollte nicht statt dessen lieber mit den Freunden spielen? –, der Mensch neigt eben zum Vergessen. Und zieht folglich Jahre später mit den eigenen Sprößlingen am Wochenende selbst

△ Perchtoldsdorf mit Wehrturm und Pestsäule

Mödling bietet Kleinstadtidylle vor den Toren Wiens ▽

Der Heurigenort Gumpoldskirchen liegt wenig südlich von Mödling ▽

△ Schloß Laxenburg ist ein Ausflugsziel der Wiener

Gumpoldskirchen: Deutschordensschloß und Turm der Michaeliskirche ▽

wieder hinaus. Man will ja auch mal ein bißchen ›frische Luft schnappen‹ ...

6000 wanderbare Kilometer

Tatsächlich bietet der Wienerwald, der dort liegt, wo der Alpenbogen in grünen Wellen in die große Ebene im Osten ausklingt, eines der am besten erschlossenen Wandergebiete Österreichs. Mehr als 6000 Kilometer umfaßt das markierte Wegenetz, das an die Europäischen Fernwanderwege angeschlossen ist.

Die meisten Routen aber sind lokale Favoriten und führen zu zahlreichen Aussichtswarten, die die halbhohen Gipfel noch ein bißchen höher machen. Auch wenn sie – wie die Leopold-Figl-Warte auf dem Tulbinger Kogel – selbst meist keine Architekturjuwele sind, dienen sie immerhin indirekt der Schönheit und dem ästhetischen Bedürfnis: Der Blick reicht von ihnen weit ins Land hinein. Der Wiener holt tief Luft, fühlt sich eins mit der Natur und ist doch froh, in einer halben Stunde wieder in der Stadt sein zu können.

Beethovens Sommerfrische

Einer der beliebtesten Orte des Wienerwaldes ist Mödling, das seinen Ruf als Sommerfrische bis heute behalten hat. ›Entdeckt‹ von Johann I. Fürst von Liechtenstein, der Anfang des 19. Jahrhunderts die seit dem Mittelalter verfallene Burg westlich der Stadtmitte restaurieren ließ, kamen bereits während des Biedermeier Künstler wie Franz Schubert und Franz Grillparzer nach Mödling. Bekanntester Gast aber ist Ludwig van Beethoven, der die Sommer der Jahre 1818 bis 1820 in verschiedenen Quartieren verbrachte. Eine Gedenkstätte im Beethovenhaus in der Rathausgasse erinnert daran. Zur Stadt gewachsen aber ist Mödlich erst zwanzig Jahre später mit der Eröffnung der Südbahn, die eine Verbindung mit Wien schuf.

Der Retter des Wienerwaldes

An der Anmut der Landschaft hat sich – von der Zersiedelung der stadtnahen Bereiche abgesehen – seit der Zeit des Biedermeiers nicht viel geändert. Zu

△ Stift Heiligenkreuz wurde von Zisterziensern 1133 gegründet

Kunsthistoriker schätzen den gotischen Kreuzgang von Heiligenkreuz ▽

△ Stift Heiligenkreuz sticht aus dem grünen Meer des Wienerwaldes hervor

△ Burg Liechtenstein bei Mödling entstand ab 1873 als romantische ›Idealburg‹

Wochenendspaziergang bei Perchtoldsdorf ▽

danken ist dies vor allem einem Mann: Josef Schöffel, sozusagen einer der Väter des investigativen Journalismus in Österreich.

1866 mußte die Monarchie in der Schlacht bei Königgrätz eine Niederlage gegen die Preußen hinnehmen. Der Schmach nicht genug, waren fortan auch die Staatskassen leer, die man mittels einer durchaus modernen Methode wieder füllen wollte: durch Privatisierung. Im April 1870 wurde beschlossen, die im Staatseigentum befindlichen Teile des Wienerwaldes für die stattliche Summe von 20 Millionen Gulden zu verkaufen. Dem gewerbsmäßigen Kahlschlag hätte also nichts mehr im Wege gestanden. Doch Schöffel, der Journalist des ›Wiener Tagblattes‹, nahm den Kampf gegen die ›k.k.-Maffia‹ auf, wie er das mit dem Verkauf betraute ›Staatsgüter-Verschleißbüro‹ nannte.

Der Lauf der Dinge war ein durchaus österreichischer: Fünfmal wurde Schöffel vor Gericht zitiert, fünfmal wurde er freigesprochen. Bis am 14. April 1872 aufgrund des Drucks der Bürger, die sich dem tapferen Schreiber anschlossen, ein totales Schlagverbot in den Staatswäldern des Wienerwaldes erlassen wurde. Es kam, wie es kommen mußte: Die Profitgierigen waren Josef Schöffel mit einem Schlag dankbar, und in über hundert Wienerwaldgemeinden ist er bis heute Ehrenbürger.

Paradies für Künstlernaturen

Daß der ›Austro-Rocker‹ Wolfgang Ambros – der im allgemeinen Bewußtsein eher als der ›Ur-Wiener‹ gilt – darauf besteht, die ›Nummer eins vom Wienerwald‹ zu sein, ist auch kein Zufall. Denn sanftes Hügelland und schroffer Fels, wasserdurchtoste Schluchten und friedliche Weinberge, tiefe Wälder, verträumte Wiesen und geheimnisvolle Aulandschaften auf engstem Raum – das zog schon früher manche Künstlernatur in den Bann. Ein gewisser Richard Engländer etwa war vom Örtchen Altenberg – in dem übrigens auch der Forscher und Nobelpreisträger Konrad Lorenz mit ›seiner‹ Graugansfamilie lebte – so sehr angetan, daß er fortan als Peter Altenberg Literaturgeschichte schrieb. Auch Heimito von Doderer,

△ Seit über 2000 Jahren ist Baden Kurort, gesellschaftlicher Mittelpunkt ist das Casino

△ Im klassizistischen Thermalbad von Bad Vöslau wird Gesundheit groß geschrieben

Bad Vöslau: In alten Fässern reift manch guter Tropfen ▽

△ Das Badener ›Haus der Kunst‹

Die 1718 vollendete Pestsäule steht am Badener Hauptplatz ▽

Franz Grillparzer, Egon Schiele, Franz Schubert, Ludwig van Beethoven, Arnold Schönberg oder Anton von Webern sind nur einige der illustren Geister, die sich hier Inspiration zu holen pflegten.
Einer von ihnen, Ödön von Horvath, setzte der Region 1931 mit dem sozialkritischen Theaterstück ›Geschichten aus dem Wiener Wald‹ sogar ein literarisches Denkmal. Und daß Ferdinand Raimund – neben Johann Nepomuk Nestroy wohl der bedeutendste österreichische Volksdramatiker des 19. Jahrhunderts – ausgerechnet Pottenstein als geeigneten Ort ansah, um sich eine Kugel in den Kopf zu jagen, darf wohl als Ausnahme gesehen werden, die die Regel bestätigt.

Das Flair des Biedermeiers

Treffend-sachlich muß die Namensfindung einer berühmten Kleinstadt südlich von Wien vonstatten gegangen sein: Baden. Schon den Römern war die heilkräftige Wirkung der Quellen, die hier – wie in der gesamten Region – aus dem Boden sprudeln, bekannt.
Daß eine Kur aber nicht nur der Gesundheit dienlich sein kann, sondern auch dem Sehen und Gesehenwerden, entdeckte man im Biedermeier. Anfang des 19. Jahrhunderts entwickelte sich Baden zu einer berühmten Kurstadt, die Beamte und Offiziere ebenso anzog wie die Damen der feinen Gesellschaft. Aus Baden stammte auch eine ›Gnädige Frau‹: Katharina Schratt, die trotz großer Erfolge als Volksschauspielerin in erster Linie als Freundin von Kaiser Franz Joseph in die Klatschgeschichte einging.
Das kleinbürgerliche, beschauliche Flair der scheinbar so harmonischen Kaiserzeit hat sich in Baden bis in die Gegenwart erhalten. Überbleibsel aus jener Zeit, als ein allsonntäglicher Blumenkorso die Gemüter in Wallung versetzte, sind von Wohlstand zeugende Villen und die Trabrennbahn. In der Monarchie war hier das Zentrum des Pferdesports, heute machen wenigstens die Traber aus der Wiener Krieau im Sommer in Baden Station. Und seit 1934 rollt in Österreichs ältestem und seit einem Umbau 1995 auch Europas größtem Casino die Roulettekugel.

54
76
84
54
30
66
108
HOLLABRUNN
Schwarzwald
STOCKERAU
KORNEUBURG
Tullner Feld
TULLN
TRAISMAUER
KLOSTER-NEUBURG
WIEN
GROSSEN-ZERSDORF
SCHWECHAT
Wienerwald
PERCHTOLDSDF.
MÖDLING
Heiligenkreuz
BADEN
BAD VÖSLAU
HAINFELD
BERNDORF
Gutensteiner Alpen
PERNITZ
Piestingtal
Hohe Wand
WIENER NEUSTADT
ST. VEIT A.D. TRIESTING
EBENFURTH
Schl. Laxenburg
Seegrotte
Göllersdf.
Puchberg a. Schneeberg

Wo gibt es was?

Fähnchennummer = Textnummer ℹ = Auskunft

Klosterneuburg ①

Die alte Babenbergerstadt (33 000 Einw.) liegt zwischen Donau und Wienerwald.
Sehenswert: Augustinerchorherrenstift mit Altstift, Stiftskirche (1136) und barocken, unter Donato Felice d'Allio 1730 begonnenen und 1834/42 von Josef Kornhäusel beendeten Kuppeln, die die Deutsche Kaiserkrone und den Österreichischen Herzogshut darstellen; in der Leopoldskapelle der von Nikolaus von Verdun geschaffene Verduner Altar von 1181 (Stiftsführungen ganzj. tgl. 9–12, 13.30–19.30, Nov.–April ab 10 Uhr; Stiftsmuseum Mai–15. Nov. di–so 10–17 Uhr). Lohnend auch die archäologische Gedenkstätte St. Martin (so 10 Uhr), Franz-Kafka-Gedenkraum im Sterbehaus des Dichters (mo–sa 8–12, 13–17 Uhr), Stadtmuseum (sa 14–17, so 10–17 Uhr), Mährisch-Schlesisches Heimatmuseum (di 10–16, sa 14–17, so 10–13 Uhr) und das Schömer-Haus.
Aktivitäten: Freizeitzentrum mit Hallen- und Wellenbad, Freibad, Tennis, Minigolf, Beachvolleyball, Wandern, Rad, Reiten; Eislaufen, Eisstock.
Veranstaltungen: Sommertheater, Leopoldifest mit Faßlrutschen (Okt.).
ℹ Tourismusinformation, In der Au, A-3400 Klosterneuburg, Tel. 02243/32038.

Tulln ②

Die Donaustadt (14 200 Einw.) hat eine römische Vergangenheit.
Sehenswert: Römerturm des Lagers Cormagena (ca. 360 n. Chr.), röm. Meilenstein, Stadtpfarrkirche (1168) mit Karner, Stadtturm, Minoritenkirche (1732), Altstadtensemble, Egon-Schiele-Museum (Donaulände 28, di–so 9–12 u. 14–18 Uhr), Museum im Minoritenkloster (Limes, Bezirks-, Stadt-, Feuerwehr-Museum, ›Land am Strome‹, Tulln unter der Erde; Febr.–Dez mi–fr 15–18, sa 14–18, so 10–18 Uhr).
Aktivitäten: Hallenbad, Aubad, Rad, Tennis, Reiten, Wandern; Eislaufen, Eisstock.
ℹ Vekehrsamt Tulln, Nußallee 4, A-3430 Tulln, Tel. 02272/6583637.

Purkersdorf ③

Wegen seines großen Waldanteils heißt Purkersdorf auch das ›Grüne Tor‹ zu Wien.
Sehenswert: Hauptplatz mit Poststation (1796), Pfarrkirche Hl. Jakob (1354), Schloß (12. Jh.), Sanatorium von Jugendstilarchitekt Josef Hoffmann (1906), Duckhütte, Heimatmuseum (n. Anm.).
Aktivitäten: Freibad, Wandern, Rad, Tennis.
Veranstaltungen: Jakobimarkt (Ende Juli), Weihnachtsmarkt (8. Dez.).
Umgebung: *Mauerbach* (7,5 km nordöstl.) mit historischer Kartause (1313).
ℹ Tourismusregion Wienerwald, Hauptplatz 11, A-3022 Purkersdorf, Tel. 02231/3601.

Perchtoldsdorf ④

Der Ort am Rande Wiens liegt zwischen Weinhügeln, Föhrenwäldern und Heide.
Sehenswert: Burg (12. Jh) mit ›Türkenfenster‹, Wehrturm (1450–1521), Spitalskirche (1419), Pestsäule (1713), Martinikapelle (1520). Museum für Ortsgeschichte und Thomas-Ebendorfer-Gedenkstätte im Wehrturm (Palmsonntag–Nov. so 10–12 Uhr), Osmanen-, Weinbau- und Deutschmeister-Museum und Fronius-Ausstellung im Alten Rathaus (n. Anmeldung), Hyrtl-Museum (Hyrtlgasse 1; Palmsonntag–Nov. sa/so 10–17 Uhr), Hugo-Wolf-Haus (Brunnergasse 24–26; April–Okt. sa/so 10–17 Uhr).
Aktivitäten: Frei-/Hallenbad, Tennis, Minigolf, Wandern, Reiten; Eislaufen.
Veranstaltungen: Sommerspiele im Burghof (Juli), Weinkost (Aug.), Kulturtage (Okt., Nov.), Weinhütereinzug (Nov.).
ℹ Gemeindeamt, Marktplatz 11, A-2380 Perchtoldsdorf, Tel. 01/8868334.

Mödling ⑤

Die einst kleine ›Perle des Wienerwaldes‹ hat mittlerweile 20 100 Einwohner.
Sehenswert: Spitalskirche (1443), Karner, Pfarre St. Othmar (1113), Beethovenhaus (16. Jh.), Posthof, Husarentempel, Ruine Mödling (urspr. 11. Jh.), Waisenhaus (19. Jh.), Museum der Stadt u.a. mit Ur-, Früh- und Naturgeschichtssammlung (Josef-Deutsch-Platz 2; sa/so 10–12, 14–18 Uhr), Beethoven-Gedenkstätte im Hafner-Haus (n. Anmeldung), Arnold-Schönberg-Gedenkstätte (Bernhardgasse 6; di, do 9–16 Uhr), Archiv der neuen musikalischen Wiener Schule (Wildgansweg 4; n. Anmeldung), Albert-Drach-Gedenkstätte (Hauptstr. 77; n. Anmeldung).
Aktivitäten: Frei-/Hallenbad, Tennis, Rad, Fischen; Langlauf, Eisstock.
Veranstaltungen: Bauernmarkt v. d. Rathaus (fr), Maitanz, Faschingsumzug, Weinfest (Aug.), Jahrmarkt (Okt.), Adventmarkt.
Umgebung: *Hinterbrühl*, 4 km nordwestl., mit Romantikburg Liechtenstein (April–Nov. mo–so 9.30–16.15 Uhr) und Seegrotte mit Europas größtem unterirdischen See (Mai bis Okt. 8.30–12, 13–17, Nov.–April 9–15 Uhr). 8 km östl. *Laxenburg* mit 250 ha großem Schloßpark; darin auf einer künstlichen Insel die Franzensburg (1798–1836; Führungen Ostern–Okt. tgl. 11, 14, 15 Uhr); Kultursommer im ehem. kaiserl. Schloßtheater (Juni–Aug.), Konzerte Okt.–Mai. *Gumpoldskirchen*, 3 km südl., mit Renaissancerathaus, ehemaliges Deutsches Ordensschloß, Kirche St. Michaelis und Weinlehrpfad.
ℹ Fremdenverkehrsverein, Kais.-Elisabeth-Str. 2, A-2340 Mödling, Tel. 02236/26727.

Baden ⑥

Die hübsche Biedermeierstadt (30 000 Einw.) lebt vom Kurbetrieb und der Vergangenheit als k.k. Sommerfrische.
Sehenswert: Kaiserhaus (18. Jh.), klassizist. Frauenbad (1820), Haus der Kunst (19. Jh.; Konzerte, Lesungen, Kunstausstellungen), got. Stadtpfarrkirche St. Stephan (13. Jh.), Dreifaltigkeitssäule (1714), Rosarium, Spielcasino, Beethoventempel im hist. Kurpark mit schöner Aussicht, Rollettmuseum/Städt. Sammlungen (Weikersdorfer Platz 1; Mai–Okt. mi–sa 15–18, so 9–12 Uhr), Kaiser-Franz-Joseph-Museum (Hochstr. 51; April–Okt. di–so 13–19 Uhr), Puppen- u. Spielzeugmuseum (Erzherzog-Rainer-Ring 23; di–fr 16–18, sa/so 9–11 u. 16–18 Uhr), Beethovenhaus (Rathausgasse 10; di–fr 16–18, sa/so 9–11 u. 16–18 Uhr), Eichkundl. Sammlung im Kaiserhaus (Hauptplatz 17; 2. und 4. Do 10–12 Uhr).
Aktivitäten: Kuranwendungen, Freibad, Thermalstrandbad, Bootsverleih, Tennis, Wandern, Rad, Reiten; Eislaufen, Eisstock.
Veranstaltungen: Rosentage (Juni), Operettensommer, Beethoventage, Trabrennsaison (Mai–Mitte Sept.).
ℹ Touristinformation, Brusattiplatz 3 A-2500 Baden, Tel. 02252/44531-57.

Heiligenkreuz ⑦

Zentrum des Ortes ist das gleichnamige Zisterzienserstift, das älteste Österreichs.
Sehenswert: Stift (gegr. 1133) mit Kreuzgang, stuckiertem Stiegenhaus, Dreifaltigkeitssäule (1737), Josefsbrunnen; Angebot zum ›Urlaub im Kloster‹ (ganzj. 9–11.30 u. 13.30–16/17 Uhr).
Umgebung: 4 km südwestl. *Jagdschloß Mayerling* mit Gedenkstätte an Kronprinz Rudolf, der sich hier am 30. Januar 1889 das Leben nahm (tgl. 9–12.30 u. 13.30–17/18 Uhr). 4 km westl. bei *Alland* die Tropfsteinhöhle Alland (April–Okt. sa/so 9–17, Juli/Aug auch mo–fr 13–17 Uhr).
ℹ Gemeindeamt, A-2286 Heiligenkreuz 15, Tel. 02258/8720.

Bad Vöslau ⑧

Kurstadt in der südlichen Thermenregion.
Sehenswert: Schloß (Kern 12. Jh.), Pfarrkirche Hl. Jakobus (1325), Schneckenreservat (Europaunikat), Stadtmuseum (Mai bis Sept. do 16–19, sa 15–18, so 9–12 Uhr).
Aktivitäten: Frei-/Hallenbad, Tennis, Wandern, Rad, Reiten, Pferdekutschfahrten; Rodeln, Langlauf, Eislaufen, Eisstock.
Veranstaltungen: Schloßkonzerte (Sommer), Stadtfest und Trauben-Mostkur (Aug.), Ferienspiele (Juli/Aug.).
Umgebung: 9 km südwestl. im Weinbaugebiet von Bad Vöslau liegt *Berndorf*. Das Stadttheater ist im Stil der Wiener Ringstraßenarchitektur errichtet; bei der Margarethenkirche eine Schule mit Räumen im Stil versch. Weltkulturen (an Schultagen 14–16.30, sonst 9–12 u. 13–16.30 Uhr), Pfarrkirche St. Veit, Marienkirche.
ℹ Kurverwaltung, Schloßplatz 1, A-2540 Bad Vöslau, Tel. 02252/70743.

Maßstab 1:300.000 — 0 2,5 5 7,5 10 12,5 15 km

Seit mehr als einhundert Jahren dampft die Zahnradbahn den Schneeberg hinauf.

Ferienfreuden im alpinen Süden

Damals, als sich in den heutigen Tourismushochburgen der Alpen noch ›Fuchs und Hase gute Nacht sagen‹ konnten, pulsierte südlich von Wien bereits der Fremdenverkehr: Ab 1854 hatte die erste Gebirgsbahn Europas das Semmeringgebiet näher an die k.k.-Residenz herangerückt. Die feine Gesellschaft war nun jeden Sommer in der Bergwelt rund um Rax und Schneeberg unterwegs. Die Anziehungskraft besteht bis heute.

△ Wiener Neustadt: Durch die Boheimgasse blickt man auf den Dom

Die Mariensäule auf dem Hauptplatz entstand 1678 ▽

△ Eingang zur 1752 gegründeten Militärakademie

△ Ein wenig mediterran geht es in Wiener Neustadt schon im Frühling zu: Café in der Allerheiligengasse

△ Auf dem Hauptplatz vor dem Rathaus ... ... findet auch der Wochenmarkt statt ▽

Es war um das Jahr 1194, als der Babenbergerherzog Leopold V. ein kleineres ›Taschengeld‹ mit sich herumtrug. Denn für die Freilassung des Kreuzzüglers Richard Löwenherz hatte er die königliche Summe von 150 000 Mark Silber erhalten. Um diese gut angelegt zu wissen, gründete er inmitten des öden Steinfeldes eine stark befestigte ›Nova Civitas‹, die alsbald zu florieren begann – bereits 1277 macht sie ihrem Namen Neu*stadt* alle Ehre und erhielt das Stadtrecht. Kurz darauf wurde die spätromanische Pfarrkirche ›Zu unserer lieben Frau‹ geweiht, die anno 1469 zu Domwürden kam.

Hochblüte als Kaiserresidenz

Im 15. Jahrhundert war Wiener Neustadt eine Kaiserresidenz und erlebte eine politische, kulturelle und wirtschaftliche Hochblüte. Von hier aus regierte Friedrich III. seine Länder und hinterließ eine in der ganzen Stadt allgegenwärtige Devise: A.E.I.O.U. – ›Austria erit in orbe ultima‹, frei übersetzt ›Österreich wird ewig bestehen‹. Das hört man in Österreich auch heute noch gern.

1459 wurde in Wiener Neustadt Friedrichs berühmter Sohn Maximilian I. geboren, der als ›letzter Ritter‹ seinen Platz in der Geschichte fand. Der Endpunkt kaiserlichen Glanzes wurde der Stadt 1752 zuteil, als auf Wunsch von Maria Theresia in der Burg ein ›Adeliges Kadettenhaus‹ eingerichtet wurde. Die Theresianische Militärakademie reifte bald zur Kaderschmiede der Monarchie. Bis heute ist sie die einzige Offiziers-Ausbildungsstelle des österreichischen Bundesheeres.

Stadt der Zwölftonmusik

Daß in Wiener Neustadt aber auch die Musen zuhause sind, beweisen nicht nur die vielen Kunstgalerien, sondern auch das nach Josef Matthias Hauer benannte Musikkonservatorium. Hauer, 1883 hier geboren, entwickelte unabhängig von Schönberg das Zwölftonsystem. Auch wenn man in der Fußgängerzone Kaffee oder G'spritzten genießt, dringt von irgendwo immer eine Melodie ans Ohr.

△ Auf ihrer Fahrt von Puchberg hinauf zum Schneeberg läßt die Zahnradbahn viel Dampf ab

△ Weit geht der Blick vom Schneeberg

Höhepunkt am Schneeberg: Ruine Sixtenstein ▽

△ Pause auf dem 2076 Meter hohen Schneeberg, ... der höchsten Erhebung Niederösterreichs ▽

Einst höchste Bahnstrecke

Die Bahnstation am Semmering ist klein und unspektakulär. Dennoch ist sie von gleicher Einmaligkeit wie die Pyramiden von Gizeh oder die Chinesische Mauer. Diese Bauwerke wurden als einmalige Leistungen menschlicher Kultur von der Unesco zum Weltkulturerbe erklärt.

Der Umstand, daß der kleine Ort Semmering Mitte des 19. Jahrhunderts mit 895 Metern Seehöhe als höchster auf Schienen erreichbarer Punkt der Welt galt, war für die Unesco-Entscheidung eher nebensächlich – Superlative wie dieser verschwinden so rasch wie sie kommen. Die insgesamt 40 Kilometer lange Bergstrecke mit ihren Tunnels, Galerien und Viadukten zwischen Gloggnitz und Mürzzuschlag gilt aber bis heute als Pionierleistung des frühen Eisenbahnbaus. Durch die Errichtung der Trasse entstand eine völlig neue Form der Kulturlandschaft.

Inszenierte Landschaft

Ursprünglich waren für das gewagte Unterfangen strategische Überlegungen von Bedeutung, konnten doch nun rasch große Truppenkontingente von Wien nach Triest verschoben werden. Das war wichtig, um dem wachsenden Nationalismus in den italienischen Provinzen des Kaiserreichs Einhalt zu gebieten.

Nachhaltiger aber waren die Folgen für das Semmeringgebiet selbst. Mit der von Karl Ritter von Ghega trassierten ›steinernen Bahn‹ wurde die von Rax und Schneeberg umrahmte Gegend zur Bühne für effektvolle Landschafts- wie Gesellschaftsinszenierungen: Zwischen 1890 und dem Ersten Weltkrieg entstand eine Erholungs- und Sommerfrische-Traumkulisse à la Karlsbad oder Abbazia, ein österreichischer ›Zauberberg‹, dem sich kaum jemand von Bedeutung entziehen konnte.

Stelldichein der Gesellschaft

Die Spuren der Größen aus Politik, Wirtschaft und Kultur, die hier schrieben, malten, bauten, sinnierten und spazierten, finden sich allerorten. Überall nistet die Erinnerung. Peter Altenberg, Adolf Loos, Arthur Schnitzler, Anton Kuh,

△ Heute noch aktuell, das ehrwürdige Hotel Panhans in Semmering

Futuristisch zeigt sich die Bergstation Hirschenkogel am Semmering ▽

△ Heiße ›Schlitten‹ aus den Anfängen des Automobilismus stehen im Oldtimer-Museum in Aspang

△ Bucklige Welt: Die Burgruine von Kirchschlag war einst wichtige Grenzfestung

Winterspaß am Hirschenkogel ▽

Siegmund Freud, Hermann Bahr, die Bankiersfamilie Rothschild – alles, was Rang und Namen hatte, gab sich ein Stelldichein. Und wer noch das liebe Geld dazu hatte, baute sich in Reichenau eine Villa im typischen Gründerzeitstil.

Das melancholische Lebensgefühl des Fin de Siècle – das Ende der Habsburger-Monarchie wurde immer deutlicher, ohne daß es jemand wahrhaben wollte – war hier in einer so verdichteten Form anzutreffen wie sonst nirgendwo. Der Kulturpublizist und Semmering-Liebhaber Wolfgang Kos formulierte 1980 treffend: ›In gewisser Weise war der ganze Semmering eine einzige große Terrasse – ein Vergnügungsdampfer, der hoch über den Wellen der Hügel und Ebenen genüßlich dahinschaukelte. Das Geländer der Hochstraße fungierte als Reling.‹

Langer Dornröschenschlaf

Diese glorreiche Zeit währte jedoch gerade einmal 25 Jahre, danach fiel der Semmering – außer einer kurzen Renaissance in den 1960er Jahren – in einen regelrechten Dornröschenschlaf. Nirgendwo wurde das so deutlich wie beim hochnoblen Westbahnhotel, das neben dem elitären Hotel Panhans einst als allererste Adresse galt. Bis Mitte der 1990er stand das gewaltige Bauwerk rund 20 Jahre leer, ein stummer Zeuge einer großen Vergangenheit, die nun zurückgewonnen wird: Deutsche Investoren kauften den Hotelkomplex, um darin ein Rehabilitationszentrum zu errichten.

Tunnel-Träume

Der Ski-Weltcup macht regelmäßig am Hirschenkogel (1390 Meter) Station und zeigt an, daß auch knapp vor den Toren Wiens ›trendige‹ Pisten zu finden sind.

Für Schlagzeilen sorgt wieder die Bahn: Für den eiligen Verkehr wird seit langem das umstrittene Projekt eines Semmering-Basis-Tunnels geplant. Sollte er Realität werden, könnten auf der alten Strecke zu Nostalgiezwecken wieder die Dampflokomotiven schnaufen. Dann würde endlich auch in Payerbach, wo die Trasse eine große Schleife macht, das alte Flair wieder aufleben. Wie damals, als das

△ Gloggnitz: Im Innenhof des barocken Schlosses steht die gotische Pfarrkirche Maria Schnee

△ Wanderpause auf der Rax

Farbenspiel im Kurpark des von Wienern gern besuchten Erholungsortes Reichenau ▽

△ Streng geometrisch zeigt sich die Bucklige Welt

Die rund 2000 Meter hohe Raxalpe gilt als einer der Hausberge der Wiener ▽

Stampfen der Räder einen ersten Hauch des Südens in das schmale Tal brachte ...

Loos-Haus auf dem Kreuzberg

Auf dem Kreuzberg bei Payerbach steht ein besonderes Juwel der Semmering-Architektur: der Alpenhof. 1929 ließ sich der Mayonnaisefabrikant Khuner hier einen Landsitz errichten und heuerte dafür niemand Geringeren als den berühmten Architekten Adolf Loos an. Es lag am tragischen Verlauf der Geschichte, daß sich Khuner an dem vom Funktionalismus des Jugendstils geprägten Gebäude nur neun Jahre erfreuen durfte: 1938 wurde es ›arisiert‹. Inzwischen ist es seit rund 30 Jahren ein Pensions- und Restaurantbetrieb, der seinen Gästen neben einem einzigartigen Ambiente auch manche Gaumenfreude bietet.

Wittgenstein in der Provinz

Nicht einfach waren die jungen Jahre des Philosophen Ludwig Wittgenstein (1889–1951). Ehe er zu Weltruhm kam, arbeitete er in der niederösterreichischen Provinz als Volksschullehrer. In dem kleinen Örtchen Trattenbach erinnert ein kleines Museum daran. Im ehemaligen Gästehaus zum ›Braunen Hirschen‹ untergebracht, sind die darin enthaltenen Exponate keineswegs spektakulär: ein von Wittgenstein gebasteltes Katzenskelett, ein Waschtisch oder ein Schrank. Dafür zeigen sie um so besser, unter welch asketischen Umständen die Gäste in der Buckligen Welt einst empfangen wurden.
Diesbezüglich hat sich manches verändert. Längst hat man erkannt, daß eine Landschaft nicht zwangsläufig topographischer Rekorde bedarf, um ein attraktives Reiseziel zu sein. Schließlich gibt es auch so manche Überraschungen: Wer plötzlich mitten in Hain und Flur auf Skulpturen stößt, die auf den ersten Blick etwas seltsam anmuten mögen, ist in Prigglitz gelandet. ›Kunst in der Landschaft‹ heißt das Prinzip von Johannes und Charlotte Seidl, die einen ehemaligen Bauernhof inmitten der sanften Hügel zu einer Kunstwerkstatt umgestaltet haben – auf Gut Gasteil treffen sich alljährlich Künstler aus aller Welt.

SCHWECHAT
PERCHTOLDSDF.
BRUNN a. GEBIRGE
MÖDLING
Schl. Laxenburg
Laxenburg
Seegrotte
Heiligenkreuz
Tropfsteinhöhle
Hainfeld
BADEN
BAD VÖSLAU
TRAISKIRCHEN
Berndorf
Gutensteiner Alpen
Pernitz
Piestingtal
Einhornhöhle
Naturpark Hohe Wand
Eisensteinhöhle
Bad Fischau
WIENER NEUSTADT
Ebenfurth
EISENST.
Mattersburg
Puchberg a. Schneeberg
Schneeberg
Höllental
Raxalpe
NEUNKIRCHEN
TERNITZ
Gloggnitz
Semmering
Sonnwendstein
MÜRZZUSCHLAG
Hermannshöhle
Seebenstein
Burg Forchtenstein
Rosalia
Burgenländische Rotweinstraße
Bucklige Welt
Mönichkirchen
Wechsel
Langenwang
Pretul
Friedberg
Pinkafeld
Burg Lockenhaus
Historische Dampfzüge
Vorau
Rohrbach a. d. Lafnitz
Bernstein
Kirchschlag i. d. Buckligen Welt
Krumbach
Aspang Markt
Edlitz Markt
Lichtenwörth
Wampersdorf

Wo gibt es was?

Fähnchennummer = Textnummer ❶ = Auskunft

Wiener Neustadt ①

Ab 1194 legte der Babenberger Herzog Leopold V. im südöstl. Steinfeld eine befestigte Stadt an, die in der vergessenen, teils sumpfigen und kaum bewohnten Gegend südlich von Wien, die damals noch zur Steiermark gehörte, ein Brückenkopf gegen regelmäßig einfallende magyarische Reiter aus dem Osten sein sollte, ›Neuenstat‹. Wiener Neustadts Blütezeit lag im 15. Jh., als Kaiser Friedrich III. hier residierte. In der Burg wurde 1459 Kaiser Maximilian I. geboren. 1752 gründete Maria Theresia eine Militärakademie. Heute hat Wiener Neustadt etwa 41 000 Einwohner.
Sehenswert: Grüne Markierung des ›Kulturparcours‹ entlang der Attraktionen: Rathaus (1401), Kreis ›1522‹ (ehem. Richtplatz), Mariensäule, Hauptplatz mit Häusern Nr. 13 u. 14, spätrom. Dom mit got. Querschiff und Chor, Propstei (Anfang des 13. Jh. Palais des Babenbergerherzogs Leopold VI., 1469–1785 bischöfl. Residenz), Lapidarium im Propsteigarten, Reckturm (13. Jh.) mit Waffensammlung (di, mi, do 10–12 u. 14–16; sa/so 10–12 Uhr), Stadtmauer, St. Johannes von Nepomuk-Kapelle (1704), ehem. Kirche St. Peter an der Sperr mit Stadtmuseum (J.-v.-Nepomuk-platz; di, mi 10–17, do 10–20, fr 10–12, so 10–16 Uhr), Industrieviertelmuseum (Anna-Rieger-Gasse 4; mo–fr 9–16 Uhr), Wr.-Neustädter-Kanal (19. Jh.), ehemalige Karmeliterkirche (1663), Kirche u. Stift Neukloster (14. Jh.), Militärakademie. Ehem. Kaiserliches Zeughaus (16. Jh.), Sgraffitohaus (1584; Neunkirchner Str. 19), Kapuzinerkirche, Stadttheater.
Aktivitäten: Frei-/Hallenbad, Tennis, Golf (18-Loch), Radfahren, Reiten; Eislaufen.
Veranstaltungen: Wiener Neustädter Frühling (Kabarett, Theater, Musik).
❶ Fremdenverkehrsverein, Rathaus, Hauptplatz 1–3, A-2700 Wiener Neustadt, Tel. 02622/23531-468

Neunkirchen ②

Kleinstadt mit historischem Stadtkern aus Gebäuden der Renaissance oder Barock.
Sehenswert: Pfarrkirche Mariäe Himmelfahrt (14. Jh.), Heimatmuseum mit Motorradsammlung (Dr.-Stockhammer-Gasse 13; n. Anm.).
Aktivitäten: Frei-/Hallenbad, Tennis, Minigolf, Kegeln, Wandern, Rad, Modellflug.
Umgebung: *Seebenstein*, 8 km südöstl., liegt als ›Perle des Pittentales‹ im Naturpark Seebenstein-Türkensturz, einem knapp 400 ha großen Landschaftsschutzgebiet. Einen Besuch lohnen seine Burg (11. Jh.) mit Museum, Heimatmuseum (n. Anm.) und die Pfarrkirche Hl. Andreas (13. Jh.). *Pitten*, 12,5 km östl., mit barockem Pfarrhof (1652), Karner.
❶ Gemeindeamt, A-2620 Neunkirchen, Tel. 02635/62531-19.

Gloggnitz ③

Idealer Ausgangspunkt für Touren zum niederösterreichischen Alpenostrand.
Sehenswert: Barockes Schloß Gloggnitz mit ›Modellwelt‹ aus Modelleisenbahnen (Jan., Febr., Mai–Sept. und Dez. mi, do, sa/so 10–17 Uhr), Dr.-Karl-Renner-Museum (Rennergasse 2; April–Okt. 9–17 Uhr), Brot- und Mühlenmuseum (n. Anm.), Bergbaumuseum Enzenreith (Palmsonntag–Nov. sa/so). Christkönigskirche (um 1930), St.-Othmar-Kirche mit spätmittelalterlichem Chor.
Aktivitäten: Freibad, Tennis, Wandern (auch entlang der von Karl v. Ghega geplanten Bahn auf den Semmering; 1854), Rad, Reiten, Kutschfahrten, Fischen.
Umgebung: 15 km südl. *Trattenbach* mit Wittgenstein-Gedenkstätte (n. Anmeldung).
❶ Stadtamt, A-2640 Gloggnitz, Tel. 02662/42401-24.

Semmering ④

Im unberührten Gebirge entstand mit dem Bau der Semmeringbahn Mitte des 19. Jh. eine Villen- und Hotelkolonie.
Sehenswert: Viele zwischen Historismus und Jugendstil angesiedelte Villen zeugen bis heute von der Blütezeit zu Beginn des 20. Jh. U.a. das ehem. Südbahnhotel oder das Hotel Panhans vermitteln dieses Flair.
Aktivitäten: Wandern, Bahnwanderweg entlang der Trasse der Ghega-Bahn, Hallenbad, Tennis, Golf, Rad; Ski (Sesselbahn, Schlepplifte), Langlauf, Ausrüstungsverleih.
Veranstaltung: Weltcup-Skirennen.
❶ Tourismusregion NÖ Süd alpin, A-2680 Semmering, Tel. 02664/2539.

Kirchberg am Wechsel ⑤

Am Fuß des waldreichen Hochwechsels.
Sehenswert: Spätgot. Wolfgangskirche, barocke Pfarrkirche, Burgmuseum Kranichberg, Hermannshöhle (März–Okt. tgl. Führungen nach Anm., April u. Okt. nur sa/so/fei).
Aktivitäten: Freibad, Tennis, Rad, Reiten, Sommerrodelbahn in *St. Corona am Wechsel* (3,5 km südwestl.); Eislaufen.
Veranstaltungen: Theater (Jan.), Intern. Schneeberg-Wechsel-Marathon (Juni).
Umgebung: 10 km östl. Automobilmuseum *Aspang* (Mai, Juni, Sept., Okt. sa 14–17, so 10–17, Juli/Aug. auch mo–fr 14–17 Uhr).
❶ Tourismusverein, A-2880 Kirchberg am Wechsel, Tel. 02641/2460.

Krumbach ⑥

Beliebter Urlaubsort der ›Buckligen Welt‹.
Sehenswert: Pfarrkirche (11. Jh), Schloß (16./17. Jh.), Heimat-Museumsdorf (Anmeld.).
Veranstaltung: Brauchtumsabende (Sommer).
Umgebung: 8 km östl. *Kirchschlag* mit Ruine einer Grenzburg (12. Jh., zerstört 1683).
❶ Gemeindeamt, A-2851 Krumbach, Tel. 02647/422380.

Reichenau an der Rax ⑦

Heilklimatischer Kurort (3300 Einw.) mit Gesundheitsangeboten. Im 19. Jh. Sommerfrische der Feinen und Adligen.
Sehenswert: Bergbaumuseum, erste Seilschwebebahn Österreichs auf die Rax (1926), Alpengarten beim Ottohaus (Juni bis Sept. 9–17 Uhr).
Aktivitäten: Tennis, Wandern, Drachenfliegen, Paragleiten, Rad, Kajak (Höllental).
Veranstaltungen: Musiksommer (Aug.), Theaterfestival (Juli/Aug.). Kurkonzerte in Payerbach (Sommer).
Umgebung: 2 km östl. liegt *Payerbach*, das während der k.k.-Monarchie beliebte Sommerfrische war. Sehenswert sind Pfarrkirche (1741), Johanneskapelle, Schwarza- und Payerbachviadukt der Semmeringbahn, Türkenkreuz, Rodelmuseum (Anm.), Geoschule mit Schaubergwerk Grillenberg (Villenstraße 15; Anm.), Loos-Villa (Alpenhof Kreuzberg). 4 km östl. *Küb* u.a. mit einem historisch eingerichtetem Postamt. 8 km nordöstl. das Naturdorf *Prigglitz* mit gotischer Kirche und Kunstgalerie *Gut Gasteil* (Mai–Dez. sa/so 10–18 Uhr). 9 km westl. in *Kaiserbrunn ein* Wasserleitungsmuseum: seit 1864 gehört diese Quelle der Gemeinde Wien; bis heute fließt Gebirgswasser von hier in die Hauptstadt (Mai–Okt so/fei 10–12 Uhr).
❶ Tourismusbüro, Hauptstr. 63, A-2651 Reichenau, Tel. 02666/52865.

Puchberg am Schneeberg ⑧

Kleiner Ort mit modernem Kurmittelhaus.
Sehenswert: Dampfzahnradbahn auf den Schneeberg, eröffnet 1897 (Ende April bis Nov.; Bergfahrt tgl. 8.40 u. 11.55 Uhr).
Aktivitäten: Frei-/Hallenbad, Minigolf, Wandern, Rad, Reiten, Pferdeschlitten, Bergführungen, Bergsteigerschule, Kletterkurse, Drachenfliegen; Skischule, Langlauf (Beschneiungsanlage), Eisstock.
Veranstaltungen: Konditor-Dauerausstellung (Szabo), Parkfest (Juli), Adventmarkt.
❶ Gemeindeamt, A-2734 Puchberg am Schneeberg, Tel. 02636/2256.

Gutenstein ⑨

Für Wanderungen prädestinierte Gemeinde zwischen Piestingtal und Schneeberg.
Sehenswert: Ferdinand-Raimund-Gedenkstätte (Mai–Okt. sa/so 10–12 u. 14–17 Uhr) und Raimund-Grab, Waldbauernmuseum zur verschwundenen Welt der Schindelmacher, Korbflechter u.a. (Mai–Mitte Okt. sa/so 10–12 u. 14–17; Jul/Aug. auch mo–fr 14–17 Uhr), Schloß Hoyos, Aratym-Kapelle.
Aktivitäten: Freibad, Tennis, Wandern, Rad, Reiten; Rodeln, Eislaufen, Eisstock.
Veranstaltungen: Raimundfestspiele (Aug.), Musiksommer ›Carnusiana‹.
❶ Gästeinformation, A-2770 Gutenstein, Tel. 02634/2222.

Maßstab 1:300.000
0 2,5 5 7,5 10 12,5 15km

Touristik-Informationen

Adressen

Deutschland: Österreich Werbung, Postfach 1231, 82019 Taufkirchen, Tel 089/66670100, Fax 66670200.
Österreich: Niederösterreich Information, Postfach 10 000, A-1010 Wien, Tel. 0043/1/536106200, Fax 153610-6060.
Schweiz: Österreich Information, Zweierstr. 146, CH-8036 Zürich, Tel. 1/4511551, Fax 1/4511180.
Internet: http://austria-tourism.at sowie http://www.noe.co.at.

Anreise

Mit dem Auto: Aus Deutschland erreicht man Niederösterreich über Linz auf der Westautobahn A 1, von der nach Norden und nach Süden Bundesstraßen in alle Hauptorte des Landes abzweigen. Bei der Anreise über Tschechien (Prag) empfiehlt sich der Grenzübergang Kleinhaugsdorf (Wartezeit). Den östlichen Landesteil erschließen die B 7 (Richtung Poysdorf und Mistelbach), die B 8 (Richtung Angern) und die A 4 (Richtung Bruck/Leitha).
Mit der Bahn: Niederösterreich ist über das europäische Bahnnetz bequem zu erreichen. Einerseits über die Westbahn, wobei internationale Züge auf ihrem Weg nach Wien in St. Valentin, Amstetten und St. Pölten halten. Über Tschechien ist Niederösterreich auch mit der Franz-Josephs-Bahn erreichbar. Regionale Anschlußzüge und ein verzweigtes Busliniennetz schaffen Verbindungen in die entferntesten Winkel des Landes. Besonders attraktiv sind diverse Nebenlinien (z. B. die mit Schmalspur geführte Mariazellerbahn) und spezielle Privat- und Nostalgiebahnen.
Mit dem Flugzeug: Internationaler Flughafen Wien-Schwechat, 19 km östl. von Wien.

Autofahren

Wenn nicht anders vorgeschrieben, gilt auf den Landstraßen ein **Tempolimit** von 100 km/h, auf der Autobahn 130 km/h, im Ortsgebiet 50 km/h. Es herrscht **Gurtpflicht** für alle Autoinsassen, **Helmpflicht** für motorisierte Zweiradfahrer. Seit 1998 gilt eine Alkohol-Grenze von 0,5 Promille. Österreichs Autobahnen sind generell **mautpflichtig**. Die nötige Vignette ist bei Grenzstationen, Tankstellen, Kiosks, der Post und den Autofahrerklubs ÖAMTC und ARBÖ, in Deutschland über den ADAC erhältlich.
Pannenhilfe landesweit: ÖAMTC (Tel. 120) und ARBÖ (Tel 123). In einigen Städten gibt es gebührenpflichtige Kurzparkzonen (›Blaue Zonen‹); Parkscheine dazu sind in Kiosken, Banken sowie Automaten erhältlich.

Baden

Frei- oder Hallenbäder gibt es praktisch in jeder größeren Ortschaft. Dazu kommen zahlreiche Seen und Flüsse, die im Sommer Badevergnügen erlauben. Besonders beliebt sind die Kamptalstauseen im Waldviertel. Einen Hauch von Nostalgie verströmen die Kurbäder entlang der Thermenlinie im Süden Wiens. Die Badeanstalten in Baden oder Bad Vöslau sind allemal einen Besuch wert.

Die Speisekarte in Niederösterreich ist außerordentlich vielfältig, etwa im Restaurant ›Marchfelderhof‹ in Deutsch-Wagram.

Essen und Trinken

Auf dem fruchtbaren Boden Niederösterreichs gedeihen unverwechselbare Delikatessen: Der Waldviertler Mohn etwa oder der Marchfelder Spargel, die Wachauer Marillen und die Kürbisse aus dem Retzer Land. In den Teichen des Waldviertels fängt man den über die Grenzen hinaus bekannten Spiegelkarpfen, in der Donau unter anderem Zander, Welse, Barsche und Hechte. In den Bächen und Seen der alpinen Regionen tummeln sich wiederum Saiblinge und Forellen. So vielfältig wie das Land ist auch seine Küche. Man denke nur an die flaumigen Waldviertler Knödel aus Kartoffelteig oder die knusprigen Wachauer Laberln (Weißgebäck), die Mostsuppe oder den Mostbraten. Die traditionelle Eßkultur des Landes wird neuerdings von den Wirten besonders gepflegt: Rund 200 Mitgliederbetriebe sind im Verein ›Wirtshauskultur‹ zusammengeschlossen. Kulinarische Ratgeber bei der NÖ-Information.
Mit 33 000 ha Anbaugebiet ist Niederösterreich auch ein Land des Weines, wobei Freunde des Rebensaftes zwischen Kreszenzen aus acht Weinbaugebieten – Wachau, Kremstal, Donauland, Thermenregion, Carnuntum, Weinviertel, Kamptal und Traisental – wählen können. Wenn ›ausg'steckt‹ ist, laden Heurige, Buschenschanken und Kellergassen zum Probieren hauseigener Produkte. Als Zeichen dafür hängt ein Föhrenzweig über dem Eingang. Das ›Weinherbst‹ bietet ein vielfältiges Programm, das von Kostproben bei traditionellen Kellerfesten bis zum Weinkulinarium für Fortgeschrittene reicht. Die Broschüre gibt es bei der Niederösterreich-Information.
Im Mostviertel wiederum gehört, nomen est omen, ein Glas vergorenen Apfel- und Birnensaftes auf den Tisch. Bierfreunde hingegen kommen in den klassischen Braustädten Zwettl, Weitra, Schrems, Laa/Thaya oder Wieselburg auf ihre Rechnung.

Familienurlaub

Niederösterreich war immer Urlaubsziel für Familien. In den letzten Jahren haben die sieben Tourismusregionen ihre Bemühungen und Angebote auf diesem Sektor noch erweitert. Bes. auf Familien eingerichtet sind die Beherberger der ›Familienoasen‹; Info unter Telelefon 0043/1/53610-2001.

Feiertage

1. Januar, 6. Januar, 1. Mai, 15. August, 26. Oktober, 1. November, 8., 25. und 26. Dezember. Dazu kommen die beweglichen Festtage Ostermontag, Christi Himmel-

weiter auf Seite 112

Reisedaten Niederösterreich

Flug von Deutschland	Inlandsverkehr	Reisepapiere	Devisen	Mietwagen	Benzin	Hotel	Pension	Menü	Einfaches Essen	Ortszeit	›Welcome Ticket‹
Hamburg–Wien ab 769 DM	Bus Wien–St. Pölten ca. 15 DM	Personalausweis oder Reisepaß	1 DM = 7 österr. Schillinge (ATS)	ab 110 DM pro Tag (unbegrenzte Kilometer, Versicherung)	1 l Super ca. 1,63 DM	DZ Luxuskat. ab 180 DM, Mittelklasse um 85 DM	Privatzimmer ab 40 DM	3 Gänge ab 18 DM (ohne Getränke)	Tellergericht ab 12 DM	MEZ/MESZ	Preiswert übernachten per ›Scheck‹: Erw. 230, Kinder 140 ATS

Ausgewählte Hotels und Restaurants

HOTELS

Übernachten mit Stil

Grand Hotel Sauerhof
Weilburgstraße 11–13, A-2500 Baden
Tel. 02252/41251, Fax 48047 od. 43626
88 Zimmer, davon 6 Suiten.
ÜF pro Person 115–180 DM,
HP pro Person 150–215 DM
Biedermeierpalais mit Atmosphäre. Zentrale, ruhige Lage. Restaurant, Café, 600 Jahre alter Weinkeller, Hallenbad, Sauna, Fitneßraum, Tennis, Beautyfarm.

Gartenhotel Weinhof Pfeffel
A-3601 Dürnstein 122
Tel. 02711/206, Fax 02711/20688
33 Zimmer, 2 Appartements, 5 Junior-Suiten.
ÜF pro Person ab 70 DM,
HP pro Person ab 90 DM
Familienhotel im Herzen der Wachau inmitten von Weingärten. Restaurant, Freibad, Sauna, Solarium, Kinderspielplatz, Liegewiese, Fahrradverleih.

Schloß Rothenhof (Hotel garni)
Hofamt 14, A-3644 Emmersdorf
Tel. 02752/71741, Fax 71747
3 Zimmer, 2 Suiten.
ÜF pro Person ab 90 DM.
geöffnet 15. März–15. Nov.
Exklusives Ambiente in historischen Gemäuern, Schloßpark; Swimmingpool.

Bio-Trainingshotel Dungl Zentrum Gars
Hauptstraße 58, A-3571 Gars am Kamp
Tel. 02985/2666-0, Fax 2666-745
80 Zimmer.
ÜF pro Person ab 130 DM,
HP pro Person ab 165 DM.
Bekanntes Wellnesszentrum mit Spezialprogrammen für Heilfasten, Streß-Abbau, Tai-Chi-Wochen etc., Sportprogramme, Aquatraining.

Steigenberger Avance Hotel Krems
Am Goldberg 2, A-3500 Krems
Tel. 02732/71010, Fax 71010-50
128 Zimmer.
ÜF pro Person ab 140 DM.
HP pro Person ab 160 DM.
First-class-Komfort mit ländlichem Charme. Restaurant, Swimmingpool, Solarium, Sauna, Dampfbad, Freizeit- und Ferienprogramm.

Hotel Panhans
Hochstraße 32, A-2680 Semmering
Tel. 02664/8181, Fax 8181-513
113 Zimmer bzw. Wohneinheiten.
ÜF pro Person ab 100 DM,
HP pro Person ab 170 DM
Das Panhans ist ein Stück österreichischer Hotelgeschichte und verbindet Tradition mit modernem Komfort. Zwei Restaurants, Café, Vinothek, Tanzbar. Über 1000 qm Vitalclub (Whirlpool, Sauna u.a.).

Zum Wandern und Skifahren

Bio-Wellness-Hotel Jagdhof
Weitental 34, A-3295 Lackenhof
Tel. 07480/5300-0, Fax 5300-8
40 Betten.
ÜF pro Person ab 115 DM, HP ab 130 DM.
Das kleine Gesundheitshotel mit familiärer Atmosphäre liegt direkt an Skipiste und Loipe.

Hotel Schneeberghof
Wr. Neustädter Str. 24, A-2734 Puchberg/Schneeberg
130 Betten
Tel. 02626/3500, Fax 3233
NF pro Person ab 90 DM, HP pro Person ab 110 DM. Wochenpreis p. P. im DZ 800 DM. Familiäres Hotel mit speziellen Wanderwochenangeboten. 4 km zur Skipiste und Loipe.

Panoramahotel Wagner
Hochstraße 267, A-2680 Semmering
Tel. 02664/1512-0, Fax 1512-61
55 Betten.
ÜF pro Person ab 105 DM, HP ab 125 DM.
Modernes Wellness-Hotel; 100 m zur Loipe.

Schloßhotel Rosenau
A-3924 Schloß Rosenau
Tel. 02822/582210, Fax 582218
NF pro Person ab 85 DM.
Romantisches Schloß in der letzten ganz erhaltenen Gutshofsiedlung des 18. Jh.; Wandertouren.

Familienfreundlich und günstig

Pension Kobichl
Lassingrote 7, A-3222 Annaberg
Tel./Fax 02728/239
11 Zimmer.
UF pro Person 40 DM, HP pro Person 55 DM,
Kinder bis 6 Jahre frei.
Bauernpension, wo der kleine Gast König ist. Außerhalb des Ortes, abseits der Straße gelegen. Kinderspielplatz, Heuboden, Tiere, eigene Alm.

Gasthof Pension Seidl
Pretrobruck 17, A-3925 Arbesbach
Tel. 02813/8410
Das Haus bietet ein spezielles Programm für Wanderfreunde an: 7 Tage HP im DZ oder Appartement inkl. Wanderprogramm kosten pro Person rund 330 DM.

Pension Margit
Mühlgasse 15–17, A-2500 Baden
Tel. 02252/897, Fax 22627
ÜF pro Person ab ca. 50 DM.
Familienbetrieb in ruhiger Lage; ruhiger Biedermeier-Innenhof mit Liegewiese und Sonnenterrasse.

Gästehaus Einzinger
Steiner Landstr. 2, A-3500 Krems-Stein
Tel. 02732/82316, Fax 823166
UF pro Person ab 50 DM.
Gutbürgerliches Gästehaus in Gebäude aus dem 16. Jh. im Zentrum von Stein.

Pension Lindenhof
Kirchenplatz 6, A-2392 Sulz im Wienerwald
Tel./Fax 02238/8111
13 Betten, ÜF pro Person ab 36 DM
Vor den Toren Wiens mitten im Grünen – rustikale Frühstückspension mit familiärer Atmosphäre.

Urlaub auf dem Bauernhof

Der Idealtip für die ganze Familie, zahlreiche Angebote. **Kontaktadresse:** Landesverband für Urlaub auf dem Bauernhof & Privatzimmervermietung in Niederösterreich, A-3650 Pögstall, Hauptplatz 17, Tel. 02758/3110, Fax 31104.

RESTAURANTS

Marchfelderhof
Bockfließstraße 31, A-2232 Deutsch-Wagram
Tel. 02247/2243, Fax 7223613
2. Preiskategorie
Küche von 11–24 Uhr
mo Ruhetag
Vom fruchtbaren Marchfeld profitiert auch die Küche von Gerhard Bocek.

Loibnerhof Dürnstein
Unterloiben 7, A-3601 Dürnstein
Tel. 02732/82890, Fax 828903
1. Preiskategorie
Küche 11.30–24 Uhr
mo, di Ruhetage
Ein typischer Landgasthof: bodenständige Küche in Perfektion; schöner Garten.

Merzendorfer
Hainburgerstraße 1, A-2401 Fischamend
Tel. 02232/76314
2. Preiskategorie
Küche di–sa 11–15, 17.30–22.30, so 11–15 Uhr
mo Ruhetag
Im ältesten Fischrestaurant Österreichs kochen Fischspezialisten. Reiche Auswahl heimischer Süßwasserfische; dazu Meeresfrüchte aller Art.

Holzapfel's Prandtauerhof
A-3610 Joching 36
Tel. 02715/2310, Fax 2310-9
1. Preiskategorie
Küche di–fr 16–21.30, sa/so ab 11.30 Uhr
mo Ruhetag
Im einstigen Lesehof (1696) des St. Pöltener Chorherrenstiftes ein Gutslokal mit einem stimmungsvollen Arkadenhof und bodenständiger Küche sowie Weingut und Schnapsbrennerei.

Gasthof zur Kirche
A-3623 Kottes 31
Tel. 02873/7254
Küche 11–22.30 Uhr
mo Ruhetag
Am Marktplatz des kleinen Ortes wird traditionelle Hausmannskost gekocht wie Waldviertler Knödel oder Topfennockerln.

Landhaus Bacher
A-3512 Mautern
Tel. 02732/82937 bzw. 85429, Fax 74337
1. Preiskategorie
Küche von 11.30–14 und 18.30–21 Uhr
mo, di Ruhetag
Ausgezeichnete Mischung internationaler und regionaler Küche.

Kronprinz Mayerling
A-2534 Mayerling
Tel. 02258/2378, Fax 2378-0
1. Preiskategorie
Küche mi–so 12–15 und 18.30–24 Uhr
mo und di Ruhetag
Den Gaumen erfreuen neben der guten Küche weitaus mehr als 300 ausgewählte Weine und 100 österreichische Brände.

Jägerhaus im Museumsdorf Niedersulz
A-2224 Niedersulz
Tel. 02534/333
3. Preiskategorie
Palmsonntag–Allerheiligen wochentags 11–16, sa, so, fei 10–18 Uhr
Im Jägerhaus aus dem 19. Jahrhundert wird Hausmannskost vom Feinsten angeboten.

Alpenhof Kreuzberg
Loos-Haus
Kreuzberg 60, A-2650 Payerbach
Tel. 02666/2911, Fax 2670
2. Preiskategorie
Das Haus wurde 1929 von Adolf Loos erbaut, daher seine einzigartige Atmosphäre. Täglich wechselnde Spezialitäten und bodenständige Köstlichkeiten; auch Fremdenzimmer.

Gelbes Haus
Kaiserbrunngasse 11, A-2700 Wiener Neustadt
Tel./Fax 02622/26400
2. Preiskategorie
geöffn. mo–sa 12–14.30, 18.30–23 Uhr
so und fei Ruhetag
Internationale und regionale Küche in angenehmer Atmosphäre mit liebevoller Betreuung

Schlüssel zu den Preiskategorien:

1. Preiskategorie = Menü bis ca. 50 DM
2. Preiskategorie = Menü bis ca. 35 DM
3. Preiskategorie = Menü bis ca. 20 DM

Stand: Juni 1999

Touristik-Informationen

fahrt, Pfingstmontag und Fronleichnam. Der niederösterreichische Landesfeiertag fällt auf den 15. November (Leopoldi).

Geld

Österreichs Währung ist bis zur Einführung des Euro der Schilling zu 100 Groschen. Es sind Banknoten zu 5000, 1000, 500, 100, 50 und 20 Schilling im Umlauf, Münzen im Wert von 20, 10, 5, 1 Schilling sowie 50 und 10 Groschen. Der Schilling steht 7:1 zur D-Mark; seit Einführung des Euro unterliegt er keinen Schwankungen mehr (14,21 DM = 100 ATS). In den Hotels, Restaurants, Geschäften sind Kreditkarten übliches Zahlungsmittel.

Gesundheit

Die medizinische Versorgung in Praxen und Krankenhäusern sowie für Erste Hilfe ist grundsätzlich gewährleistet. Es ist ratsam, den Auslandskrankenschein nicht zu vergessen. **Notdienste:** Unfallrettung Tel. 144, Polizei Tel. 133, Feuerwehr Tel. 122.

Grenzübergänge

Die Weiterreise von Niederösterreich nach Ungarn, Tschechien oder in die Slowakei ist für Bürger der EU problemlos. Personalausweis oder Reisepaß sollten jedoch noch mindestens ein Jahr gültig sein. Autofahrer sollten die Grüne Versicherungskarte dabeihaben. Wichtige nationale Grenzübergänge: Gmünd, Nagelburg, Gramstetten, Fratres, Griesbach, Schrattenberg, Hohenau, Reintal, Retzbach und Hardegg.

Haustiere

Für die Einreise benötigen Hunde und Katzen ein ärztliches Tollwutimpfzeugnis, das nicht älter als 30 Tage sein darf.

Kuren

Thermalbäder, Heilmoore, Luftkurorte und Gesundheitszentren sind über ganz Niederösterreich verteilt. Bekannte **Kurorte** sind Baden, Bad Deutsch-Altenburg, Bad Großpertholz, Bad Schönau, Bad Vöslau, Reichenau a. d. Rax und der Semmering.

Literatur

Lesenswert für eine kulturgeschichtliche Annäherung ist der Band ›Die Gegend hier herum ist herrlich – Reisen zu Dichtern, Denkern, Malern und Musikern in Niederösterreich‹ von S. Baumgartner u. O. Pruckner (Falter Verlag, Wien, 344 S., 48 DM).

Öffnungszeiten

Durch die Reform der Ladenschlußzeiten haben in Österreich die Geschäfte die

Sport ist in Niederösterreich nicht auf eine Jahreszeit beschränkt. Beliebt im Sommer ist Rafting auf Gebirgsflüssen, hier auf der Ybbs.

Möglichkeit, länger offenzuhalten. Dies wird meist von den Filialen der großen **Lebensmittelketten** wahrgenommen, wo man wochentags bis 19.30, samstags bis 17 Uhr einkaufen kann. In der Regel sind die Geschäfte mo–fr 9–18, sa 9–12 Uhr geöffnet, in kleineren Gemeinden mit Mittagspause von 12–14/15 Uhr. **Lebensmittelläden** oft von 8–18.30 Uhr. In ländlichen Gebieten ist mi nachmittags oft geschlossen. **Postämter:** mo–fr 8–12 u. 14–18 Uhr; **Banken:** mo–fr 8–12.30 u. 13.30–15, do bis 17.30 Uhr. Sonntags kann man sich an größeren **Tankstellen** mit Lebensmitteln versorgen.

Sport

In Niederösterreich kann praktisch allen gängigen Sportarten nachgegangen werden. Auch wenn die **Skigebiete** im Ötscherland oder in den südlichen Alpinregionen mit den modernen Ski- & Fun-Zentren in Tirol oder Kärnten nicht mehr mithalten können, bieten sie anspruchsvollen Pistenspaß ohne besondere Hektik. Entsprechend moderat sind auch die Preise – ideal für Familien. Im Sommer ermöglichen Flüsse und Seen **Wassersport** in jeder Form. Auch **Reiten**, **Golf**, **Radfahren**, **Mountainbiking**, **Trekking**, **Klettern**, **Rafting** oder **Paragliding** gehören zu den gängigen Angeboten. Besonders bekannt ist Niederösterreich für seine zahlreichen **Wandermöglichkeiten**, die vom geruhsamen Spaziergang bis zu schwierigeren Touren in die Zweitausender-Region reichen.

Telefon

Österreichs Telefonnetz hat die internationale Vorwahl 0043. Die Null der österreichischen Ortsnetzzahlen entfällt. Von Österreich nach Deutschland wählt man die Vorwahl 0049. Von allen öffentlichen **Münz- oder Kartenfernsprechern** kann ins Ausland telefoniert werden. Telefonwertkarten (zu 50 oder 100 Schilling) sind bei der Post und in Tabakläden erhältlich. Für Ortsgespräche reichen eine 2-ATS-Münzen, für Ferngespräche nimmt man 10-ATS-Münzen. Derzeit sind drei **Mobiltelefonnetze** in Betrieb: A 1 (Telekom), max, one.

Themenstraßen und -parks

Niederösterreich verfügt über zahlreiche themenbezogene Attraktionen wie die Eisenstraße (15 Themenwege mit 19 Museen in Ybbs- und Erlauftal), die quer durchs Land führenden Barock- und Schlösserstraßen oder den Kulturpark Kamptal (mit drei Infozenten in Eggenburg, Langenlois und Horn).

Trinkgeld

In gastronomischen Betrieben ist es üblich, die Rechnung um rund zehn Prozent aufzurunden. Für spezielle Dienstleistungen im Hotel gibt man 50 bis 100 Schilling.

Veranstaltungen

Größere Städte wie St. Pölten, Krems oder Wiener Neustadt bieten das ganze Jahr über Kulturevents wie Theater, Konzerte oder Kleinkunst an. Dazu kommen im ganzen Land diverse Sommerfestivals, die Opern, Konzerte, aber auch Populärkultur wie die Karl-May-Spiele von Winzendorf umfassen. Detaillierte Auskünfte erteilt die Niederösterreich Information (s. Adressen).

Welcome Ticket

Das ›Welcome Ticket‹ ist eine Art niederösterreichische Variante des britischen Bed & Breakfest. Das Ticket ist ein Gutschein für eine Übernachtung/Frühstück im Doppelzimmer. Gültig ist es bei rund 240 privaten und bäuerlichen Betrieben, Gasthöfen und 3- oder 4-Sterne-Hotels.

Wetterdaten

St. Pölten	Tages-temp. max.	Nacht-temp. min.	Tage mit Niederschlag	Sonnenstunden pro Tag
Januar	1°	–5°	8	2
Februar	4°	–3°	8	3
März	9°	0°	8	4
April	15°	4°	9	6
Mai	19°	9°	10	7
Juni	22°	12°	11	8
Juli	24°	14°	10	8
August	24°	13°	10	7
September	20°	10°	7	6
Oktober	14°	5°	6	4
November	7°	1°	9	2
Dezember	2°	–2°	9	2

Quelle: Deutscher Wetterdienst, Hamburg

Register

(**Fettgedruckte** Ziffern verweisen auf Autoatlas und Stadtplan, unterstrichene Ziffern auf Abbildungen)

Zeichenerklärung Karten

Verkehr

Autobahn mit Anschlußstelle
Tankstelle - Rasthaus, - mit Motel
Autobahn im Bau
Vierspurige Straße
Vierspurige Straße im Bau
National- oder Staatsstraße
Wichtige Hauptstraße
National- oder Staatsstraße im Bau
Hauptstraße - Nebenstraße
Hauptstraße / Nebenstraße im Bau
Autobahn-, Europastraßennummer
Straßennumerierung
Steigung - Paßstraße mit Wintersperre (von - bis)
Für Wohnwagen nicht empfehlenswert - verboten
Gebührenpflichtige Straße - Für Kfz gesperrte Straße
Kilometrierung an Autobahnen
Kilometrierung an übrigen Straßen
Hauptbahn mit Bahnhof - Nebenbahn
Eisenbahn (nur Güterverkehr) - Autoverladung
Zahnradbahn - Seilschwebebahn
Sessellift - Skilift
Wo-gibt-es-was?-Hinweis
Landschaftlich schöne Strecke -
Touristenstraße
Flughafen - Flugplatz

Sehenswürdigkeiten

Besonders sehenswerter Ort
Sehenswerter Ort
Besonders sehenswertes Bauwerk
Sehenswertes Bauwerk
Besondere Natursehenswürdigkeit
Sonstige Sehenswürdigkeit
Naturpark, Naturschutzgebiet - Aussichtspunkt
Zoolog. -, Botan. Garten - Wildgehege
Burg, Schloß - Ruine - Denkmal
Kloster - Ruine - Kirche - Kapelle

Sonstiges

Alleinstehend. Hotel o. Gasthaus - Motel
Berghütte - Einzelhof - Jugendherberge
Campingpl. ganzjährig -, nur im Sommer
Strandbad - Schwimmbad - Heilbad
Staatsgrenze mit Grenzübergang
Ländergrenze
Wald - Weinbaugebiet
Sperrgebiet

Impressum

1. Auflage 1999
Verlag: HB Verlags- und Vertriebs-Gesellschaft mbH, Alsterufer 4, 20354 Hamburg Postfach 300660, 20347 Hamburg, Telefon 040/4151-04, Telefax 040/4151-1852. Geschäftsführer: Kurt Bortz, Dr. Joachim Dreyer, Dr. Brigitte Nimnate

Redaktion und Produktion: Harksheider Verlagsgesellschaft mbH, Fabersweg 1, 22848 Norderstedt, Telefon 040/528862-0, Telefax 040/5234056, E-mail: HVGmbH@aol.com
Redaktion: Ulrike Klugmann (verantwortlich), Dr. Johannes Bohmann, Helga Schnehagen, Christoph Schumann **Redakteur dieser Ausgabe:** Christoph Schumann **Text und Bildrecherche** Dr. Edgar Schütz, Wien
Exklusiv-Fotografie: Joachim Holz, Mönchengladbach **Zusätzliches Fotomaterial:** Rainer Hackenberg, Köln (28), Österreich Werbung, Hamburg (S. 18 r.)
Layout: Rolf Bünermann, Gütersloh **Karten:** © Falk Verlag GmbH; Haupka Verlag, Bad Soden (Stadtplan St. Pölten, S. 66)
HB-Bildatlas Fotoservice: Harksheider Verlagsgesellschaft mbH, Fabersweg 1, 22848 Norderstedt, Telefon 040/528862-22, Telefax 040/5234056

Für die Richtigkeit der in diesem HB-Bildatlas angegebenen Daten – Adressen, Öffnungszeiten, Telefonnummern usw. – kann der Verlag keine Garantie übernehmen
Nachdruck, auch auszugsweise, nur mit vorheriger Genehmigung des Verlages. Erscheinungsweise: monatlich

Anzeigenalleinverkauf: KV Kommunalverlag GmbH, Postfach 810565, 81905 München, Telefon 089/928096-24, Telefax 089/928096-20
Vertrieb Zeitschriftenhandel: Partner Pressevertrieb GmbH, Postfach 810420, 70521 Stuttgart, Telefon 0711/7252-227, Telefax 0711/7252-310
Vertrieb Abonnement und Einzelhefte: Zenit Pressevertrieb GmbH, Postfach 810640, 70523 Stuttgart, Telefon 0711/7252-198, Telefax 0711/7252-333
Vertrieb Buchhandel: Mairs Geographischer Verlag, Marco-Polo-Zentrum, 73760 Ostfildern, Telefon 0711/4502-0, Telefax 0711/4502-340
Reproduktionen: Otterbach Repro GmbH & Co., Rastatt **Druck und buchbinderische Verarbeitung:** Echter Würzburg. Printed in Germany

ISBN 3-616-06299-3

Schwäbische Alb

Foto: Der Marktplatz von Aalen

Deutschlands Südwesten: Vielfalt auf Schritt und Tritt

Dort, wo sieben bedeutende Touristikstraßen ganz oder zumindest über größere Strecken verlaufen und vier populäre Radwanderwege hindurchführen, müssen die Kultur- und Naturschätze in großer Zahl am Wegesrand aufzupicken sein. Und in der Tat, die Schwäbische Alb kann gleich mit mehreren Superlativen aufwarten. Sie rühmt sich nicht nur, Deutschlands burgenreichste Region zu sein, sie besitzt auch einen Pflanzenreichtum, wie ihn kein anderes deutsches Mittelgebirge aufzuweisen hat.

Wo die Alb am schönsten ist, wird jeder für sich entscheiden. Ob an der felsengesäumten Großen Lauter, im tief eingeschnittenen, wildromantischen Tal der Oberen Donau, auf den Hochflächen der Baar oder der Ostalb, in den alten Residenz- oder Freien Reichsstädten oder im Untergrund, in den Karsthöhlen, die hier – wie könnte es anders sein – so zahlreich sind wie sonst nirgendwo im Lande.

Obwohl man auf der Alb keineswegs den Anschluß an die Moderne verpaßt hat, steht die Festtradition hoch im Kurs. Die alemannische Fastnacht mit ihren festen Regeln gehört ebenso dazu wie Ulms Schwörmontag, auf dem der Oberbürgermeister seit Jahrhunderten vor den Bürgern seiner Stadt Rechenschaft ablegt , einen Eid auf die Verfassung leistet und das Volk danach kräftig feiert. Was es sonst noch zu feiern, erleben, entdecken, genießen gibt im Herzen von Baden-Württemberg, verrät der HB-Bildatlas Nr. 200 ›Schwäbische Alb‹ mit seinen rund 200 ganz aktuellen Fotos.

Lieferbare Ausgaben

DEUTSCHLAND

93 Allgäu
198 Altmühltal
108 Bayerisch Schwaben · Augsburg · Nördlingen
107 Berlin
185 Bodensee
111 Brandenburg
178 Chiemgau · Berchtesgadener Land
145 Dresden · Sächsische Schweiz
116 Düsseldorf
121 Eifel · Aachen
133 Elbe und Weser · Nordseeküste
77 Emsland · Grafschaft Bentheim
171 Erzgebirge · Vogtland · Chemnitz
190 Fichtelgebirge · Frankenwald · Coburger Land
65 Frankfurt
125 Fränkische Schweiz
131 Hamburg
131 Hamburg, English Edition
73 Hannover · Braunschweiger Land
129 Harz
188 Hessisches Bergland
90 Hunsrück · Naheland · Rheinhessen
103 Köln
101 Lüneburger Heide
137 Mainfranken · Steigerwald · Haßberge
99 Mecklenburg-Vorpommern
151 Mittelfranken · Ansbach · Rothenburg · Nürnberg
135 Mosel
165 München
119 Münsterland · Münster
153 Nördlicher Schwarzwald
159 Nordseeküste Schleswig-Holstein
196 Oberbayern zwischen Lech und Inn
95 Oberpfalz · Regensburg
143 Odenwald · Kraichgau · Bergstraße
51 Osnabrücker Land
155 Ostbayern zwischen Donau und Inn
97 Ostfriesland · Oldenburger Land
168 Ostseeküste Mecklenburg-Vorpommern
157 Ostseeküste Schleswig-Holstein
112 Pfalz
194 Potsdam · Havelland
149 Rhein und Ruhr
127 Rhön
161 Saarland
78 Sachsen
114 Sachsen-Anhalt
110 Sauerland
179 Seen in Mecklenburg und Lauenburg
147 Spessart
139 Südschwarzwald
182 Tauber und Neckar · Stuttgart · Heilbronn · Rothenburg
173 Teutoburger Wald · Ostwestfalen
94 Thüringen
141 Thüringer Wald
163 Weimar · Erfurt · Nördliches Thüringen
123 Weserbergland
98 Westerwald · Taunus · Rheingau

BENELUX

187 Flandern · Brüssel
146 Holland · Inseln · Küste · Amsterdam
62 Luxemburg

FRANKREICH

160 Atlantikküste
122 Bretagne
67 Côte d'Azur · Monaco
113 Elsaß
91 Paris
85 Korsika
102 Loire
132 Normandie
192 Provence
184 Südfrankreich · Languedoc-Roussillon

GRIECHENLAND · ZYPERN

193 Athen · Peloponnes
140 Griechische Inseln: Kykladen
189 Korfu · Ionische Inseln
81 Kreta
104 Rhodos · Dodekanes
166 Zypern

GROSSBRITANNIEN · IRLAND

158 Irland
197 Kanalinseln
175 London
144 Schottland
124 Südengland

ITALIEN · MALTA

195 Adria · Emilia Romagna
126 Gardasee · Trentino
156 Golf von Neapel · Kampanien
128 Malta
142 Oberitalienische Seen · Lombardei · Mailand
74 Riviera · Genua
105 Rom
136 Sardinien
92 Sizilien
89 Südtirol
167 Toskana · Florenz
181 Venedig · Venetien · Friaul · Triest

MITTEL- UND OSTEUROPA

164 Böhmen
138 Budapest
148 Danzig · Ostsee · Masuren
120 Prag
152 St. Petersburg

ÖSTERREICH

162 Burgenland
170 Kärnten
199 Niederösterreich · Wachau
100 Salzburger Land · Salzburg
66 Steiermark · Graz
174 Tirol
47 Vorarlberg

SCHWEIZ

154 Basel · Bern · Aargau · Solothurn
115 Graubünden
172 Tessin
191 Westschweiz · Genfer See · Wallis
72 Zentral- und Ostschweiz · Zürich · Luzern · St. Gallen

SPANIEN · PORTUGAL

130 Algarve · Lissabon
150 Costa Blanca · Valencia · Alicante
109 Costa Brava · Katalonien
83 Costa del Sol · Andalusien
176 Gran Canaria · Fuerteventura · Lanzarote
134 Madrid
117 Mallorca · Menorca · Ibiza · Formentera
177 Teneriffa · La Palma · Gomera · Hierro

SKANDINAVIEN

183 Bornholm
68 Dänische Inseln
186 Jütland
180 Nordnorwegen · Nordkap · Lofoten · Spitzbergen
169 Südfinnland · Helsinki
106 Südnorwegen · Fjordland
118 Südschweden · Stockholm

In Vorbereitung

200 Schwäbische Alb
201 Süditalien – Apulien · Basilicata
202 Trier
203 Nordportugal

Überall im Buchhandel / Bahnhofsbuchhandel erhältlich oder zu bestellen unter Telefon 0711/7252-198, Fax 0711/7252-333

Reisen mit dem WelcomeTicket

ÖS 230,–/ DM 33,–/ € 16,72
pro Erwachsenem/Tag
ÖS 140,–/ DM 20,–/ € 10,17
für Kinder von 3–12 Jahren*
* (im Zusatzbett) Kinder bis 3 Jahre sind frei
Auch als Geschenk-Gutschein!

WelcomeTicket® Niederösterreich

Gutscheine für „Bed & Breakfast" sind international seit langem bekannt. Auch in Niederösterreich gibt es Tickets dieser Art – und das Angebot kann sich sehen lassen!
Das WelcomeTicket bedeutet maximale Ungebundenheit und eignet sich daher bestens, das vielfältige und kontrastreiche Angebot Niederösterreichs kennenzulernen. Niederösterreich bietet Museen, Theater, Musik, Festivals und Hobbykurse, faszinierende Baudenkmäler aus allen Stilepochen genauso wie Rad- und Wanderwege, Anlagen für Freizeitsportler und Gourmetlokale – sie alle gilt es zu entdecken.
Sie können ganz nach Lust und Laune Ihre persönliche Reiseroute gestalten und dort übernachten, wo es Ihnen gerade gefällt – zwei Nächte hier – drei Nächte dort. Über 240 WelcomeTicket-Gastgeber – von Bauernhöfen über traditionsreiche Weingüter bis hin zu Privatzimmern, Pensionen, Gasthöfen oder Hotels: Sie alle bieten mit dem WelcomeTicket die Möglichkeit, nach bestimmten Kriterien einfach und unbürokratisch zu buchen.

Nähere Informationen zum WelcomeTicket:
Niederösterreich-Information
Postfach 10.000, A-1010 Wien
Tel. ++43/1/536 10-6200, Fax 536 10-6060
E-Mail: tourismus@noe.co.at, www.noe.co.at

Wien besuchen - in Klosterneuburg wohnen!

Gemütliche Heurige, Gassen- und Gartenlokale, gepflegte Restaurants sowie Hotels mit Atmosphäre, Gasthöfe und Pensionen sorgen für Ihr Wohlbefinden.
Sowohl das Stift Klosterneuburg, wie auch zahlreiche Museen und andere Veranstaltungen bieten Ihnen ganzjährig Führungen, Konzerte, Theater, Ausstellungen und vieles mehr.
Sport und Entspannung finden Sie in den Frei- und Hallenbädern
Für einen gemütlichen Wienbesuch sorgen ausgezeichnete Verkehrsverbindungen, die Sie in 30 Minuten in das Zentrum der Bundeshauptstadt bringen.

Tourismusverein Klosterneuburg
A-3400 Klosterneuburg,
Niedermarkt, Postfach 37
Tel. 02243/34 396, Fax. 02243/26 773
aus dem Ausland: Tel. 0043/2243/34 396
e-mail: tourismus@klosterneuburg.com

Hotel Schrannenhof ***

Familie Veit
A-3400 Klosterneuburg
Niedermarkt 17-19
Tel: (+43) 02243/320 72
Fax: DW 13

e-mail: fveit@ins.at

Der "Schrannenhof" ist ein revitalisiertes Bürgerhaus aus dem Mittelalter, ausgestattet mit modernem Komfort. Durch die Nähe zu den öffentlichen Verkehrsmitteln ist der "Schrannenhof" der ideale Aufenthaltsort für den Wien Besucher.
Alle Zimmer und Appartements verfügen über Dusche oder Bad/WC, Sat-TV und Telefon. Parkplätze für PKW und Radeinstellmöglichkeiten sind ebenfalls vorhanden.

Hotel Anker ***

Familie Guth
A-3400 Klosterneuburg
Niedermarkt 5
Tel: (+43) 02243/321 34
Fax: DW 62

e-mail: hotel-anker@klosterneuburg.net

Behagliches, traditionelles, familär geführtes Hotel in der romantischen Altstadt von Klosterneuburg. Ideale verkehrsgünstige Lage, direkt am Donauradweg Passau-Wien - Ihr Urlaubsdomizil vor den Toren Wiens, am Fuße des Augustiner-Stiftes Klosterneuburg. Restaurant - Cafe - Bar. Frühstücksbuffet von 6 - 10 Uhr. Küche von 10 - 23 Uhr. Täglich geöffnet! Komfortzimmer mit Dusche oder Bad/WC, SAT-TV, Telefon und Lift.

Pension "Alte Mühle" ***

Familie Veit
A-3400 Klosterneuburg
Mühlengasse 36
Tel: (+43) 02243/377 88
Fax: DW 22

e-mail: fveit@ins.at

Nur wenige Gehminuten vom Stadtzentrum, in ruhiger Lage, sorgen der freundliche Service und die gepflegte Atmosphäre der "Alten Mühle" für einen angenehmen Aufenthalt.
Alle Zimmer sind mit Dusche oder Bad/WC, Sat-TV und Telefon ausgestattet.
Gratis Leihräder für Gäste, Radler-Pannenservice, Theaterkarten, Stadtrundfahrten in Wien (inkl. Kostenloser Hotelabholung).

Servus in Österreich®

Mostviertel/an der Mariazellerbahn

Das Familien + Sporthotel inmitten der Natur. Zentral in einer der schönsten Alpingegenden bieten wir den Gästen im stilvollen Ambiente eines traditionsreichen, schlößchenartigen Gutshauses individuellen Service und echte Erholung und im Winter das Skiparadies Hochkar mit Alpinski + Langlauf.

Programme:
Wandern – Mountainbike – **Rafting** –
Canyoning – Paragliding – Tennis
Fliegenfischen in 25 km glasklarem Fluß
Jagd auf alles Bergwild in eigenen Revieren
(Gams-Hirsch-Muffel-Rehbock-Auerhahn)
und günstige Pauschalen für Familien,
Sportler und Naturfreunde.
Hunde willkommen.

Jagdhof Breitenthal ****
A-3344 Göstling-St. Georgen, Reith 9
Tel: 0 74 84-80 80, Fax: 80 80-45, E-mail: hunt@aon.at
Http://tiscover.com/jagdhof-breitenthal

Reiches Wildvorkommen in der
Region **GÖSTLING-HOCHKAR**

Hotel-Restaurant
Waldesruh
O. Vielhaber
A-3345 Göstling an der Ybbs – Stiegengraben
Telefon 0 74 84 / 22 75-0 – Telefax 0 74 84 / 22 75-40

Alpenhotel GÖSING ****

1,5 Autostunden von Wien (Nähe Mariazell) mitten im Naturpark Ötscher-Tormäuer, herrlicher Ausblick auf den Ötscher. Zimmer mit Bad/WC, Telefon, TV, tw. Balkon. Restaurant, Fitneßraum, Sauna, Solarium, Indoor & Outdoor Swimmingpool, Tennisfreiplatz, eigene Kur & Kosmetikabteilung.
A-3221 Gösing a.d. Mariazellerbahn
Tel: 0 27 28 / 2 17, Fax: 0 27 28 / 21 81 16
E-mail: hotel.goesing@magnet.at
Internet: http://members.magnet.at/hotel. goesing

PETZENKIRCHEN

Landgasthof Bärenwirt

A1 Abfahrt Ybbs nur 4 km (100 km vor Wien)
Komfortzimmer Du/WC/Kabel TV/Tel.
Seminarraum/Sauna/Fitnessraum
Regionale Küche zeitgemäß gekocht
von der Chefin Monika Mayrhofer
0 74 16 / 5 21 53 – Fax DW 10
E mail: baerenwirt@aon.at
http://www.members.aon.at/baerenwirt

Steinschalerhof an der Mariazellerbahn – Familie Weiß

Das Hotel **Steinschalerhof** liegt im malerischen Pielachtal des Mostviertels. Es ist ein 200 Jahre alter Vierkanthof, der in liebevoller Arbeit zu einem **Feriendomizil** mit viel Romantik umgebaut wurde.

Die **Zimmer** sind alle mit Vollholzmöbel und viel Geschmack eingerichtet. Sie verfügen selbstverständlich über Dusche und WC, Haarfön, Fernseher mit Satelliten-Empfang und teilweise auch über Whirlwannen. Sieben Appartements, die in eigenen **reizvollen Blockhäusern** im Hotelgarten untergebracht sind, ergänzen das Angebot.
Viele alte Möbel-Schmuck-Stücke und Dekorationen tragen wesentlich zum romantischen Ambiente des Hauses bei.
Für Sie stehen zur Verfügung: Hallenbad, Sauna, Freibad, Biotope, Teiche mit Booten und zum Angeln, Fahrradverleih, Kinderspielplatz, Liegewiese…
Wassergärten und Hügelbeete, nach den Prinzipien der Permakultur angelegt, sind Ihre Oase zum Erholen.

Für die Attraktion des Tales – die nostalgische Mariazellerbahn – haben wir Paketangebote. Programme für Seminare und Veranstaltungen sowie Natur- und Kulturliebhaber (wir sind Niederösterreichisches Kulturhotel) runden die Palette ab.

Warth 20, A-3203 Rabenstein, Tel. (00 43) 27 22 / 22 81, Fax (00 43) 27 22 / 22 82, e-Mail: weiss@cybernet.at, http://www.byronny.at/weiss

HOTEL · PETERMANN
HALLENBAD
A-3222 ANNABERG BEI MARIAZELL
TEL. 02728/8243 FAX 02728/8443

Wir sind ein Familien- und Wanderhotel, in dem persönliche Betreuung, Gastlichkeit und Familienfreundlichkeit kein Fremdwort ist.
Hallenbad (10 x 7 m), Sauna, Solarium, Tischtennis, Billard, Kinderspielplätze, Zimmergewehrschießstand auf 10 m, eigener Wild- und Kleintierpark mit Fischteich zum Forellen oder Zander angeln. Juli und August haben wir Grillabende am Teich, für Sportler mit Bogen- und Kleinkaliberschießen.
Neu bei uns Lama-Trekking, wandern mit Lamas: ein starkes Erlebnis!
Halbpensionspreis pro Tag und Person ab ÖS 480,-
Kinderermäßigungen.

Die Seele lüften.
Das weite Land.
Niederösterreich

LANGENLOIS

Kamptal, Wachau und Kremstal bilden nicht nur das geographische Herzstück Niederösterreichs. Neben einem hochwertigen Angebot an Kultur, Landschaft, Veranstaltungen etc. repräsentiert die Region rund um Österreichs bedeutendste Weinstadt höchste internationale Klasse der Weißweinkelterung. Renommierte Winzer wie Willy Bründlmayer, Sonnhof Brüder Jurtschitsch, Fred Loimer etc. prägen den Ruf der Weinbauregion Kamptal, die sich gesamthaft in der Vinothek Ursin Haus im Herzen von Langenlois präsentiert. Für jeden Genießer lohnt sich der Besuch im Ursin Haus, das gleichzeitig auch die regionale Tourismusberatung wahrnimmt. Die Möglichkeit der Verkostung und des Einkaufs zu Ab Hof-Preisen aus einem Angebot von etwa 70 Kamptaler Winzern ist gewiß international einzigartig!

Ursin Haus Vinothek & Tourismusservice GmbH.

Kamptalstraße 3, A-3550 Langenlois
Telefon 0 27 34 / 20 00-0, Fax 2000-15
e-mail: ursin.vinotourist@wvnet.at

Ganzjährige Öffnungszeiten:

Montag - Freitag	10 - 12 und 13 - 18 Uhr
Samstag, Sonn- u. Feiertag	10 - 18 Uhr

ROSENBURG

Malerische Wehranlage aus dem 12. Jhdt.:
im 16./17. Jhdt. zu einem prächtigem Renaissanceschloß ausgebaut.

BURGMUSEUM
(ganzt. Führungen, letzte Führung 16 Uhr)

AUSSTELLUNG
„Adeliges Landleben 1500–1800" und „Falknerei u. Greifvogelkunde"

FREIFLUGVORFÜHRUNGEN von GREIFVÖGELN
Täglich 11.00 und 15.00 Uhr

MÄRCHENWELT (für Kinder)
Öffnungszeiten: 01.04.–01.11.
tägl. 9.00–17.00 Uhr

LAUFEND SONDERVERANSTALTUNGEN

Hoyos'sche Forstverwaltung, A-3580 Horn, Tel.: 0 29 82-23 03, Fax: 0 29 82-45 12
Hoyos'sche Burgverwaltung, A-3573 Rosenburg, Tel.: 0 29 82-29 11, Fax: 0 29 82-45 11

Den idealen Urlaubsort im Waldviertel-NÖ finden Sie in
RAABS an der Thaya, DER PERLE DES THAYATALES

ERHOLUNG – SPORT – SPASS
Schwimmen – Massage – Dampfkammer – Tennis/Squash – Wandern – Radwandern – Fischen – Ausstellungen – Konzerte

A-3820 Stadtgemeinde Raabs an der Thaya • Tel. 00 43 / 28 46 / 3 65 • Fax 3 65-21

Hotel - Restaurant
Schwarz-Alm
****

Das Erlebnis-Hotel im Waldviertel

SAUNA • DAMPFBAD • SOLARIUM

MASSAGE • TENNIS FREIPLÄTZE

Kulinarische Genüsse, komfortabel wohnen, entspannen und genießen – in jeder Form einen Besuch wert

Natur Klausur, A-3910 Zwettl,
e-mail: hotel.schwarzalm@wvnet.at
Telefon 0 28 22 / 5 31 73, Fax 5 31 73-11
http://tiscover.com/schwarzalm

**** *Landidyll Schweighofer*
Ihr Hotel zum Wohlfühlen

Traumhaft entspannen bei familiärer Atmosphäre und dem Komfort eines modernen Viersternhauses, ideale Lage für Ihre Ausflüge durch Niederösterreich • alle Zimmer mit Bad, WC, Minibar, SAT-TV, Radio, Telefon und Fön • Wandern, Radeln, Golfspielen, Faulenzen • Packages & Pauschalen • Gemütliches Restaurant; Rufen Sie uns an!

A-3533-Friedersbach/Zwettl • Tel: 0043 2822 77511-0 (Fax: -54)
www.hotel-schweighofer.co.at • hotel.schweighofer@wvnet.at

Heilfasten im Waldviertel

- Jungbrunnen für Körper, Geist und Seele
- **Gewichtsverlust in 10 Tagen ca. 1/10 des Körpergewichts**
- Vollpension mit Einstieg-, Trink- und Aufbautagen
- täglich Morgengymnastik und geführte Wanderungen
- freiwillig verzichten * loslassen * bewußt die Natur erleben
- Entspannungsübungen * Streß abbauen
- Bachblütenvortrag * Ernährungsberatung

Gesundheitspension KLOSTERBERG****

Fam. Laister, 3921 Langschlag 170
Tel. 0 28 14 / 82 76, Fax DW 170.

- Genießen Sie Hallenbad, Sauna, Dampfbad, Solarium.
- Massagen, Kosmetische Behandlungen.

Der Zeit auf der Spur ...
im Tal der Sonnenuhren

TAL DER sonnen uhren YSPER-WEITENTAL

- 40 sehenswerte historische und moderne Sonnenuhren
- Ausstellung „Sonne, Zeit & Ewigkeit"
- Planetenwanderweg
- Wandern im Mystischen Waldviertel
- Kulturerlebnisse (Die Burgen & Schlösser) des Waldviertels und der Wachau)

Entfernungen: Wien 125 km, Linz 100 km, Melk 30 km (Landesausstellung 2000)
Anreise: Autobahn Salzburg-Wien A 1, Abfahrt Ybbs oder Melk

Tourismusverband Ysper-Weitental
Altenmarkt 100, A-3683 Yspertal, NÖ
Tel. ++ 43 / 74 15 / 67 67 DW 25, Fax: DW 29
e-mail: info.yw@wvnet.at
www.sonnenuhr.swv.at

1999
Weinherbst
Weinherbst Niederösterreich
Reisen & Veranstaltungen
Herbsturlaub
Genießer-Wochenenden
Ausflüge
Wein- & Kellergassenfeste
www.noe.co.at
Niederösterreich
...das weite Land
Österreich
AUSTRIAN AIRLINES
Niederösterreich
Das weite Land.

TOURISMUSVERBAND WACHAU-NIBELUNGENGAU
A-3500 Krems/D. • Undstr. 6 • Tel. 0043(0)2732/85620 • Fax 0043(0)2732/87471 • e-mail: wachau@netway.at • Internet: http://tiscover.com/wachau

...im Herzen der Wachau

Hotel – Weingasthof

Die Wachau genießen fernab vom Massentourismus – wenn Sie sich das für Ihren Aufenthalt vorgenommen haben, dann sind Sie bei uns „zu Hause“. Nicht umsonst sagen wir: Gemütlichkeit? Beim Donauwirt findet sie statt!

(Individuelle Gästebetreuung, Produkte aus eig. Erzeugung, Eigenbauweine, Schmankerl – regionale Küche)

Hausprospekt anfordern!!!
Fam. Maria & Anton Rosenberger jun.
A-3610 Weißenkirchen in der Wachau
+43 (0) 27 15 / 22 47 Fax DW 47
www.tiscover.com/donauwirt
donauwirt@pgv.at

Marktgemeinde Maria Taferl

Bezirk Melk – NÖ
Telefon 0 74 13 / 70 40 · Fax: -14 · Ausland-Vorwahl: 00 43 / 74 13
e-mail: gde.mariataferl@wvnet.at
http://www.mariataferl.at · http://www.tiscover.com/maria-taferl
A-3672 Maria Taferl · Gemeindeamt Nr. 35

SCHACHNER
Hotel KRONE – Hotel KAISERHOF

Familie Schachner, A-3672 Maria Taferl
Tel. 0 74 13 / 63 55, Fax 0 74 13 / 63 55 83
e-mail: hotel.krone@aon.at
http://members.aon.at/hotelkrone

... Ein kleines Stückchen Paradies zum Wohlfühlen!

Charakteristisch für unsere Familienbetriebe ist, daß wir stets bemüht sind, unseren Gästen das besondere Urlaubsgefühl zu vermitteln. Sie werden vom Blick auf die Donau und Alpenkette begeistert sein.

Panoramarestaurant, Terrasse, Kastaniengarten, Weinkeller, Vinothek, Panoramahallenbad, großes Freischwimmbad. Geeignet auch für Gruppen, Seminare, Hochzeiten, Familienfeiern.

Hotel Rose

Franz Eilnberger
A-3672 Maria Taferl
Tel: 0 (0 43) 74 13 / 3 04
FAX: 0 (0 43) 74 13 / 5 08 45
email: hotelrose@wvnet.at

Hotel in ruhiger Lage mit Blick auf das Donautal und Voralpengebiet, ein individuell geführter Familienbetrieb mit gediegener Eleganz und gepflegter Atmosphäre.

STEIGENBERGER
AVANCE HOTEL
KREMS

An einem der schönsten Plätze, eingebettet von sanften Weinbergen, oberhalb der Donau, liegt das STEIGENBERGER AVANCE HOTEL KREMS. Ländlicher Charme und modernster Komfort zeichnen die gediegenen Zimmer und Suiten aus. Gaumenfreuden und erlesene Weine erwarten Sie in den gemütlichen Weinstuben des Restaurants, das 1999 von Gault Millau mit einer Haube ausgezeichnet wurde.
Ob im Außenschwimmbad inmitten der Weinberge, bei Wanderungen und Radtouren oder bei kulturträchtigen Ausflügen zu Burgen und Schlössern: Tauchen Sie ein in die Welt der Romantik und vergessen Sie den Alltag. Wir verwöhnen Sie, Ihren Körper, Ihre Seele.
DZ p.P./Tag inklusive Frühstück vom Buffet von ÖS 850,-- bis 1.100,--,
EZ-Aufschlag ÖS: 100,--.
Arrangement **„Das Leben genießen“:** 2 ÜN mit Frühstück vom Buffet, Abendmenü „die Wachau in 4 Gängen“, einer Rückenmassage und einem Heu- oder Moorbad – ab ÖS 2.580,-- p.P. im DZ.

Am Goldberg 2, A-3500 Krems
Telefon 00 43 / (0) 27 32 / 7 10 10
Telefax 00 43 / (0) 27 32 / 7 10 50

Feine Küche
für zwei

Reinhard Gerer

Feine Küche für zwei

Die schnelle Gourmetküche für zu Hause

EDITION CHRISTIAN BRANDSTÄTTER

Genießer schätzen
das Gelbe vom Ei
A LA CARTE
DAS MAGAZIN FÜR GENIESSER
Aktuelle Restaurantkritiken Verführerische
Rezepte zum Nachkochen Raffinierte Küchentips von
Spitzenköchen Objektive Weinverkostungen
Rufen Sie einfach 0222/588 99-56 Dw., und
fordern Sie ein Gratis-Probeheft an!

Konzeption und Redaktion: Christian Grünwald
Food-Fotografie und Cover: Luzia Ellert
Porträtfotos: Manfred Klimek

Ein A LA CARTE-Kochbuch in Zusammenarbeit mit Bank Austria

Inhalt

Vorwort

von Christian Grünwald

Schon einmal versucht, einen Eidotter zu halbieren? Haben Sie viele angeschnittene Zwiebel- und Tomatenhälften, offene Büchsen etc. im Kühlschrank, die wohlverpackt in Alufolie dem unausweichlichen Weg der Verderbnis entgegengehen? Dann heiße ich Sie willkommen im „Club der Kleinköche", die stets für zwei Personen kochen. Das angeschnittene Zeug in Ihrem Kühlschrank entsteht durch den Umstand, daß so gut wie alle konventionellen Kochbücher Rezepte für vier bis sechs Personen beinhalten. Gut, wenn man eine Großfamilie oder eine Freundesrunde zu bewirten hat. Schlecht, wenn man auch in kulinarischer Hinsicht die traute Zweisamkeit pflegt.

Natürlich gibt es vereinzelt Bücher, die sich mit der Zwei-Personen-Küche beschäftigen, aber ein anerkannter Spitzenkoch wie Reinhard Gerer hat sich bisher damit noch nicht auseinandergesetzt. Dabei sind die Anforderungen an den privaten Kleinhaushalt und die feine Restaurantküche gar nicht so verschieden. Schließlich wird ja auch in der Topgastronomie à la minute in kleinen Portionen gekocht. –

Mit dem Unterschied natürlich, daß der Gesamtaufwand viel größer ist

Gute Küche beschränkt sich nicht nur auf aufwendige Kreationen mit sündhaft teuren Zutaten. Gute Küche bedeutet oft einfache Ingredienzen, simpel zubereitet, mit maximaler Wirkung. Gute Nudeln mit einem Sugo, ein perfekt gebratener Fisch oder ein Wiener Schnitzel mit Kartoffelsalat: Standards, die zu Hause leicht nachvollziehbar sind und sich auch auf Reinhard Gerers Speisekarte im Restaurant „Korso" finden. Das ist der Kreuzungspunkt zum Entstehen dieses Buches. Leicht nachvollziehbare Gerichte mit der Reduktion auf das Wesentliche. Manche Rezepte stammen aus der „Korso"-Praxis. Andere sind Traditionsrezepte aus der österreichischen und internationalen Küche, nur eben um den faszinierenden „Gerer"-Kick verfeinert.

Für Reinhard Gerer war es eine Art Rollentausch. Er mußte sich aus der Rolle des Profikochs in die Rolle des Kochamateurs versetzen. Das heißt: keine hilfreichen Hände der flinken „Korso"-Brigade für verwegene Gemüseschnitzereien und ähnliches. Den Arbeitsaufwand möglichst gering halten, weil man ja neben dem Kochen auch noch einem Gelderwerb nachgehen muß. Das heißt aber auch: möglichst wenig Töpfe und Pfannen ankleckern, weil schließlich selbst Küchenstars der Abwasch droht.

Viele Rezepte wurden speziell für dieses Buch völlig neu geschrieben. Nicht nur wegen der kleineren Anzahl von Essern, sondern weil wir auch die Verwendung von Fonds komplett ausgeschlossen haben. – Bei uns tut's auch Suppe. Selbstverständlich sind Fonds in der feinen Profiküche unerläßlich für den letzten Schliff der Sauce. Und wer damit zu Hause kocht, fährt so direkt in den Gourmet-Himmel. Aber Hand aufs Herz: Wie oft haben Sie schon ein nettes Rezept gesehen und dann doch nicht probiert weil Ihnen der Fond fehlte?

Sie werden es ja sehen: Feine Küche ist ganz leicht machbar. Möge Ihnen die Übung gelingen. Und bei aller Liebe zur fast jungfräulichen Schönheit des vorliegenden Buches: Ich wünsche dem Buch in jedem Haushalt nach angemessener Zeit recht viele Flecken. – Gebrauchsspuren sind nach wie vor die schönste Auszeichnung für ein Kochbuch.

Christian Grünwald ist Chefredakteur des österreichischen Gourmetmagazins „A la Carte".

Reinhard Gerers Wirkungsstätte ist mehr als nobel. Das Restaurant „Korso" im Wiener Hotel „Bristol" befindet sich in unmittelbarer Umgebung der Oper. Ein sagenhafter Ort für eine ebensolche Küche. Das luxuriöse Ambiente der Gründerzeit ist kein Handikap für fröhliche Gaumenfreuden aus der Wiener wie auch internationalen Küche: „Das ‚Korso' ist ein Lokal, in dem stets Überraschungen möglich sind, nur keine schlechten." Sein Können vertiefte Gerer unter Eckart Witzigmann und Heinz Winkler im Münchner „Tantris", seit 1984 geht er im „Korso" seinen eigenen Weg. Der Kochstil des gebürtigen Steirers (Jahrgang 1955) ist spontan, witzig, facettenreich. Ein Spiegelbild seiner Persönlichkeit, die nicht auf den Kochberuf alleine zu reduzieren ist. In Österreich ist er ein Star. Medien als tägliches Brot und trotzdem keine Gefahr, daß er sich dabei die Zähne ausbeißt. Weil er alles nicht so gnadenlos ernst nimmt, außer einem vielleicht: „Schmecken muß es."

„Viele sprechen jetzt vom angeblichen Tod der Nouvelle cuisine. In gewisser Form wird sie immer weiterleben. Und Köche wie Gäste sollten sie loben und preisen, denn sie hat uns in finsterer Zeit neue Voraussetzungen geschaffen, aus denen das Vorhandene zu frischem Glanz finden konnte."

„Ganz wichtig in der Spitzenküche: Mitarbeiter, die dich verstehen, sich in dich hineindenken und das Gesagte blitzschnell umsetzen können. Martina, die viel für dieses Buch getan hat, kann das sehr gut."

„Der Gast will vermehrt Dinge, die sich nicht kaufen lassen: zum Beispiel eine Art Naheverhältnis zum Koch. Wenn es nicht in sinnlosem Geschwätz ausartet, ist dieses Persönliche etwas sehr Schönes."

„Streß ist für mich durchaus etwas Positives. Wenn das Adrenalin am Überschwappen ist, stimmt die Konzentration. Das ist dann so, als wenn du einen Jumbo-Jet aus Turbulenzen rausholst."

„Vor 15 Jahren hab' ich mir geschworen, bei der Arbeit immer eine Krawatte zu tragen. Bei großer Hitze hab' ich das schon öfters verflucht."

„Die Medienarbeit wird immer wichtiger. Als Spitzenkoch rückst du auch gesellschaftlich immer mehr in den Mittelpunkt. Fernsehen, Hörfunk, Printmedien, jeder will einen Sager. Allerdings verhält es sich dabei wie beim Würzen: Zu viele Auftritte versalzen dir die Suppe."

„Der Kochberuf ist alles andere als familienfreundlich. Du kommst spät in der Nacht nach Hause, gehst zeitig am Morgen. Gerade deshalb sind Fabian und Berghild in meinem Leben die allerwichtigsten Fundamente."

„Die Wiener Küche ist lebendiger denn je. Sie war ja ein Schmelztiegel vieler Einflüsse, eine fröhliche Kombination vieler deftiger Küchenstile. In den einstigen herrschaftlichen Küchen ist sehr arbeitsaufwendig gekocht worden. – Gänseleber und schwarze Trüffeln sind tatsächlich zum Saufüttern verwendet worden. Diese zu Tode verdickte Wiener Küche brauchte ein neues Selbstbewußtsein der Köche und der Gäste. – Wir haben es gefunden."

„Nach der Hektik hilft am besten ein kühles Glas mit guten Freunden."

„Ich hatte eine tolle Jugend auf dem Land. Jetzt lebe ich seit 20 Jahren in der Großstadt und fühle mich in Wien unheimlich wohl. Doch die ländlichen Wurzeln sterben nicht ab. In der Küche bei der Produktauswahl und auch in der Freizeit: Eine Angelrute kann ich immer noch ganz passabel in einem sauberen Wasser einweichen."

„Ich lache über alles mögliche, auch übers Kochen und mich selber. Sich nicht so gnadenlos wichtig nehmen – das ist wichtig."

Nur vom Feinsten

Sparen Sie, wo Sie wollen. Nur nicht bei der Ausstattung Ihrer Küche. Sonst kaufen Sie in einigen Jahren den ganzen Kram noch einmal.

Jede Wohnung hat eine Küche. Ob man sie nun braucht oder nicht. Mit diesem Buch brauchen Sie eine. Und jede Menge Ausstattung dazu. Aber wieviel Küche braucht der Mensch, wo doch das Wohnzimmer noch auf die gemütliche Ledercouch wartet? Muß es gleich die sündhaft teure Designerküche auf der nach oben hin offenen Preisskala sein? Oder reicht auch ein schrittweise angeschafftes Flickwerk von guten Geräten, um die man nach und nach die Möbel herumbaut? Die Wahrheit liegt in der Mitte. Wer seine Küche vor allem nach ästhetischen Kriterien einrichtet, ausschließlich Kühlschrank und Mikrowelle bedient und auf die Erfindung des tiefgefrorenen Spiegeleis wartet, trage sein Geld zum Küchendesigner. Wer finanziell nicht so gut dasteht und lieber gute Grundprodukte und Weine im ausgesuchten Feinkosthandel kauft, ist mit dem Erwerb von weniger schönen, aber dafür umso effektiveren Küchengeräten bestens beraten. – Man will ja schließlich kochen und nicht nur Eßbares aufwärmen.

Sparen Sie nicht am falschen Platz: Gute Küchengeräte sind eine Anschaffung fürs Leben.

Die Küche als Werkstatt. Sie erfordert perfektes Handwerkszeug und entsprechenden Platz. Die Architekten der typischen Durchschnittswohnung kommen leider erst wieder seit einigen Jahren auf die Idee, der Küche auch den ihr gebührenden Raum zu geben. Jahrzehntelang wurden Küchen irgendwo als schmaler Schlauch eingeplant, jeder Hobbyraum nimmt sich dazu wie ein Turnsaal aus. Glücklich, wer sich überhaupt überlegen kann, den Herd in die Mitte des Raumes zu stellen; für die meisten wird es ewig ein Wunschtraum bleiben. Einen vernünftigen Herd brauchen Sie aber trotzdem. Er ist ohne Zweifel das Herzstück der Küche. Ob dieser mit Strom oder Gas betrieben wird, liegt meistens nicht an einem selbst, sondern an der regionalen Versorgungslage. In jedem Fall sollte er möglichst leistungsstark und mit vier Feuerstellen ausgestattet sein. Gas ist die billigere Energieform, läßt sich blitzartig regulieren, dafür sind Geschirr und Herd viel anfälliger für Verunreinigungen. Strom setzt zuweilen Geschirr mit Spezialböden voraus. Neuartige Blitz- und Schnellkochplatten haben das frühere Manko von der nur zögernd kommenden Hitze schon längst vergessen lassen.

Lösen Sie sich von der Vorstellung, daß Herdplatte und Backrohr eine Einheit bilden müssen. Ein Backrohr mit Sichtfenster auf Augenhöhe ist enorm praktisch. Sie haben damit den Braten unter Kontrolle, ohne sich dauernd bücken zu müssen. Zusätzliches Plus für Familien mit Kleinkindern: Die Verbrennungsgefahr für die vorbeigehenden Junioren reduziert sich dadurch erheblich. Was der Herd sonst noch können soll: Ober- und Unterhitze müssen getrennt reguliert werden können, ein Grill zum Überbacken ist auch nicht schlecht. Extras wie Wecker, programmierte Backzeiten, Selbstreinigung gehören in die Abteilung Mäusekino – hilft nicht viel, schadet nicht. Ob der Braten gar ist, müssen schon Sie selbst und nicht die Automatik entscheiden. Falls Sie schon beim Programmieren eines Videorecorders ernsthafte Bedienungsprobleme haben, wählen Sie auf jeden Fall ein einfaches Modell, sonst brauchen Sie in Ihrer Küche für den Herd einen Maschinisten.

Auf den Herd müssen Sie natürlich auch etwas Vernünftiges draufstellen. Die banal klingende Binsenwahrheit lautet: Wer Spitzenprodukte zu Spitzenleistungen verarbeiten will, braucht Spitzengeräte.

Als minimale Grundausstattung für Ihre Küche brauchen Sie unbedingt: 2 kleine Stielkasserollen mit Deckel, 1 Topf zum Dünsten mit Deckel (Durchmesser mindestens 24 cm), 1 Sauteuse, 1 hohen Kochtopf mit Deckel (3, besser noch 5 Liter Inhalt), 1 Gußeisen-Bratpfanne, 1 Bratpfanne mit Antihaft-Beschichtung, 1 schweren Bräter mit Deckel aus emailliertem Gußeisen. Gute Töpfe kosten einiges Geld. Schlechte Töpfe kosten die Hälfte. Gute Töpfe halten ein Leben lang, in schlechten Töpfen kochen Sie ewig schlecht. Halten Sie ausschließlich nach folgenden Materialien Ausschau: Gußeisen, Edelstahl, Kupfer.

Wer hier am falschen Platz spart, betrügt sich selbst. Im emaillierten Stahlblech mit hübschem Blümchenmuster kann man natürlich auch kochen, aber wundern Sie sich nicht, wenn Ihnen darin alles mögliche anbrennt. Gutes Kochgeschirr (Töpfe, Kasserollen und Pfannen) haben einen schweren, glatt aufliegenden Boden aus Metall, der die Hitze gut aufnimmt, schnell verteilt und lange speichert. Derlei Küchengerät ist natur-

SIEMENS

Unser Backofen mit 3D-Heißluft sorgt für gleichmäßige und fein dosierte Hitze von drei Seiten.

Bei Glaskeramik-Kochfeldern mit Auto-Focus paßt sich die Kochzone automatisch an die Größe des Geschirrs an.
Darunter:
Backöfen mit Pyrolyse reinigen sich selbst.

Die Ankoch-Automatic schaltet nach anfänglich voller Heizleistung automatisch auf die gewünschte Fortkochstufe zurück.

Siemens. Wir gehören zur Familie.

Bei Herden mit Dialog-Electronic sind Schwierigkeiten bei der Bedienung ausgeschlossen.

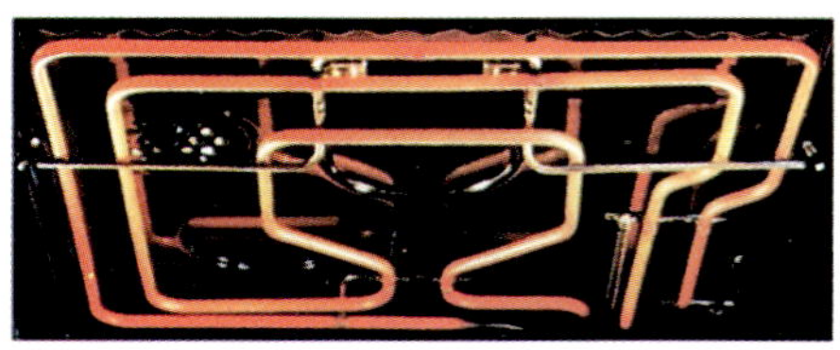

Der VARIO-Groß- und Kleinflächengrill läßt sich auf die Größe des Grillgutes einstellen.

Gut, wenn Sie zum Kochen ein Multitalent haben.

gemäß recht schwer und am Anfang ein wenig gewöhnungsbedürftig, aber nach kurzer Zeit werden Sie mit nichts anderem mehr arbeiten wollen.

Klassische Edelstahlpfannen, wie sie die Profis gerne verwenden, haben ihre Tücken. In ihnen bleibt das Bratgut allzu leicht haften. Eine Alternative dazu sind titanbeschichtete Edelstahlpfannen. In Teflonpfannen bleibt zwar auch nichts kleben, dafür kommt nach einigen Jahren selbst bei sehr guten Produkten der Ärger mit der sich lösenden Beschichtung. Für Palatschinken, Spiegeleier oder Röstis sind sie aber fast unverzichtbar. Um zumindest zwei Koteletts schön anzubraten, brauchen Sie eine schlichte unbeschichtete Gußeisenpfanne, die Sie immer wieder einfetten müssen, weil sie sonst rostet. Wenn Sie von jedem Pfannentyp geich mehrere Größen haben, schadet das natürlich auch nicht. Dafür brauchen Sie nur einen Bräter samt Deckel aus emailliertem Gußeisen. Perfekter können Sie in keinem anderen Gerät braten und schmoren. Nicht herumkommen werden Sie um die Anschaffung eines ordentlich großen Kochtopfes. Sie brauchen ihn, um Nudeln zu kochen oder eine Suppe herzustellen. Kaufen Sie gleich den Basistopf eines Geschirr-Systems. Sie können sich dann im Laufe der Zeit noch viele praktische Details, wie etwa ein Feinbrühsieb, einen speziellen Nudeleinsatz oder einen Dünsteinsatz, kaufen. Weitere sinnvolle Ergänzungen wären Spezialtöpfe und Pfannen für Fisch. Sie sind nicht gerade billig und machen nur dann Sinn, wenn man tatsächlich sehr viel Fisch ißt.

So wie gutes Geschirr sind auch gute Messer teuer. Dafür sind sie eine Anschaffung fürs Leben. Man erkennt sie daran, daß der Stahl der Klinge bis zum Ende des Griffes durchgearbeitet ist. Ob der Griff aus Plastik, Holz oder Metall ist, hängt vom persönlichen Geschmack ab. Für Töpfe und Messer gilt gleichermaßen: Lieber zwei Nummern zu groß als eine Nummer zu klein. Ein Messer allein ist natürlich zuwenig. Sie brauchen zumindest

- 1 Kochmesser mit zumindest 20 cm Klingenlänge. Es ist sozusagen der Universalschneider für alles Gemüse, eignet sich aber auch gut für Fleisch und zum Tranchieren von Geflügel.
- 1 Officemesser. Gemeinhin sagt man Gemüseputzer dazu. Vorsicht: Nur Qualitätsprodukte bleiben auch wirklich lange scharf!
- 1 Filetmesser. Zum mühelosen Schneiden von hauchdünnen Fisch- und Fleischtranchen.
- 1 Wellenschliffmesser. Für Brot, Schinken, aber auch für weiche Gemüse und Früchte.
- 1 Kräuterwiege. So hacken Sie bequem und perfekt Kräuter. Wird mit ein oder zwei Klingen angeboten.

Für Töpfe und Messer gilt: Lieber zwei Nummern zu groß als eine Nummer zu klein.

Daß Sie Ihre Messer pflegen und ehren, sprich regelmäßig schleifen, ist in Anbetracht des Anschaffungspreises ohnehin eine

Auch wenn Holzbretter schöner sind: Plastik ist wesentlich hygienischer.

Selbstverständlichkeit. Weitere Anschaffungen auf diesem Sektor hängen von Ihren persönlichen Bedürfnissen ab. Wer viel Lachs oder Käse ißt, wird sich das entsprechende Gerät kaufen. Wer wellenförmig geschnittenes Gemüse mag, wird am Erwerb eines Chartreusemessers nicht vorbeikommen.

Zum Schneiden gehören natürlich vernünftige Schneidbretter. Am schönsten sind natürlich die aus Holz. Praktischer sind die aus Plastik, weil sie die Messer schonen und sich absolut geruchsfrei abwaschen lassen. Ganz wichtig zum hygienischen Verarbeiten von Fisch und Geflügel (Salmonellen!).

Mit einem kleinen Mörser oder einer Mini-Gußeisenpfanne können Sie auf einem solchen Brett perfekt ganze Pfefferkörner zerkleinern. Schmeckt ebenso interessant wie der feinzerriebene Pfeffer aus der Mühle. Letztere brauchen Sie natürlich auch. Achten Sie darauf, daß Sie ein Mahlwerk von Peugeot kaufen. Die halten am längsten. Monstergeräte wie einen Schnitzelklopfer lassen Sie am besten gar nicht in Ihren Haushalt. Das ruiniert nur das Fleisch. Viel besser klopfen Sie das von Klarsichtfolie umhüllte Schnitzel mit der oben erwähnten Pfanne.

Eine vernünftige Kartoffelpresse werden Sie nach dem ersten Gebrauch sofort zu schätzen wissen. – Leichter und besser kann man Kartoffeln und auch gekochtes Gemüse nicht pürieren. Eine Raspel, die auch einen Schneideeinsatz hat, erleichtert das Zerkleinern vieler Produkte ungemein. Reflektieren Sie auch dabei nicht auf Billigprodukte: Sie fordern viel mehr Krafteinsatz, sind umständlich zu putzen und bald stumpf. Mit einer solchen Reibe können Sie auch Parmesan bearbeiten. Natürlich gibt es für diesen Zweck auch eigene Geräte.

Andere Kochutensilien sind ohnehin selbstverständlich: Kochlöffel (am besten aus Holz und Kunststoff), Schöpflöffel in mehreren Größen, Backschaufeln (bitte nicht aus Metall, ruiniert nur die Pfannen), Schneebesen und natürlich Siebe in verschiedenen Größen. Mit Dingen wie Knoblauchpresse und Küchenschere wollen wir uns hier nicht aufhalten. Praktisch ist eine sogenannte Flotte Lotte, mit der das Passieren von Pürees, Suppen und Saucen ganz leicht von der Hand geht. Das geht auch mit einem elektrischen Stabmixer, den Sie am besten mit einem Akku kaufen, um sich das lästige Hantieren mit dem Kabel zu ersparen. Der Schritt zu den elektrischen Universalküchenhelfern ist dann nicht mehr weit.

Viele Dinge kaufen Sie ohnehin, wenn es soweit ist. Falls Sie sich zum Beispiel in den Kopf setzen, Soufflé zu machen, lassen sich die Formen rasch besorgen, um dann für lange Zeit wieder im Küchenkasten zu verstauben. Und wenn Sie viel Spaghetti kochen, dann werden Sie bald das entsprechende Spezialwerkzeug besitzen.

GGK
eorie.
ACHTUNG

Das feine Geheimnis des guten Backens.
Feines Backwerk braucht feinste Zutaten. Fini's Feinstes Weizenmehl enthält den Weizenkeim mit seinen wertvollen Bestandteilen und außerdem gelingen alle Speisen einfach wunderbar.
Der neue "Wiener Backzucker" eignet sich speziell für feinste österreichische Mehlspeisen. Den Unterschied merken Sie beim Backen.
Fini's Feinstes
Weizenmehl
WIENER ZUCKER
Fini's Feinstes
WEIZENMEHL
mit Weizenkeimen
WIENER ZUCKER
BACKZUCKER
Extrafein
FEINSTER ZUCKER
FÜR FEINSTE MEHLSPEISEN
ORIGINALABFÜLLUNG
AGRAN

Eiserne Vorräte

Frische Zutaten, täglich eingekauft, machen das Kochen natürlich am leichtesten. Doch leider: Oft fehlt ganz einfach die Zeit für Besorgungen. Eine gute Vorratshaltung ist daher ein wichtiger Bestandteil für die Ausstattung jeder guten Küche.

Der große Wocheneinkauf

Die folgenden Nahrungsmittel sollten Sie immer zu Hause haben und gegebenenfalls beim großen Wocheneinkauf ergänzen.

- Zwiebel (eventuell auch Schalotten), Knoblauch, mehlige und festkochende Kartoffeln halten sich über Wochen, wenn man die wichtigsten Gesichtspunkte für deren Lagerung berücksichtigt: dunkel, trocken, kühl – nie in luftdichten Plastiksäcken aufheben. Ebenfalls empfehlenswert: Hartgemüse, das sich länger hält – Karotten, gelbe Rüben, Kohlrabi, Sellerie.
- Frische Landeier – so geht sich zumindest eine Eierspeise aus. Eier im Kühlschrank aufbewahren.
- Butter, Butterschmalz und Pflanzenfett
- Öl und Essig: Olivenöl, steirisches Kürbiskernöl, geschmacksneutrales Pflanzenfett zum Braten. Weinessig, Balsamessig (Aceto Balsamico), eventuell Sherryessig. Öl und Essig stets lichtgeschützt lagern. Sollten die Flaschen aus hellem Glas bestehen, immer in eine Folie einwickeln!

Konserven

- Tomatenmark, am leichtesten aus der Tube zu portionieren.
- Geschälte Tomaten in verschiedenen Dosengrößen
- Sardellen (in möglichst gutem Öl eingelegt)
- Thunfisch (ebenfalls in gutem Öl)
- Kleine Kapern im Glas
- Schwarze und grüne Oliven
- Verschiedene Senfsorten von süß bis scharf. Meine Empfehlung: Dijon-Senf, ein grobkörniger Rotisseur-Senf, scharfes englisches Senfpulver.
- Ketchup (für Saucen oder auch einfach nur zum Tunken)
- Mayonnaise aus dem Glas oder der Tube. Kaufen Sie eine fettreiche Sorte, sie hält länger und schmeckt besser.
- Essiggurken
- Kochschokolade
- Weiße Bohnen in der Dose
- Honig

Gewürze

- Folgende Gewürze haben auch im getrockneten Zustand eine beachtliche Würzkraft (falls Sie aber frische Ware bekommen sollten – kaufen!): Anis, Bohnenkraut, Cayennepfeffer, Curry, Dill, Estragon, Kümmel (ganz und gemahlen), Lorbeerblatt, Majoran, Meersalz, Muskat, Nelken, edelsüßes Paprikapulver, weiße und schwarze Pfefferkörner, Piment, Rosmarin, Safran, Salbei, Thymian, Wacholderbeeren, Vanilleschoten, Zimt.
- 1 Glas Tabasco
- 1 Flasche Worcestersauce

Trockenvorräte

- Verschiedenste Teigwaren, Reis (Rundkornreis, Risottoreis, Wilder Reis), Mehl (glatt und griffig), Grieß, Dinkelflocken, Zucker, Weißbrotbrösel, gekörnte Brühe (Rind, Huhn und Gemüse).

Milchprodukte

- Haltbarmilch und Obers (Sahne)
- Kondensmilch
- Sauerrahm
- Joghurt
- Topfen (Quark)
- Hartkäse zum Reiben (z. B. Parmesan, Bergkäse)

Tiefkühlware

- Erbsen
- Passierter Spinat
- Fischfilets (und warum nicht auch Fischstäbchen)
- Vanilleeis
- Verschiedene Beerensorten
- Strudel- und Blätterteig
- Brot und Gebäck (wenn überraschend Gäste kommen)

Und natürlich sollte stets portionsweise eingefrorener, selbst hergesteller Fond und Suppe im Tiefkühler vorhanden sein.

BEACH FLOWER
BackMit
HAUSGEMACHT
SCHMECKT'S
BESSER
BEACH FLOWER
BackMit
Kandierte Früchte
BACKMISCHUNG
GEWÜRFELT
BEACH FLOWER
BackMit
Mohn
gemahlen
BEACH FLOWER
BackMit
Fertige
WALNUSSFÜLLE
MILCH DAZU – ZUBEREITET IN
20 SEKUNDEN

Do & Don't

Eine subjektive In- und Out-Liste für die perfekte Küchenarbeit

+	−
Pfeffer immer frisch mit der Mühle mahlen.	*Geriebener Pfeffer hat schon viel von seinem Aroma eingebüßt und hat in der guten Küche nichts verloren. Er eignet sich eher als Niespulver.*
Warme Speisen immer auf heißen Tellern servieren. So bleibt das Essen warm, und Sie können sich ein wenig mehr Zeit beim Anrichten gönnen. – Teller einfach für 5–10 Minuten in das heiße Backrohr stellen.	*Auf kalten Tellern kühlt alles viel schneller aus. Besonders langsame Esser haben dadurch schon bei der Hälfte der Mahlzeit nichts Warmes mehr auf dem Teller.*
Kalte Vorspeisen auf kalten Tellern servieren. Nur so bleibt zum Beispiel ein Carpaccio wirklich erfrischend kühl. – Teller für ca. 10 Minuten in das Eisfach des Kühlschranks stellen.	*Ohne gekühlten Teller verlieren kühle Vorspeisen ihren erfrischenden Charakter. Besonders im Sommer ein ganz wichtiges Kriterium.*
Eine gute Basis für Saucen sind selbstverständlich Fonds. In diesem Buch haben wir darauf bewußt verzichtet. Schließlich handelt es sich ja um „schnelle Küche" für zwei Personen. Eine gute, selbstgemachte Rindsuppe wird Ihnen als Basis für Saucen sehr dienlich sein. Sie können Rindsuppe portionsweise in kleinen Bechern oder Eiswürfelbehältern problemlos einfrieren.	*Die Industrie bietet auch gute Instantprodukte an. Für den Notfall greifen Sie ruhig darauf zurück. Für die anspruchsvolle Küche sollte dies aber nicht unbedingt zur Gewohnheit werden.*
Fleisch immer rechtzeitig vor dem Braten aus dem Kühlschrank nehmen. Wenn es temperiert ist, bekommt es schon beim Anbraten eine viel schönere Kruste und schmeckt auch insgesamt besser.	*Achten Sie darauf, daß das rohe Steak nicht direkt aus dem Kühlschrank in die Pfanne wandert. Dies beeinträchtigt auch wesentlich die Garzeit.*
Immer mit frischen Kräutern kochen. Das ist eines der Grundgeheimnisse der feinen Küche.	*Manche getrocknete Kräuter sind durchaus empfehlenswert: Majoran, Lorbeerblatt, Rosmarin.*
Saucen, die Sie mit kalter Butter montieren, sollten danach nicht mehr kochen. Sie gerinnen dadurch.	*Falls die Sauce doch gerinnt, durch kurzes Aufmixen mit dem Stabmixer wieder die Bindung herstellen.*
So banal es klingt: Achten Sie beim Einkauf auf Topqualität und besonders bei Fleisch, Geflügel und Eiern auf natürliche Aufzuchtprinzipien. Es gibt nichts Schöneres, als zu wissen, woher die Lebensmittel stammen.	*Qualität hat nicht nur ihren Preis, sondern bringt mitunter auch etwas längere Wegstrecken mit sich. Beides macht sich jedoch bezahlt, wenn Sie bei vertrauenswürdigen Händlern oder Produzenten einkaufen.*
Speziell wenn Sie eine nicht so große Küchenerfahrung besitzen, halten Sie sich bitte möglichst detailliert an die Rezepturen. Viele klassische Zubereitungsprinzipien sind praktisch unumstößlich. Speziell bei Desserts können Experimente fürchterlich ins Auge gehen.	*Variationen sind selbstverständlich erlaubt. Ob Sie Fleisch ganz durchbraten oder nicht, eine Beilage austauschen oder wie Sie beispielsweise würzen, hängt von Ihrem Geschmack ab. Im Idealfall trägt Ihre Küche stets eine individuelle Handschrift.*

Treffpunkt für Genießer

Form 2000 LR 280 blütenweiß

Die Küche ist der Mittelpunkt der Wohnung, Ausdruck individuellen Lebensstils, der Geselligkeit und des Genießens.

Schön, wenn es eine Poggenpohl ist. Mit zeitlos elegantem Design und einer Top-Qualität in traditionell handwerklicher Verarbeitung für ein langes Küchenleben. Da sieht man die über 100jährige Erfahrung!

Die perfekten Funktionen, die sorgfältig geplanten Arbeitsabläufe und die Berücksichtigung ergonomischer Faktoren machen so eine Küche zum Vergnügen.

Sie wird mit viel Kreativität von Ihrem Poggenpohl-Fachhändler geplant und in Ihren Küchenraum eingebaut, individuell und ganz nach Ihren Vorstellungen. Die Möglichkeiten sind fast unbegrenzt.

Wir schicken Ihnen gern Informationen.

poggen pohl®

Die Küche Ihres Lebens.

Poggenpohl Design
Küchen und Bäder
Schottenring 18 (bei der Börse)
1010 Wien
Tel. 535 1232 · Fax. 535 123222

Gerers Küchen-Glossar

Schön, daß auch viele Feinschmecker aus Deutschland, der Schweiz und Liechtenstein der österreichischen Küche allerlei schmackhafte Aspekte abgewinnen können. Manchmal allerdings steht dem ungetrübten Genuß eine kleine Sprachbarriere gegenüber, die hiermit behoben werden soll.

Beiried
Roastbeef

Blunzen
Blutwurst

Brösel
Paniermehl. Geriebenes Brot, wie es auch für Panade verwendet wird.

Dotter
Eigelb

Einbrenn
Mehlschwitze

Erdäpfel
Kartoffeln

Faschiertes
Hackfleisch. Besteht in Österreich üblicherweise aus $^{2}/_{3}$ Schweinefleisch und $^{1}/_{3}$ Kalbfleisch. Faschieren = durch den Fleischwolf drehen.

Fisolen
Grüne Gartenbohnen

Fleckerln
Kleine viereckige Nudelstücke

Germ
Hefe

Heidelbeeren
Blaubeeren

Karfiol
Blumenkohl

Karotte
Mohrrübenart, Goldrübe

Kipfler
Die beste festkochende Kartoffelsorte für den idealen Kartoffelsalat

Knödel
Klöße

Kohl
Wirsing

Kohlsprossen
Rosenkohl

Kraut
Rotkohl oder Weißkohl

Kren
Meerrettich

Laibchen
Kleine Laibe, Klopse

Marille
Aprikose

Marmelade
Konfitüre

Melanzani
Auberginen

Die in diesem Buch verwendeten Abkürzungen/Mengen:

EL	=	Eßlöffel
(wenn nicht anders angegeben ein mäßig gehäufter)		
1 EL Zucker	=	ca. 35 g
1 EL Butter	=	ca. 25 g
1 EL Öl	=	ca. 20 g
1 EL Mehl	=	ca. 20 g
TL	=	Teelöffel
1 TL Zucker	=	ca. 15 g
Msp.	=	Messerspitze

Nockerln
Spätzle bzw. kleine ovale Klöße

Obers
Schlagsahne oder Schlagrahm

Palatschinken
Hauchdünne, süß oder pikant gefüllte Pfannkuchen

Rote Rübe
Rote Bete

Röhrlsalat
Salat aus jungen Löwenzahnblättern

Sauerkraut
Sauerkohl

Sauerrahm
Stichfeste saure Sahne mit 15% Fettgehalt

Schmalz
Ausgelassenes Schweinefett

Schwammerl
Speisepilz

Semmel
Brötchen

Staubzucker
Puderzucker

Topfen
Quark

Vogerlsalat
Rapunzel, Feldsalat

Zwetschke
Pflaume

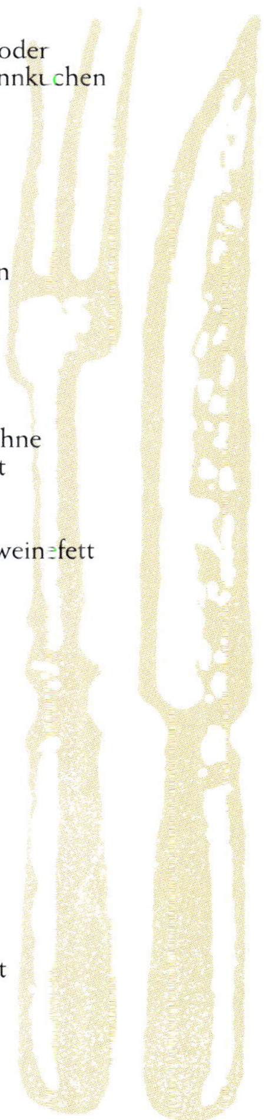

Wer sagt da noch, daß Kochen oder Einkaufen viel Mühe macht? Mit diesen Rezepten können Sie in Windeseile kleine Köstlichkeiten zaubern. – Vorausgesetzt, Sie achten beim wöchentlichen Einkauf auf die Auffüllung Ihrer Vorräte für die folgenden Gerichte.

Schnell und gut

Brot

lagern Sie am besten in einem Jutesack in der Brotlade oder in einem Baumwolltuch. Zur Not geht es auch, wenn Sie die Anschnittfläche mit Alufolie abdecken. Keinesfalls gehört Brot in einen Plastiksack, wo es innerhalb kürzester Zeit zu schimmeln beginnt. Ganz frisches Brot eignet sich gut zum Einfrieren: Dafür das Brot fest mit Alufolie umhüllen und vor dem Auftauen auspacken. Und aus altem Brot machen Sie am besten eine Brotsuppe (Rezept nebenstehend).

Eier

Ob Eier frisch sind, können Sie auf drei Arten feststellen: 1. Durch Schütteln: Ganz frische Eier haben an ihrem abgerundeten Ende praktisch keinen Luftpolster. Dieser nimmt mit jedem Tag zu, wodurch man beim Schütteln von alten Eiern dumpfe Laute hören kann. 2. Im Wasser geht ein frisches Ei sofort unter. Ein etwa zehn Tage altes schwimmt an der Oberfläche. 3. Beim Aufschlagen muß das Eiweiß eine dicke Schicht über dem Dotter bilden. Rinnt es auseinander, ist es alt. Lagern Sie Eier maximal zwei Wochen im Kühlschrank. Eier nehmen leicht Fremdgerüche an, weshalb sie nie neben Zwiebeln oder Knoblauch aufbewahrt werden sollten.

Eier kochen

dauert je nach Größe unterschiedlich lange. Probieren Sie es mit folgenden Richtzeiten: 3–4 Minuten für ein weiches Ei, 6–7 Minuten für ein wachsweiches Ei, etwa 10 Minuten für ein hartes Ei. Legen Sie Eier aus dem Kühlschrank nie direkt in das kochende Wasser – sie springen fast garantiert auf. Entweder die Eier auf Zimmertemperatur bringen oder an der Breitseite mit einer Nadel anstechen.

Mehl

Griffiges Mehl verwenden Sie für alles, was flaumig werden soll: Mürb- und Biskuitteig, Bäckereien, aber auch für Knödel oder Nockerln. Glattes Mehl brauchen Sie für Strudelteig. Und gemischtes Mehl ist ideal für Germ- oder Brandteig.

Nudeln „al dente"

Zum Nudelkochen brauchen Sie vor allem einmal viel gesalzenes Wasser: pro 100 g Nudeln einen Liter Wasser. Die richtige Kochzeit ist dann reine Gefühlssache. Die auf der Packung angegebenen Werte sind maximal ein Ansatzpunkt. Deshalb während des Kochens immer wieder probieren. Perfekte Nudeln haben im Idealfall noch Biß und in der Mitte einen weißen Punkt. „Al dente" sind Spaghetti, wenn sie – unmittelbar aus dem Wasser genommen – noch eine Spur zu hart sind. Nudeln ziehen nämlich noch nach. Nur getrocknete Pasta kann „al dente" sein. Frischgemachte Nudeln sind immer weich. Falls Sie Nudeln für einen Auflauf kochen, verringern Sie die Nudelgarzeit um ein Drittel, sonst wird der Auflauf völlig klumpig.

Perfekte Spiegeleier

Eier in aufgeschäumte Butter schlagen und bei kleiner Hitze ca. 4 Minuten braten. Dann zugedeckt weitere 2–3 Minuten garen, damit auch die Oberfläche des Dotters warm wird. Spiegeleier erst bei Tisch salzen, weil sie sonst den Glanz verlieren.

Tomaten

Im Sommer, wenn die heimischen Tomaten wirklich sonnengereift sind, unbedingt frische Ware verwenden. Ansonsten tun es auch die in Dosen eingelegten Pelati-Tomaten, die geschmacklich der Treibhausware überlegen sind. Tomaten, wenn möglich, nicht im Kühlschrank lagern, weil sie sonst dramatisch an Geschmack verlieren.

Eine klassische österreichische Suppenspezialität, die sich ideal für die Verwendung von Brotresten eignet. Sie können auch auf den Sauerrahm verzichten oder die Suppe mit einem versprudelten Ei ergänzen.

Brotsuppe

Zutaten für 2 Personen:

3 Scheiben Schwarzbrot
1/2 Zwiebel
1 EL Butter
3 EL Sauerrahm
1 Zehe Knoblauch
0,5 l Rindsuppe
1 Prise Kümmel, ganz
2 Zweige Petersilie
Olivenöl
Salz, Pfeffer

Mein Tip: *Sauerrahm unbedingt sorgfältig mit der Suppe glattrühren, ansonsten entstehen häßliche weiße Flocken. Das gilt auch für die Zubereitung von Gulasch oder wenn Sie eine Sauce binden wollen.*

20 Minuten
leicht

1 Zwiebel und Knoblauch schälen und fein schneiden. Petersilie hacken. Ein Stück Brot entrinden und in kleine Würfel schneiden.

2 In einer Pfanne etwas Olivenöl erhitzen und darin die Brotwürfel knusprig rösten. Auf Küchenkrepp abtropfen lassen.

3 In einem kleinen Topf etwas Butter aufschäumen. Zwiebel anschwitzen, ohne dabei Farbe nehmen zu lassen. Knoblauch beigeben, einmal aufwallen lassen und mit der Suppe aufgießen. Kümmel beigeben und aufkochen. Die beiden Brotscheiben in grobe Stücke schneiden, in die Suppe geben und mit einem Schneebesen verrühren.

4 Den Sauerrahm mit etwas Suppe glattrühren, in die Suppe einrühren und mit Salz und Pfeffer abschmecken. In heißen Suppentellern anrichten. Mit Petersilie und gerösteten Brotwürfeln bestreuen und servieren.

Tomatensuppe mit weißen Zwiebeln

Gartenfrische Tomaten und Zwiebeln verleihen dieser Suppe ihr besonderes Aroma. Verwenden Sie dazu weiße Zwiebeln, die einen besonders feinen Geschmack haben.

1 Zwiebel fein schneiden. Tomaten in kochendem Wasser blanchieren, in Eiswasser abschrecken. Haut abziehen, halbieren. Strünke und Kerne entfernen. Ein Drittel des Fruchtfleisches in kleine Würfel schneiden und als Einlage aufheben.

2 In einem Topf etwas Butter aufschäumen. Zwiebel darin anschwitzen. Tomatenfleisch und Tomatenmark dazugeben, kurz durchrösten. Mit Weißwein ablöschen und mit Rindsuppe aufgießen. Lorbeerblatt dazugeben und bei kleiner Flamme ca. 12 Minuten köcheln lassen.

3 Lorbeerblatt entfernen, im Standmixer pürieren, abschmecken. Mit etwas geschlagenem Obers verfeinern und mit den Tomatenwürfeln als Einlage servieren.

Zutaten für 2 Personen:

1 weiße Zwiebel
2–3 Tomaten
1 TL Tomatenmark
0,3 l Rindsuppe
1 Schuß Weißwein
1 Lorbeerblatt
2 EL Butter
5 EL Obers (Sahne)
Salz, Pfeffer

Mein Tip: *Je vollreifer die Tomaten, um so besser wird die Suppe. Außerhalb der Saison oder wenn es ganz schnell gehen soll funktioniert das Rezept auch mit Dosentomaten. Als zusätzliche Einlage können Sie noch ein wachsweich gekochtes Wachtelei beigeben. – Und mit frischem Basilikum den Geschmack verfeinern.*

15 Minuten
leicht

Bandnudeln mit Basilikum und Tomaten

Ein Klassiker aus der italienischen Küche und von Kindern wie Erwachsenen heiß geliebt. Der Arbeitsaufwand dafür ist minimal. Mit einem Schuß gutem Olivenöl bekommt das Gericht zusätzliche Eleganz.

Zutaten für 2 Personen:

100 g getrocknete Bandnudeln oder
200 g frische Nudeln
1 Bund Basilikum
3 reife Tomaten
1 EL Butter
1 Prise Zucker
Olivenöl
3 EL Tomatensaft
1 EL geriebener Parmesan
Salz, Pfeffer

1 Tomaten in kochendem Wasser blanchieren, in Eiswasser abschrecken. Haut abziehen, halbieren, entkernen, Fruchtfleisch in Würfel schneiden. Knoblauch schälen, in feine Streifen schneiden.

2 Gekaufte fertige Nudeln in reichlich gut gesalzenem Wasser nach Packungsanleitung zubereiten. Abseihen, eventuell kalt abschwemmen.

3 Etwas Butter aufschäumen. Tomatenwürfel beigeben. Mit Salz, Pfeffer würzen, mit Tomatensaft aufgießen, etwas einkochen. Basilikum in feine Streifen schneiden und in die Sauce geben. Mit etwas Zucker abschmecken.

4 Gekochte Nudeln in der Sauce schwenken. Auf heißen Tellern anrichten. Mit frischem Parmesan bestreut servieren.

20 Minuten
leicht

Mein Tip: *Statt frischer Tomaten kann man auch geschälte Tomaten aus der Dose verwenden.*

Für Nudelliebhaber, die gerne ein molliges Sugo haben. Mit feingeschnittenen Räucherlachsstreifen können Sie Spaghetti zusätzlich aufmotzen.

Spaghetti in Lauch

Zutaten für 2 Personen:
120 g gekaufte Spaghetti
oder 200 g frische Nudeln
Für die Sauce: 1 Stange Lauch
ca. 1/8 l Obers (Sahne)
2 EL Butter
1 EL frisch geriebener Parmesan
Salz, Pfeffer

1 Lauch der Länge nach halbieren. Waschen, trockentupfen. Das Weiße vom Lauch in feine Streifen schneiden.

2 In einer Pfanne etwas Butter aufschäumen. Lauch darin andünsten, mit Obers aufgießen und aufkochen. Mit Salz, Pfeffer abschmecken. Bei kleiner Flamme sämig einkochen.

3 Währenddessen Nudeln in reichlich Salzwasser „al dente" kochen. Abseihen und abtropfen lassen. In der Sauce schwenken. Mit geriebenem Parmesan bestreut servieren.

25 Minuten
leicht

Römische Gnocchi

In kleine Stücke geschnittene Gnocchi sind auch ideale Häppchen zum Aperitif.

Zutaten für 2 Personen:

1/4 l Milch
60 g Grieß
2 Eidotter
2 EL frisch geriebener Parmesan
1 EL Butter
Salz, Muskat

30 Minuten
leicht

Mein Tip: *Sie können die Gnocchi schon am Vortag zubereiten oder sich einen entsprechenden Vorrat für die Tiefkühltruhe anfertigen.*

1 Milch mit Butter, Salz und einer Prise Muskat aufkochen. Grieß langsam einlaufen lassen. Gut umrühren und etwa 5 Minuten kochen.

2 Vom Feuer nehmen. Eidotter einrühren. Teig auf ein befeuchtetes Backblech etwa 1 cm dick auftragen. Erkalten lassen.

3 Backofengriller auf 230 Grad vorheizen. Feuerfestes Geschirr mit etwas Butter ausstreichen. Aus der Teigmasse Rechtecke schneiden. In die Form legen, mit Parmesan bestreuen und gratinieren.

Ein typisches Rezept der Kategorie „Resteverwertung" aus dem westlichen Österreich. Statt Bergkäse können Sie auch jeden anderen würzigen Hartkäse nehmen.

Kasknödel

1 Kartoffel kochen, schälen und fein raspeln. Semmeln in Würfel schneiden. In etwas Milch einweichen und gut ausdrücken. – Die Semmeln sollen nicht komplett durchweicht sein!

2 Käse kleinwürfelig schneiden. Semmeln, Mehl, Ei und Weißbrotbrösel gut vermischen. Mit Salz und Muskat würzen. Masse etwa 1/2 Stunde rasten lassen. Reichlich Öl auf 160 Grad erhitzen.

3 Bergkäse, Kartoffel und gehackte Petersilie unter die Masse mischen und abschmecken. Knödel formen und im Fett schwimmend goldgelb backen. Zuerst immer einen Probeknödel machen: Wenn der Knödel zu weich ist, Brösel oder Mehl beimengen. Ist der Knödel zu fest, mit etwas Milch auflockern.

4 Gebackene Kasknödel auf Küchenkrepp abtropfen lassen.
Als Suppeneinlage oder mit Salat als Hauptspeise servieren.

Zutaten für 2 Personen:

3 Semmeln
Milch zum Einweichen
1 EL Weißbrotbrösel
2 EL Mehl
50–80 g Bergkäse (oder Appenzeller)
1 größere mehlig kochende Kartoffel
1 Ei
1 EL frisch gehackte Petersilie
Öl zum Backen
Salz, Muskat

45 Minuten
leicht

Gebackene Käsekrapfen

Ein deftiges Essen für kühle Tage. Wirkliche Käseliebhaber verwenden noch mehr Käse und mischen einen Löffel alten Parmesan unter die Masse.

Zutaten für 2 Personen:

- 1/8 l Milch
- 2 Eier
- 80 g Mehl
- 35 g Butter
- 50 g Gruyère-Käse
- 1 EL Mandelsplitter
- Öl zum Backen
- Salz, Pfeffer, Muskat

1 Für den Brandteig Milch, Butter und Salz zum Kochen bringen. Mehl dazugeben und mit einem Kochlöffel glattrühren. Auf dem Feuer so lange weiterrühren, bis sich die Masse vom Geschirr löst. Masse etwas abkühlen lassen. Nach und nach die Eier einarbeiten.

2 Käse fein reiben. Mandelsplitter in wenig Fett goldgelb rösten. Brandteig mit Mandelsplittern und Käse verrühren. Mit Muskat und Pfeffer würzen. In einer Pfanne reichlich Öl auf 170 Grad erhitzen

3 Mit Hilfe von 2 Löffeln, die vorher in heißes Wasser getaucht wurden, gleichmäßige Nockerln formen. Diese „Krapferln" in Öl schwimmend goldgelb und knusprig backen.

4 Mit Küchenkrepp trockentupfen. Mit Tomatensauce und Blattsalat servieren.

45 Minuten
aufwendig

Ein schnell gemachter, typisch italienischer Snack, zu dem Sie auch geviertelte Tomaten und kleingeschnittene rote Zwiebeln reichen können.

Mozzarella in Carrozza

1 Ei, Eidotter und Milch verquirlen. Mit Salz, Pfeffer und Cayennepfeffer würzen.

2 Toastbrot diagonal halbieren. Mozzarella in Scheiben schneiden. Jeweils eine Scheibe zwischen zwei Toasthälften legen.

3 Gefüllte Toastecken in die Eiermilch legen. Beidseitig vollsaugen lassen. Basilikumblätter fein schneiden. Mit Essig, Öl, Salz, Pfeffer marinieren.

4 Butterschmalz in einer Pfanne erhitzen. Die beiden Toastecken beidseitig goldbraun herausbacken.

5 Toasts mit mariniertem Basilikum servieren.

Zutaten für 2 Personen:
- 1 Ei
- 1 Eidotter
- 3–5 EL Milch
- 2 Scheiben Toastbrot
- Butterschmalz zum Backen
- 1 Msp. Cayennepfeffer
- 100 g Mozzarella
- 1 Bund Basilikum
- 1 Prise Muskat
- Salz, Pfeffer

20 Minuten
leicht

Gebackener Sellerie mit Sauce tartare

Wenn Sie Erfahrung mit der Herstellung selbstgemachter Mayonnaise haben, fertigen Sie die Sauce tartare selbst an. Als Alternative gibt es aber auch fertige Mayonnaise oder Sauce tartare zu kaufen.

Zutaten für 2 Personen:
1 Knolle Sellerie
Saft von einer 1/2 Zitrone
Mehl, Ei, Weißbrotbrösel zum Panieren
1 kleiner Bund Petersilie
Öl
Sauce tartare: 50 g Mayonnaise
2 Essiggurkerln
1 EL Kapern
1 EL frisch gehackte Petersilie
2 EL Sauerrahm
ev. 1 Zehe Knoblauch
Salz, Pfeffer

30 Minuten
leicht

1 Essiggurkerln und Kapern fein hacken. Alle Zutaten für die Sauce tartare verrühren, mit Gurkerlessig pikant abschmecken. Kalt stellen.

2 Sellerie schälen, in 2 cm dicke Scheiben schneiden. In kochendem Salzwasser ca. 3 Minuten blanchieren (Sellerie sollte noch einen leichten Biß haben). Mit kaltem Wasser abschrecken, mit Küchenkrepp trockentupfen.

3 Petersilienblätter abzupfen, mit Mehl bestauben, in Fett fritieren. Auf Küchenkrepp abtropfen lassen.

4 Sellerie mit Salz, Pfeffer und Zitronensaft würzen. In Mehl, versprudeltem Ei und Weißbrotbröseln panieren. In heißem Fett schwimmend herausbacken.

5 Sellerie mit Petersilienblättern servieren. Sauce tartare in einer Sauciere extra reichen.

Mein Tip: *Auch Gemüse wie Zucchini, Champignons, Zwiebelringe oder gekochte Karfiolrosen eignen sich hervorragend zum Backen.*

Kartoffelgulasch mit Speck

Wer ohnehin viel Fleisch ißt, kann den Speck auch weglassen. In diesem Fall kochen Sie nur eine Speckschwarte mit, um trotzdem den typischen Geschmack zu erzielen.

Zutaten für 2 Personen:

500 g mehlige Kartoffeln
80 g Bauchspeck
80 g dürre Wurst
2 Zwiebeln
2 Zehen Knoblauch
1 EL edelsüßes Paprikapulver
1/2 l milde Rindsuppe
1 Schuß Essig
1 EL Schweineschmalz
1 Lorbeerblatt
1 EL Sauerrahm
Salz, Pfeffer
getrockneter Majoran
1 Prise gemahlener Kümmel

60 Minuten
leicht

Mein Tip: *Paprikapulver nie ins heiße Fett geben oder gar mitrösten, weil sich sonst bittere Geschmacksnoten entwickeln.*

1 Kartoffeln schälen und in 3 cm große Würfel schneiden. Zwiebeln, Knoblauch schälen, kleinschneiden. Speck in Streifen, Wurst in Scheiben schneiden.

2 In einem geräumigen Topf Schmalz erhitzen. Zwiebeln goldgelb rösten. Knoblauch, Speck beigeben, durchrösten. Von der Flamme nehmen, ein wenig abkühlen lassen. Paprikapulver einrühren, Essig dazu, kurz ziehen lassen und mit Rindsuppe auffüllen. Mit Lorbeerblatt, Majoran, Kümmel, Salz, Pfeffer würzen. Kartoffeln beigeben, aufkochen und bei mittlerer Hitze weich kochen (dauert ca. 30 Minuten).

3 Wenn das fertiggekochte Gulasch zu dünnflüssig sein sollte, einen Schöpfer Gulasch herausnehmen, mit dem Stabmixer pürieren und wieder einrühren.

4 Dürre Wurst in einer Pfanne mit etwas Schmalz scharf anbraten, abseihen und zum Gulasch geben. Mit einem Tupfer glattgerührtem Sauerrahm servieren.

Eine erweiterte Eierspeise, bei der Sie die Zutaten nach Lust, Laune und Vorrat variieren können

Bauernomelett

Zutaten für 2 Personen:

6 Eier
2 Kartoffeln
80 g in Scheiben geschnittener Hamburger Speck
3 Champignons
1 kleiner Bund Petersilie
4 Stück Jungzwiebeln
1 EL Butter
1 Prise getrockneter Majoran
Salz, Pfeffer

15 Minuten
leicht

1 Kartoffeln kochen, schälen, blättrig schneiden. Jungzwiebeln putzen, in feine Ringe schneiden. Champignonköpfe putzen, blättrig schneiden. Petersilienblätter hacken.

2 In einer beschichteten Pfanne etwas Butter aufschäumen. Kartoffeln, Speck darin anbraten. Jungzwiebeln, Champignons beigeben und durchrösten. Mit Salz, Pfeffer und Majoran würzen.

3 Eier in einer Schüssel mit der gehackten Petersilie verrühren. Leicht salzen und pfeffern und in die Pfanne eingießen. Einige Male umrühren und danach auf kleiner Flamme langsam stocken lassen.

4 Omelett in der Pfanne einrollen oder in beliebiger Form auf heißen Tellern anrichten.

Eierspeise mit Kürbiskernöl

In der Steiermark sind Kürbiskernöl und Liebstöckel eine untrennbare Einheit. Wenn das sogenannte „Maggikraut" nicht erhältlich ist, verwenden Sie Schnittlauch.

Zutaten für 2 Personen:

6 Eier
1 kleine Zwiebel
2 EL Butter
2 EL Kürbiskernöl
1 EL frisch geschnittener Schnittlauch oder Liebstöckel
Salz, Pfeffer

10 Minuten
leicht

Mein Tip: *Beim Rührei werden die Eier mit einem Schneebesen verschlagen. Bei der klassischen Eierspeise zieht man die stockenden Eier mit einem Kochlöffel zart vom Pfannenrand zur Mitte hin, um eine schöne Marmorierung zu bekommen.*

1 Zwiebel schälen und in feine Streifen schneiden.

2 In einer beschichteten Pfanne Butter aufschäumen. Zwiebel kurz anschwitzen. Eier aufschlagen und in die Pfanne geben. Mit einem Kochlöffel bei mittlerer Hitze einige Male umrühren. Salzen und pfeffern. Schnittlauch bzw. Liebstöckel dazugeben. Die ideale Eierspeise ist auf der Oberfläche noch etwas cremig.

3 Eierspeise auf heißen Tellern anrichten und mit Kernöl beträufeln.

Mit schwarzen und grünen Oliven können Sie den Eierkuchen zusätzlich verfeinern. Wer mag, gibt einen Schuß kaltgepreßtes Olivenöl dazu.

Spanischer Eierkuchen

Zutaten für 2 Personen:

4–6 Eier
1 kleine Zucchini
4 Champignons
1 reife Tomate
3 EL Erbsen
1 EL frisch gehackte Petersilie
2 EL Butter
1 Handvoll gemischten, in Würfel geschnittenen roten und grünen Paprika
Salz, Pfeffer

Mein Tip: *Verwenden Sie für Eiergerichte stets eine beschichtete Pfanne, damit Sie beim Stürzen oder Herausnehmen keine Probleme haben.*

1 Zucchini waschen, blättrig schneiden. Champignons putzen, waschen, blättrig schneiden. Tomate in kochendem Wasser blanchieren, in Eiswasser abschrecken. Haut abziehen, halbieren, entkernen und in Streifen schneiden.

2 In einer Pfanne in etwas Butter Zucchinischeiben, Champignons und Paprika andünsten. Mit Salz, Pfeffer würzen. Anschließend Erbsen und Tomatenstreifen beigeben und durchschwenken.

3 Eier in einer Schüssel aufschlagen, mit der gehackten Petersilie verrühren. Leicht salzen und pfeffern und in die Pfanne eingießen. Einige Male umrühren und danach auf kleiner Flamme langsam stocken lassen. Auf heißen Tellern sofort servieren.

15 Minuten
leicht

Orientalischer Reis

Ein leichtes Reisgericht, ideal für heiße Sommertage. Der Reis für sich ist eine herrliche Beilage zu verschiedenen Fleischgerichten.

Zutaten für 2 Personen:
100 g Basmatireis
1 Karotte
2 Zehen Knoblauch
1 EL Rosinen
1 EL Pinienkerne
2 EL Olivenöl
1 Msp. gemahlener Zimt
1 Msp. Cayennepfeffer
Für die Joghurtsauce: 1 Zweig Minze
Saft einer 1/2 Zitrone
1/8 l Joghurt
Salz, Pfeffer

1 Karotte und Knoblauch schälen, blättrig schneiden. Backrohr auf 200 Grad vorheizen. Gut 1/4 l Wasser in einem kleinen Topf zum Kochen bringen.

2 Olivenöl in einer Pfanne erhitzen. Karotten darin anschwitzen. Reis und Knoblauch beigeben, kurz anbraten und mit kochendem Wasser aufgießen.

3 Rosinen, Pinienkerne, Cayennepfeffer und Zimt beigeben. Mit Salz würzen, einmal umrühren. Mit Deckel verschließen und zugedeckt rund 20 Minuten im Rohr dünsten.

4 Joghurt mit Salz, Pfeffer, Zitronensaft und fein geschnittenen Minzeblättern abschmecken. Mit auf vorgewärmten Tellern angerichtetem Reis servieren.

25 Minuten
leicht

Mein Tip: *Je nach Reissorte müssen Sie die Wassermenge variieren. Beachten Sie dafür die Hinweise auf der Packung.*

Den Reis kann man auch knusprig braten. Allerdings sollte man dann ein hitzebeständigeres Öl verwenden.

Chinesischer Reis

Zutaten für 2 Personen:

2–4 Handvoll gekochter Rundkornreis
3 EL Sesamöl
1 Handvoll in Streifen geschnittene Erbsenschoten
50 g gekochter Schinken
2 Stück Frühlingszwiebeln
2 Eier
1 Zehe Knoblauch
Sojasauce
1 EL Sesamsaat

1 Sesamsaat in etwas Öl goldgelb rösten. Auf Küchenkrepp abtropfen lassen.

2 Eier in einer hohen Kaffeetasse verquirlen. In einer beschichteten Pfanne etwas Sesamöl erhitzen. Eier eingießen und stocken lassen. Herausnehmen und in feine Streifen schneiden.

3 Schinken in kleine Würfel schneiden. Knoblauch fein schneiden. Frühlingszwiebeln putzen und in Streifen schneiden.

4 In der Pfanne (oder einem Wok) mit dem übrigen Sesamöl Knoblauch, Frühlingszwiebeln, Schinken und Erbsenschoten andünsten. Reis beigeben, anbraten. Eierspeiswürfel dazugeben und mit Sojasauce abschmecken. Vor dem Servieren mit gerösteter Sesamsaat bestreuen.

15 Minuten
leicht

Suppen

Eine gute Suppe weckt die Lebensgeister und ist im Menü der erste vielversprechende Mosaikstein für kommende Genüsse. Darüber hinaus sind Suppen recht rasch zubereitet und stillen perfekt den ersten Heißhunger.

Karfiol (Blumenkohl)

zerteilen Sie am einfachsten so: Mit einem großen, scharfen Küchenmesser das untere Ende des Blütenstand-Ansatzes kappen. Die eng anliegenden Hüllblätter können danach problemlos abgelöst werden. Wenn Sie den ganzen Kopf garen wollen, den Strunk kreuzweise einschneiden. Sonst sind nur die einzelnen Röschen gar. Andernfalls den Strunk bis zum Ansatz abtrennen, damit sich die Röschen besser ablösen. Vor dem Kochen unter fließendem Wasser gut abspülen, weil die unteren Enden der Röschen oft verschmutzt sind.

Knusprige Croûtons

bekommen Sie, wenn Sie die Weißbrotwürfel in reichlich Butter rösten. Die Weißbrotwürfel sollten ganz leicht schwimmen, sonst werden sie unterschiedlich braun und saugen sich womöglich auch noch mit Fett voll. Croûtons ziehen, so wie Röstzwiebeln, nach. Also immer rechtzeitig herausnehmen. Übrigens: In kleinen Pfannen brauchen Sie nicht so viel Fett.

Kräuter,

die stark verschmutzt sind, gleich nach dem Einkaufen (oder Ernten) waschen und abtropfen lassen. – Niemals feucht verarbeiten, weil sie sich dann schlechter schneiden lassen und an Aroma verlieren. Im Kühlschrank halten Kräuter am besten, wenn sie in feuchtem Küchenkrepp eingewickelt sind. Atmende Frischhaltefolie drumherum sorgt dafür, daß in Ihrem Kühlschrank keine Wasserpfützen entstehen. Getrocknete Kräuter stets dunkel lagern. Lichteinwirkung bedeutet Aromaverlust. Das Aroma können Sie zusätzlich steigern, indem Sie getrocknete Kräuter beim Würzen zwischen den Fingern zerreiben.

Kräuter schneiden oder hacken

ist oft die Frage. Generell gilt: Schneiden bringt mehr Aroma. Petersilie zum Beispiel kann gehackt werden. Allerdings nicht zu fein, weil die Petersilie sonst zu grasig wird und das Schneidbrett mehr Aroma hat als das zarte Grün. Basilikum sollten Sie immer nur mit der Schere in grobe Streifen schneiden. Mit dem Messer geschnitten, verfärben sich die Schnittstellen bräunlich. Dille und Schnittlauch lassen sich ebenfalls besser mit der Schere zerkleinern. Übrigens: Zu intensives Mixen von Kräutern führt zu Aromaverlust.

Kresse

können Sie ganz leicht daheim in Schalen oder tiefen Tellern ziehen. Weichen Sie das Saatgut eine Nacht vor der Aussaat in lauwarmem Wasser ein. Dann dicht und gleichmäßig auf der Oberfläche des Substrats (sandige Erde, dicke Watte oder mehrere Schichten Papierservietten) verteilen. Wichtig ist, daß der Behälter immer feucht ist und an einem hellen Ort steht. Wollen Sie ständig frische Kresse verfügbar haben, müssen Sie alle 14 Tage neu aussäen. Kresse kann daheim zu jeder Jahreszeit angebaut werden.

Suppenfleisch

Wenn Sie eine Rindsuppe machen wollen, dann legen Sie das Fleisch ins kalte Wasser. So laugt es optimal aus, die Fleischkraft geht in die Suppe über. Das Fleisch können Sie immer noch für Eintöpfe oder Salate verwenden. Sollten Sie aber das Fleisch als Hauptgang essen wollen, legen Sie es erst in das kochende Wasser ein. Dadurch werden sofort die Poren geschlossen, das Fleisch bleibt schön saftig. Allerdings ist dann auch die Suppe nicht ganz so kräftig.

Klare Rindsuppe

Suppe kochen lohnt sich nur in größeren Mengen. Im Kühlschrank hält sich Suppe rund eine Woche. Man kann sie aber auch – am besten klein portioniert – hervorragend tieffrieren. Das gekochte Fleisch für Rindfleischsalat oder Rindfleischgröstel verwenden.

Zutaten für 2–3 Liter Suppe:

1 kg Rindfleisch (z. B. Schulter, Brust oder Beinfleisch)
500 g Rindsknochen
1 Zwiebel
1 Suppengrün (Karotte, Sellerie, Petersilwurzel, Lauch)
1 Lorbeerblatt
1 TL Pfefferkörner
1 Tomate
Salz

180 Minuten
leicht

1 Die gewaschenen Rindsknochen in kochendes Wasser geben. Einige Minuten kochen lassen, abgießen und kalt abschwemmen.

2 Zwiebel samt Schale halbieren, Wurzelansatz wegschneiden. In einer beschichteten Pfanne ohne Fett auf den Schnittflächen ganz dunkel braten. Suppengrün waschen und kleinschneiden.

3 Alle Zutaten bis auf das Gemüse in einen Topf geben und mit kaltem Wasser aufgießen. Langsam aufkochen. Bei kleiner Flamme 2 bis 3 Stunden köcheln lassen. Den aufsteigenden Schaum immer wieder abschöpfen. Eine halbe Stunde vor dem Abseihen der Suppe das Gemüse beigeben. – Sonst geht der Gemüsegeschmack verloren.

4 Durch ein feines Sieb seihen und mit Salz und eventuell mit Muskatnuß abschmecken. Mit den diversen Einlagen und frisch geschnittenem Schnittlauch servieren.

Mein Tip: *Besonders gut schmeckt die Rindsuppe, wenn man ein Blatt Liebstöckel mitkocht oder fein schneidet und mit dem Schnittlauch einstreut. Das für die Suppe gekochte Fleisch können Sie für ein Rindfleischgröstel verwenden.*

Grießnockerl

Typisch österreichische Suppeneinlagen, die bei einer guten hausgemachten Suppe nicht fehlen sollten.

Zutaten für ca. 20 Nockerln:

1 Ei
60 g Butter
120 g Grieß
Salz, Muskat

40 Minuten
aufwendig

Mein Tip: *Ei und Butter müssen unbedingt dieselbe Temperatur (zimmerwarm) haben. Schlagen Sie das Ei vorher in einem Glas auf, und geben Sie es löffelweise der Butter bei.*

1 Zimmerwarme Butter (darf keinesfalls kalt sein) mit einem Schneebesen schaumig rühren. Ei langsam in die Butter einschlagen. Danach Grieß einrühren. Mit Salz und Muskat abschmecken. Nockerlmasse ca. 15 Minuten im Kühlschrank rasten lassen.

2 Mit einem in Wasser getauchten Kaffeelöffel Nockerln formen.

3 In kochendes Salzwasser legen und bei kleiner Flamme 6 Minuten kochen lassen. Vom Feuer nehmen, mit etwas kaltem Wasser abschrecken und zugedeckt 20 Minuten ziehen lassen.

Frittaten

Zutaten für 2 Personen:

1 Ei
4 gestrichene EL Mehl
ca. 1/8 l Milch
etwas gehackte Petersilie und Schnittlauch
Salz, Muskat
Öl zum Backen

15 Minuten
leicht

1 Alle Zutaten mit einem Schneebesen zu einem glatten Teig verrühren. Mit Salz und Muskat abschmecken. Am Ende die Kräuter unterrühren.

2 In einer beschichteten Pfanne ganz wenig Öl erhitzen (überschüssiges Fett abgießen). Teig dünn einlaufen lassen und beidseitig goldgelb backen.

3 Die kalten Palatschinken 4 bis 5 Mal durchschneiden. Aufeinanderlegen und in dünne Streifen schneiden. Frittaten erst unmittelbar vor dem Servieren in die Suppe geben, weil sie sonst zu sehr aufquellen.

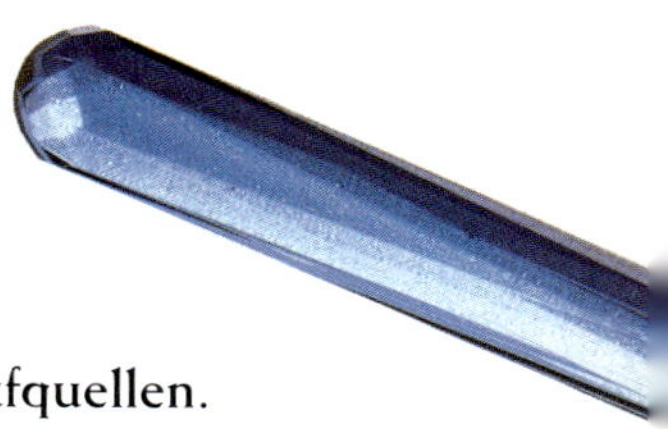

Leberknödel

Zutaten für 6–8 Knödel:
150 g Kalbsleber
1 Handvoll Semmelwürfel
etwas Milch
1 Zehe Knoblauch
½ kleine Zwiebel
1 Ei
1 EL Weißbrotbrösel
1 EL gehackte Petersilie
1 gestrichener EL Mehl
1 Prise getrockneter Majoran
Salz, Pfeffer, Öl

60 Minuten
für Ehrgeizige

1 Semmelwürfel in Milch etwas einweichen. Zwiebel und Knoblauch schälen, kleinschneiden.

2 Zwiebel in etwas Öl goldgelb rösten. Majoran und Knoblauch beigeben, kurz aufschäumen und abkühlen lassen. Mit der Leber pürieren.

3 Semmelwürfel ausdrücken (sollten nicht ganz aufgeweicht sein). Leber mit den übrigen Zutaten vermischen, würzig abschmecken.

4 Die Masse ca. eine halbe Stunde rasten lassen. Knödel formen und in kochendes Salzwasser legen. Bei kleiner Flamme ca. 12 Minuten köcheln lassen.

Mein Tip: *Immer zuerst einen kleinen Probeknödel ins Kochwasser geben. Sollten die Knödel zu weich sein, etwas Mehl oder Brösel beigeben. Übriggebliebene Leberknödel lassen sich problemlos einfrieren.*

Eierstich

Zutaten für 2 Personen:
1 Ei
2 Eidotter
100 g Obers (Sahne)
Salz, Muskat

100 Minuten
leicht

1 Alle Zutaten verrühren und in eine gefettete Form füllen.

2 In einen Topf mit heißem Wasser stellen und bei 90 Grad ca. 95 Minuten pochieren (garziehen lassen). Vorsicht: Das Wasser darf nie kochen, sonst wird die Masse löchrig wie Käse.

3 Aus dem Wasserbad nehmen und erst nach dem vollständigen Erkalten stürzen und in gleichmäßige Rhomboide schneiden. In heißer Rindsuppe mit Schnittlauch servieren.

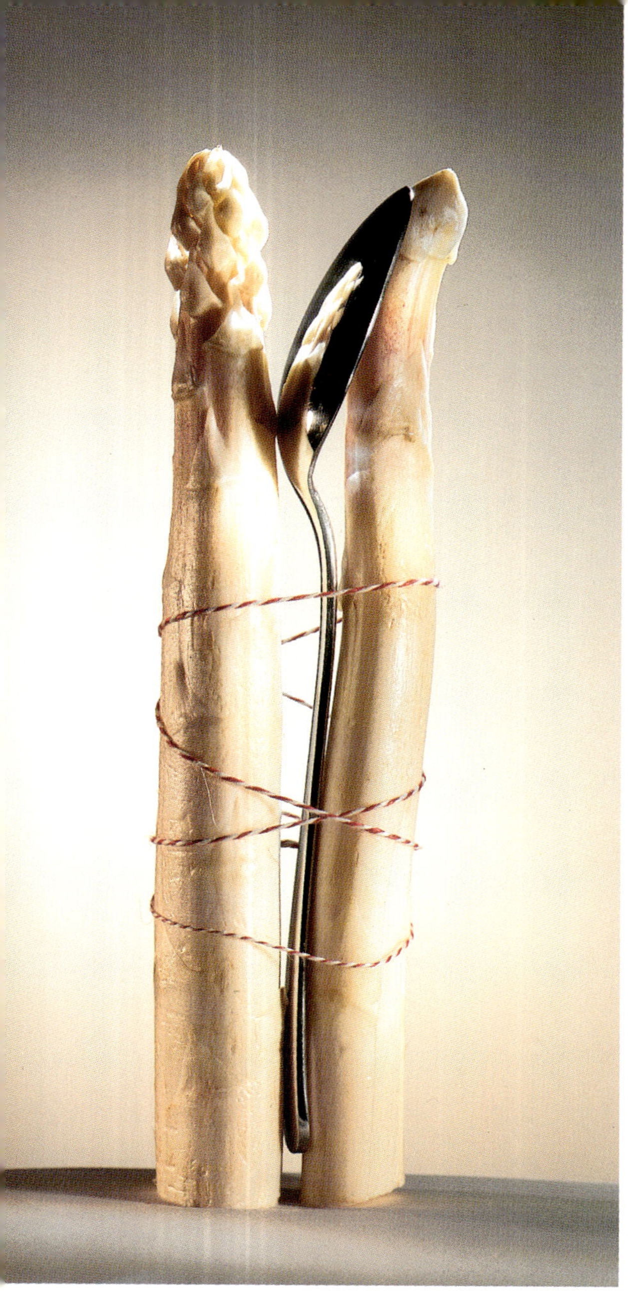

Für die Suppe müssen Sie nicht die allerschönsten Spargelstangen verwenden. Es reicht durchaus auch Spargelbruch. – Nur bitte in jedem Fall frische Ware.

Spargelcremesuppe

Zutaten für 2 Personen:

250 g weißer Spargel
5 EL Obers (Sahne)
1 Prise Zucker
Saft von 1/2 Zitrone
1 Semmel vom Vortag
1 Zweig Kerbel
2 EL Butter
Salz, Pfeffer

1 Spargel vom Kopfansatz weg schälen. Bei langen Stangen den letzten Zentimeter Stiel abschneiden (schmeckt meistens bitter). Etwas Wasser mit Salz, Zitronensaft und Zucker aufkochen. Spargel und Semmel beigeben (entzieht dem Spargel die Bitterstoffe). Spargel weich kochen (dauert ca. 15 Minuten).

2 Spargel herausnehmen, Spitzen abschneiden und als Einlage aufheben. Den restlichen Spargel kleinschneiden und in etwas Butter anschwitzen. Mit etwa 1/4 l Spargelkochwasser aufgießen, ein wenig einkochen lassen. Obers beigeben, aufkochen und im Standmixer pürieren. Dabei ein nußgroßes Stück kalte Butter beigeben.

3 Kerbel kleinschneiden. Die heiße Suppe mit Spargelspitzen und Kerbel servieren.

30 Minuten
aufwendig

Kartoffelcremesuppe

Das ist die Urform der feinen Kartoffelsuppe. Zu besonderer Exklusivität verhelfen Sie der Suppe mit feingeschnittenen Steinpilzen oder gar weißer Trüffel. Dann aber bitte auf den Majoran verzichten.

Zutaten für 2 Personen:

3 mittelgroße (ca. 250 g) Kartoffeln
1/2 l Rindsuppe
1 EL geschnittene Zwiebel
1 Lorbeerblatt
1 Prise getrockneter Majoran
2 EL Butter
1/16 l Obers (Sahne)
Öl, Salz, Pfeffer, Muskatnuß

35 Minuten
leicht

Mein Tip: *Sie können die Suppe auch mit Räucherlachswürfeln aufpeppen. Mixen Sie die Suppe nicht zu lange, sie wird sonst kleisterartig!*

1 Kartoffeln schälen, waschen. Eine Kartoffel in kleine Würfel, den Rest in dünne Scheiben schneiden.

2 In einer Pfanne etwas Öl erhitzen, darin die Kartoffelwürfel knusprig braten. Auf Küchenkrepp legen und für die Einlage aufheben.

3 Butter aufschäumen. Kartoffelscheiben und Zwiebel darin anschwitzen. Mit Rindsuppe aufgießen. Salz, Pfeffer, Aromate dazugeben, weich kochen (dauert 15 Minuten). Danach Lorbeerblatt herausnehmen. Einen Schuß Obers beigeben, mit einem Stabmixer pürieren. Mit Salz, Pfeffer und einem Hauch Muskat abschmecken.

4 Vor dem Servieren mit dem Stabmixer ganz kurz schaumig mixen. In heißen Tassen anrichten und mit den Kartoffelwürfeln bestreuen.

Knoblauchsuppe mit Dinkel

Eine rasch zubereitete Suppe, die den Organismus nach einer durchzechten Nacht wieder in die richtige Bahn bringt.

1 Knoblauch schälen, blättrig schneiden. In einem Topf Butter aufschäumen, Knoblauch anschwitzen. Dinkelflocken beigeben und bei kleiner Hitze kurz durchrösten.

2 Mit Rindsuppe aufgießen. Lorbeerblatt beigeben, mit Salz und Pfeffer würzen. Etwa 5 Minuten köcheln lassen. Sauerrahm mit etwas Suppe glattrühren und unter die Suppe rühren.

3 Schnittlauch kleinschneiden und mit einem Hauch Muskat in der Suppe verrühren. In heißen Tellern servieren.

Zutaten für 2 Personen:

6 Zehen Knoblauch
2 EL Dinkelflocken
1 EL Butter
3 EL Sauerrahm
1 Lorbeerblatt
0,3 l Rindsuppe
1 kleiner Bund Schnittlauch
Salz, Pfeffer, Muskatnuß

Mein Tip: *Dinkelflocken kann man in jedem Reformhaus kaufen. Wer es molliger will, kann statt Sauerrahm auch Obers (Sahne) verwenden.*

10 Minuten
leicht

Kürbiscremesuppe

Eine steirische Suppenspezialität, die im Original mit einem guten Schuß Kürbiskernöl versetzt, oder aber auch mit gerösteten Kürbiskernen, serviert wird.

20 Minuten
leicht

1 Kürbis schälen, Kerne entfernen und grob schneiden. Zwiebel und Knoblauch schälen und kleinschneiden.

2 Schwarzbrot entrinden, in Rauten schneiden und in Öl knusprig braten. Herausnehmen und auf Küchenkrepp abtropfen lassen.

3 In einem Topf Butter aufschäumen, darin Zwiebel farblos andünsten. Knoblauch und Kürbis beigeben. Mit Salz, Pfeffer und Kümmel würzen. Durchrösten, vom Feuer nehmen. Mit Paprikapulver stauben, mit Suppe aufgießen. Lorbeerblatt beigeben. Aufkochen und ca. 15 Minuten köcheln lassen. Lorbeerblatt entfernen.

4 Sauerrahm glattrühren und beigeben. In einem Standmixer pürieren. Abschmecken. Mit Schwarzbrotcroûtons servieren.

Zutaten für 2 Personen:

150 g Kürbis
1/2 Zwiebel
2 Zehen Knoblauch
2 EL Butter
1 Prise Paprikapulver
1 Msp. gemahlener Kümmel
3 EL Sauerrahm
1 Lorbeerblatt
1 Scheibe Schwarzbrot
0,3 l Rindsuppe
Öl, Salz, Pfeffer

Glacierte Karfiolcremesuppe

Zutaten für 2 Personen:
250 g Karfiol (Blumenkohl)
1/8 l Obers (Sahne)
2 EL geschlagenes Obers (Schlagsahne)
1 Eigelb
0,25 l Rindsuppe
1/2 TL Currypulver
2 EL Butter
Salz, Pfeffer

20 Minuten
leicht

Cremesuppe einmal anders. Durch das Gratinieren erhält die Suppe einen besonders individuellen Touch.

1 Vom Karfiol einige kleine Rosen für die Einlage abschneiden. In Salzwasser weich kochen (ca. 6–8 Minuten), mit kaltem Wasser abschrecken. Den Grill vom Backofen vorheizen.

2 Den restlichen Karfiol kleinschneiden. In 1 EL Butter anschwitzen, ohne daß er Farbe nimmt. Mit Suppe aufgießen und weich kochen (ca. 10 Minuten). Zwei Drittel vom Obers beigeben, pürieren, mit Salz und Pfeffer abschmecken. Beim Pürieren 1 EL kalte Butter einmixen.

3 Das geschlagene Obers mit dem Currypulver und Eigelb vermischen. Die Karfiolrosen in der Suppe aufwärmen. In Tassen anrichten. Je einen Löffel Curryobers auf die Suppe geben und im Herd bei maximaler Oberhitze gratinieren.

Mein Tip: *Vorsicht beim Gratinieren! Bei manchen Geräten geht das sehr rasch. Bei dieser Suppe dauert es ca. 20 Sekunden. Die Oberfläche sollte gleichmäßig gebräunt sein.*

Voilà! – Wer Anisgeschmack liebt, kocht diese Suppe mit einem Schuß Pernod.

Fenchelcremesuppe

Zutaten für 2 Personen:
1 Knolle Fenchel
2 EL Butter
1 Schuß Weißwein
0,3 l milde Rindsuppe
1 Schuß Obers (Sahne)
3 EL Olivenöl
Salz, Pfeffer

25 Minuten
leicht

1 Fenchel waschen; das Grüne für die Dekoration beiseite legen. Die äußere Schicht mit einem Schäler entfernen, die Fäden mit einem kleinen Messer abziehen. Fenchel halbieren. Alles in feine Streifen schneiden.

2 Fenchel in einem Topf mit Olivenöl leicht anschwitzen. Mit Salz und Pfeffer würzen und mit einem Schuß Weißwein ablöschen. Mit Suppe aufgießen und weich kochen (dauert ca. 15 Minuten).

3 Obers beigeben, in einem Mixer pürieren. Kalte Butter mitmixen und mit dem fein geschnittenen Fenchelgrün abschmecken.

Mein Tip: *Als Einlage eignen sich in Butter geröstete Weißbrotwürfel.*

Polenta-Lauchsuppe

Eine individuelle, schnell zubereitete Suppenkreation, mit der Sie auch anspruchsvolle Gäste verblüffen können.

Zutaten für 2 Personen:
2 gestrichene EL Polenta
60 g Lauch
3 EL Butter
1 kleiner Bund Petersilie
0,3 l Rindsuppe
1 Schuß Obers (Sahne)
Kernöl zum Beträufeln
Salz, Pfeffer, Muskatnuß

1 Das Weiße vom Lauch gründlich waschen und in feine Ringe schneiden. Petersilienblätter fein hacken.

2 In einem geeigneten Topf 1 EL Butter aufschäumen. Lauch darin farblos andünsten.

3 Polenta beigeben, kurz durchrösten und mit Rindsuppe und Obers aufgießen. Aufkochen und bei kleiner Flamme ca. 5 Minuten köcheln lassen. Mit Salz, Pfeffer und Muskat abschmecken.

4 Mit einem Schneebesen die restliche kalte Butter einrühren. In tiefen Suppentellern anrichten. Mit gehackter Petersilie bestreuen, mit Kernöl beträufeln.

10 Minuten
leicht

Eine schnelle Suppe, die auch noch gesund ist. Einzige Voraussetzung dafür: möglichst viele frische Kräuter.

Kräutercremesuppe

Zutaten für 2 Personen:
1 EL Schnittlauch
1 EL Kerbel
1 EL Basilikum
1 EL Petersilie
2 EL Sauerampfer
(alle Kräuter gehackt oder geschnitten)
1/8 l Obers (Sahne)
0,3 l Rindsuppe
2–4 EL kalte Butter
Salz, Pfeffer

1 Rindsuppe mit Obers aufkochen. Die gehackten Kräuter dazugeben und einmal gut aufkochen lassen.

2 In einen Mixer geben. Kalte Butter einarbeiten. Mit Salz und Pfeffer abschmecken und in heißen Tassen servieren.

Mein Tip: *Je nach Marktlage können Sie die Kräuter natürlich variieren. Bei Petersilie oder Kerbel können Sie aus dem vollen schöpfen. Vorsicht aber bei so geschmacksintensiven Kräutern wie Liebstöckel und Estragon: immer nur sparsam einsetzen!*

10 Minuten
leicht

Eine kräftige, würzige Kräutersuppe, deren Intensität Sie durch die verwendete Kressemenge selbst steuern können. Besonders attraktiv wird die Suppe, wenn Sie pochierte oder gebratene Fischfilets als Einlage reichen.

Kresseschaumsuppe

Zutaten für 2 Personen:

gut 2 Handvoll Brunnen- oder Blattkresse
1/2 Zwiebel
0,3 l Rindsuppe
6 EL Butter
1 Scheibe Toastbrot
Salz, Pfeffer

20 Minuten
leicht

Mein Tip: *Für ein Menü läßt sich die Suppe auch gut vorbereiten. In diesem Fall etwas Spinat beigeben, damit die grüne Farbe erhalten bleibt.*

1 Toastbrot entrinden, in kleine Würfel schneiden und in 2 EL Butter goldgelb rösten. Auf Küchenkrepp legen und als Einlage aufheben.

2 Die groben Stiele der Kresse abschneiden. In kochendem Wasser blanchieren und in Eiswasser abschrecken (die Kresse verliert sonst die leuchtendgrüne Farbe). Ausdrücken und kleinhacken.

3 Zwiebel fein schneiden und in etwas Butter anschwitzen. Kresse dazugeben und bei kleiner Flamme kurz mitdünsten. Mit der Suppe aufgießen, aufkochen, mit Salz und Pfeffer würzen. Im Standmixer pürieren. Beim Pürieren die restliche kalte Butter beifügen. Nochmals abschmecken.

4 Die aufgemixte Suppe in heiße Teller oder Tassen geben und mit den Croûtons bestreuen.

Krautsuppe mit einer Dürren

Eine deftige wie aufbauende Suppe, die Sie am besten in größerer Menge zubereiten. Portionsweise eingefroren ist sie das ideale Gericht für späte Gäste oder Ihren eigenen nächtlichen Hunger.

Zutaten für ca. 5 Portionen:

1 kleiner Kopf Weißkraut
100 g Selchspeck
1 Zwiebel
3 Zehen Knoblauch
1 gestrichener EL Paprikapulver
1 Lorbeerblatt
2 EL Schweineschmalz
1 Liter Rindsuppe
1 TL getrockneter Majoran
½ TL gemahlener Kümmel
1 Schuß Essig
4 EL Sauerrahm
150 g dürre Wurst (Hartwurst)
Öl, Salz, Pfeffer

1 Vom Kraut die äußeren Blätter entfernen. Kraut in nicht zu lange Streifen schneiden. Zwiebel und Knoblauch schälen und fein schneiden. Speck in kleine Würfel schneiden.

2 In einem Topf das Schmalz erhitzen. Speck beigeben und durchrösten. Zwiebel dazugeben und anschwitzen. Majoran, Kraut und Knoblauch hinzufügen und bei mittlerer Hitze 10 Minuten dünsten.

3 Topf vom Feuer nehmen, ein wenig abkühlen lassen. Paprikapulver einrühren, Essig dazu. Mit Rindsuppe auffüllen. Aufkochen, mit Salz, Pfeffer, Kümmel, Lorbeerblatt würzen. Bei kleiner Flamme etwa 30 Minuten köcheln lassen.

4 Währenddessen Haut von der Wurst abziehen, Wurst feinblättrig schneiden und in einer Pfanne mit etwas Öl scharf anbraten.

5 Suppe nochmals abschmecken und in vorgewärmten Tellern anrichten. Mit gebratener Wurst und etwas Sauerrahm servieren.

60 Minuten
aufwendig

Der kalte Suppenklassiker aus Spanien. Mit viel Würze ideal für heiße Tage.

Gazpacho

Zutaten für 2 Personen:
3 vollreife Fleischtomaten
1/2 Salatgurke
1 roter Paprika
1 Scheibe Toastbrot
1/8 l Tomatensaft
Worcestersauce, Tabasco
Olivenöl
Salz, Pfeffer

30 Minuten
leicht

1 Paprika waschen, halbieren, entkernen und kleinschneiden. Tomaten waschen und kleinschneiden. Gurke waschen, schälen, der Länge nach halbieren, entkernen, kleinschneiden. Toastbrot entrinden und in kleine Würfel schneiden.

2 Alle Zutaten in einen Topf geben, würzen und im Kühlschrank zugedeckt einige Stunden ziehen lassen. Anschließend mit einem Stabmixer pürieren. Beim Pürieren etwas Olivenöl beimengen. Mit Salz, Pfeffer, Tabasco und Worcestersauce abschmecken.

3 Eventuell durch ein Sieb seihen – ist aber nicht unbedingt erforderlich. Gut gekühlt in kalten Tellern servieren. Mit etwas Olivenöl beträufeln.

Mein Tip: *Als Einlage können Sie alle Zutaten, selbstverständlich fein geschnitten, verwenden. Wer Knoblauch mag, gibt vor dem Mixen eine halbe Zehe Knoblauch dazu.*

Geeiste Gurkensuppe mit Dille

Gartengurken sind vielleicht etwas schmackhafter, jedoch kann man deren bittere Schale nicht verwenden. Zudem stecken in der Schale der Salatgurke viele wertvolle Vitamine und Aufbaustoffe.

Zutaten für 2 Personen:

1 Salatgurke
1/16 l Joghurt
Saft einer 1/2 Zitrone
2 EL Sauerrahm
2–3 Zweige Dille
Salz, Pfeffer

1 Gurke waschen, der Länge nach halbieren und in Scheiben schneiden.

2 Joghurt und Sauerrahm mit der Gurke im Mixer pürieren. Mit Salz, Pfeffer und Zitronensaft abschmecken.

3 Dillspitzen abzupfen, fein schneiden, unter die Suppe rühren. Für einige Stunden abgedeckt in den Kühlschrank stellen.

4 In gut gekühlten Suppentellern eiskalt servieren.

15 Minuten
leicht

Vorspeisen

Nirgendwo ist das Spielfeld der Variationen derartig groß wie hier. Die Palette reicht vom raffinierten Salat bis zum Gericht aus edlen Zutaten, das sich auch wunderbar als Hauptspeise eignet.

Artischocken

bewahrt man kühl in feuchten Tüchern auf. Achten Sie beim Einkauf darauf, daß die Knospen mit den glatten Hüllblättern geschlossen sind. Wer sich die Arbeit des Zerteilens sparen will, kann auch fertige Artischockenböden und -herzen in Dosen und Gläsern kaufen. Den Strunk niemals abschneiden, sondern immer nur abbrechen. So ziehen Sie die Bitterstoffe enthaltenden Fäden heraus.

Avocados

enthalten viel Fett und sind sehr kalorienreich. Durch Licht und Luft verfärbt sich das Fruchtfleisch nach dem Aufschneiden sehr rasch. Um dies zu verhindern, beträufeln Sie die Avocados nach dem Aufschneiden sofort mit etwas Zitronensaft. Reif und geschmackvoll sind Avocados, wenn deren Schale fast schon schwarz ist und auf Fingerdruck etwas nachgibt. Zur Reifung wickeln Sie Avocados in Zeitungspapier und lassen sie bei Zimmertemperatur liegen.

Knoblauch

nie zu lange mitbraten lassen, weil er sonst bitter wird. Wer ein dezentes Knoblaucharoma bevorzugt, gart eine Zehe Knoblauch mit und nimmt sie vor dem Servieren heraus.

Spargel

Ob die edlen Stangen frisch sind, erkennen Sie an der Schnittfläche: Sie darf nicht vertrocknet oder verfärbt sein. Im Idealfall kommt auf festen Fingerdruck noch etwas Flüssigkeit heraus. Spargel immer in feuchten Tüchern kühl lagern.

Zwiebel

ist nicht gleich Zwiebel. Weiße Zwiebeln sind die mildeste Sorte und ideal für Reduktionen, feine Saucen oder zum Bestreuen von Salaten. Rote Zwiebeln sind süß und mild-scharf zugleich und passen zu Kartoffelsalat und Beef Tartare. Die herkömmlichen gelben Zwiebeln sind die schärfste Sorte und werden für Ragoutgerichte, Gulasch, zum Rösten und zum Mitdünsten verwendet. Den feinsten Geschmack haben die kleinen Schalottenzwiebeln, die in kleinen grauen bzw. roten Hüllen stecken.

Zwiebel schneiden

geht auch (fast) ohne Tränen: Brett und Messer vorher unter fließendes kaltes Wasser halten. – Dann hält sich der Tränenfluß zumindest in erträglichen Grenzen. Zwiebeln niemals im Mixer oder Zerhacker zerkleinern. Sie werden dadurch schnell unangenehm bitter. Zum richtigen Schneiden brauchen Sie ein geräumiges Brett. Die Messerklinge sollte mindestens 20 cm lang sein. Zuerst schälen, dann die Wurzel abschneiden und die Zwiebel halbieren. Zuerst in die Richtung der Fasern dünne Scheiben einschneiden, sodaß die Zwiebelscheiben nur noch an der Spitze zusammenhängen. Die Zwiebelhälfte drehen und gegen die Fasern dünne Scheiben schneiden. – Die Zwiebel zerfällt in feine Würfel.

Zwiebel schälen

geht leichter, wenn Sie die Zwiebeln kurz in lauwarmes Wasser einweichen. – Der Trick funktioniert auch mit Knoblauch. Falls Sie beim Schneiden merken, daß die Zwiebeln sehr scharf sind, spülen Sie die geschnittenen Zwiebeln nochmals mit Wasser ab, damit sie ein wenig milder werden.

Eine Kombination der Gegensätze. Heiße, deftige Kartoffelpuffer mit zart geräuchertem Lachs.

Räucherlachs auf Kartoffelpuffer

Zutaten für 2 Personen:
150 g Räucherlachs
1 große mehlige Kartoffel
3 EL Sauerrahm
1 Zehe Knoblauch
1/2 kleine Zwiebel
Salz, Pfeffer, Muskatnuß
Öl zum Backen

20 Minuten
leicht

1 Falls noch vorhanden, Haut vom Räucherlachs abziehen, graue Fettansätze wegschneiden.

2 Kartoffel schälen, waschen und fein raspeln. Zwiebel und Knoblauch schälen und ebenfalls fein raspeln. Zutaten vermengen, mit einem Löffel Sauerrahm, Salz und einer Prise Muskat abschmecken.

3 In einer beschichteten Pfanne etwas Öl erhitzen. Die Puffermasse gut ausdrücken, dünne Laibchen formen und beidseitig goldgelb-knusprig braten.

4 Kartoffelpuffer mit Küchenkrepp abtupfen und mit Räucherlachsstücken anrichten. Sauerrahm glattrühren und dazu servieren.

Mein Tip: *Beim Servieren können Sie den Sauerrahm auch mit einem Teelöffel Pommery-Senf verrühren.*

Ein bereits zum Klassiker gewordener Gaumenkitzel, den ich während der Wiener Ballsaison für meinen Freund Hans Mahr kreierte.

Rollmops vom Lachs, Façon „Korso"

Zutaten für 2 Personen:

200 g Lachsfilet
Saft einer 1/2 Zitrone
gereifter Balsamicoessig
Olivenöl
1 Bund Schnittlauch
1 kleine Knolle Fenchel
Salz, Pfeffer

30 Minuten
leicht

1 Lachsfilets sorgfältig nach Gräten untersuchen und diese entfernen. Die Filets – je nach Stärke – zwei bis drei Mal waagrecht durchschneiden. Die Filets sollen ca. 4 cm breit, 10 cm lang und 2–3 mm dick sein.

2 Fenchel waschen, schälen und die Fäden ziehen. Dünn schneiden (geht am besten mit einer Maschine). Mit Salz, Zitronensaft, Olivenöl und Balsamicoessig marinieren.

3 Lachsfilets mit Olivenöl, Zitronensaft, Salz und Pfeffer marinieren. Mit dem Fenchelkraut belegen und einrollen. Die Rollen mit 2 bis 3 Zahnstochern fixieren.

4 Mit Klarsichtfolie abdecken (vermeidet das Annehmen von Fremdgerüchen) und für ca. 15 Minuten im Kühlschrank kalt stellen. Schnittlauch fein schneiden.

5 Auf gekühlten Tellern anrichten. Schnittlauch und grob gemahlenen Pfeffer rundum verteilen.

Lachscarpaccio

Es muß nicht immer Lachs sein. Fangfrische Forellen oder Saiblinge können ebenso auf diese Art zubereitet werden.

Zutaten für 2 Personen:
250 g Lachsfilet
Saft von einer Zitrone
kaltgepreßtes Olivenöl
1 kleiner Bund Basilikum
grobes Meersalz, Pfeffer

Mein Tip: *Frischester Lachs, erstklassiges Olivenöl und das alles wirklich gut gekühlt machen die Finesse dieses Gerichts aus. Es gibt nichts Schlimmeres als ein warmes Carpaccio (gilt auch für Fleisch).*

1 Lachsfilet nach Gräten absuchen; diese mit Hilfe einer Grätenzange entfernen. In möglichst dünne Scheiben schneiden und auf kalten Tellern flächendeckend anrichten.

2 Jeden Teller mit 3 EL Olivenöl und dem Saft einer halben Zitrone beträufeln. Mit den Fingerspitzen gut verteilen. Mit grob gemahlenem schwarzen Pfeffer aus der Mühle und dem Meersalz sparsam würzen.

3 Basilikumblätter grob schneiden, über den Lachs streuen.

15 Minuten
leicht

Räucherlachspalatschinke

In Österreich haben Palatschinken meistens eine süße Füllung. Besonders gut schmecken diese pikanten Räucherlachspalatschinken, wenn sie noch lauwarm gegessen werden.

Zutaten für 2 Personen:

150 g in Scheiben geschnittener Räucherlachs
1 Ei
3 EL Mehl
1/8 l Milch
1 kleiner Bund Dille
125 g Sauerrahm
Salz, Muskat
Öl zum Backen

1 Hälfte der Dille fein schneiden.

2 Mehl, Ei und Milch mit einem Schneebesen zu einem glatten Teig verrühren. Mit Salz und Muskat abschmecken, Dille beigeben.

3 In einer beschichteten Pfanne Öl erhitzen. Die Pfanne soll gerade befettet sein; überschüssiges Öl wegleeren. Teig eingießen und dünne Palatschinken beidseitig goldgelb backen.

4 Sauerrahm glattrühren. In der Mitte der Teller einen Spiegel anrichten (dünn und kreisrund auftragen).

5 Die Palatschinken mit Räucherlachs belegen, einrollen, Enden abschneiden und in drei Teile schneiden. Dekorativ auflegen, mit Dillspitzen garnieren und sofort servieren. Die Palatschinken sollten noch warm sein.

20 Minuten
aufwendig

Glasnudelsalat mit Butterfisch

Ein recht einfach herzustellendes Gericht mit viel fernöstlichem Touch. – Ideal, wenn Sie Gäste beeindrucken wollen. Statt Butterfisch können Sie auch frischen Thunfisch oder Schwertfisch verwenden.

Zutaten für 2 Personen:
1 Handvoll Glasnudeln
1 Zehe Knoblauch
1 kleines Stück Ingwer
½ Karotte
½ Lauch
1 Handvoll Shitake-Pilze
2 EL Pflanzenöl
Sojasauce, Worcestersauce, Tabasco
200 g Butterfisch

Mein Tip: *Den Glasnudelsalat können Sie mit 1–2 EL Sesamöl geschmacklich variieren.*

30 Minuten
aufwendig

1 Die benötigte Menge an Glasnudeln mit einer Schere herunterschneiden und in kaltem Wasser einweichen.

2 Karotte und Lauch waschen, in feine Streifen schneiden. Ingwer und Knoblauch schälen und ebenfalls in feine Streifen schneiden. Pilze von den Stielen befreien, waschen und halbieren, größere vierteln

3 In einer Pfanne etwas Öl erhitzen, darin Pilze kurz anschwitzen. Knoblauch und Ingwer dazugeben und kurz andünsten. Gemüse dazugeben und einmal kurz durchschwenken. Vom Feuer nehmen, mit etwas Sojasauce würzen und in eine Schüssel geben.

4 Glasnudeln ins kochende Wasser geben und nach ca. 10 Sekunden herausnehmen. Abseihen, kalt abschwemmen. Glasnudeln einige Male durchschneiden und mit dem Gemüse vermischen. Mit Tabasco, Worcestersauce und – wenn nötig – Sojasauce abschmecken

5 Butterfisch in dünne Scheiben schneiden, dunkle Fettansätze entfernen. Mit Sojasauce und ein paar Tropfen Wasser marinieren. Mit etwas Öl beträufeln. Den Fisch in der Marinade ca. 10 Minuten ziehen lassen. Gut gekühlt mit dem zimmerwarmen Glasnudelsalat servieren.

Avocados mit Crevetten

Ein Dauerbrenner in der guten Gastronomie. Auch zu Hause leicht zuzubereiten.

Zutaten für 2 Personen:
1 reife Avocado
150 g Crevetten
Saft einer 1/2 Zitrone
2 EL Cognac oder Brandy
1 EL Sauerrahm
1 TL Ketchup
1 EL Mayonnaise
1 TL frisch geriebener Kren (Meerrettich)
1 TL frisch gehackte Dillspitzen
Worcestersauce
Salz, Pfeffer

Mein Tip: *Die Avocado muß wirklich reif sein (gibt auf Fingerdruck leicht nach), sonst schmeckt sie nach nichts. Verwenden Sie nach Möglichkeit frische Crevetten bzw. Kaltwassershrimps in der Lake.*

1 Avocado der Länge nach halbieren. Kern herauslösen, mit Salz, Pfeffer und Zitronensaft würzen.

2 Avocados an der Unterseite ein wenig abflachen, damit diese beim Servieren nicht vom Teller rutschen.

3 Crevetten mit Cognac, Zitronensaft und gehackten Dillspitzen marinieren.

4 Für die Sauce Mayonnaise, Sauerrahm, Ketchup und geriebenen Kren vermischen. Mit Cognac, Salz, Pfeffer und Worcestersauce abschmecken.

5 Avocados mit Crevetten füllen und mit der Sauce beträufeln.

15 Minuten
leicht

Scampi mit Spargelsalat

Eine Vorspeise für verwöhnte Gaumen und ehrgeizige Köche. Bei Gelingen ist Ihnen Applaus sicher.

Zutaten für 2 Personen:
12 Stück möglichst dicker Spargel (je nach Saison weiß, grün oder gemischt)
8 Stück Scampi (Kaisergranaten)
1 Zweig Dille
Saft von 1 Zitrone
Olivenöl
2 reife Tomaten
1 Zehe Knoblauch
1 Semmel vom Vortag
1 TL Tomatenmark
0,1 l Tomatensaft
1–2 Zweige Basilikum
Zucker, Salz, Pfeffer, Kümmel

Mein Tip: *Die Servierweise mit aufgestellten Spargelspitzen ist natürlich besonders spektakulär und mit dicken Spargelstangen auch einfach zu bewerkstelligen. Schmecken tut es natürlich auch, wenn Sie die Geduld dafür nicht aufbringen.*

1 Weißen und grünen Spargel vom Kopf beginnend schälen. Weißen Spargel in Salzwasser mit Zitronensaft, Zucker und der Semmel ca. 15 Minuten kochen. Grünen Spargel nur in Salzwasser 10 Minuten kochen! Der Zitronensaft würde den Spargel braun färben. Weißen und grünen Spargel nach dem Kochen sofort in Eiswasser abkühlen.
Die Spitzen auf ca. 5 cm Länge abschneiden. Spargelstiele am besten zu Suppe verarbeiten.

2 Scampi in Salzwasser mit etwas Dille und Kümmel kochen. Einmal aufkochen lassen, beiseite stellen und 3 Minuten ziehen lassen. Anschließend die Schwänze ausbrechen. Scampi mit Olivenöl und Zitronensaft marinieren.

3 Für die Sauce Knoblauch kleinschneiden. Tomaten in kochendem Wasser blanchieren, in Eiswasser abschrecken. Die Haut abziehen, Tomate halbieren und entkernen. In einer Pfanne etwas Olivenöl erhitzen. Knoblauch ohne Farbe anschwitzen. Tomatenmark beigeben, durchrösten. Tomatenfleisch und Tomatensaft beigeben und etwas einkochen lassen. Mit Salz, Pfeffer und einer Prise Zucker würzen. Sauce mit dem Stabmixer pürieren, dabei etwas Olivenöl einarbeiten.

4 Spargel mit Salz, Zitronensaft und Olivenöl marinieren. In der Mitte des Tellers die Sauce anrichten, den Spargel darauf aufstellen. Marinierte Scampi kreisförmig verteilen. Mit Basilikumblättern garniert servieren.

45 Minuten für Ehrgeizige

Matjes „Hausfrauenart"

Dank der Technik gibt es Matjes mittlerweile das ganze Jahr über. Am besten schmeckt der jungfräuliche Fisch aber natürlich im Frühsommer.

Zutaten für 2 Personen:
4 Matjesfilets
1 kleine rote Zwiebel
1 Apfel
4 EL Sauerrahm
Saft einer ½ Zitrone
1 Zweig Dille
Salz, Pfeffer

1 Die Matjesfilets in große Würfel schneiden. Zwiebel schälen, halbieren und in feine Streifen schneiden. Apfel schälen, halbieren, entkernen und blättrig schneiden.

2 Den Sauerrahm glattrühren. Mit Zwiebel, Apfel und Matjesfilets vermengen. Mit Salz, Pfeffer, Zitronensaft und der gehackten Dille abschmecken.

10 Minuten
leicht

Mein Tip: *Mit gekochten Kartoffeln als Beilage wird der Matjes zur Hauptspeise.*

Artischocke „Vinaigrette"

Eine elegante vegetarische Vorspeise

Zutaten für 2 Personen:

2 Artischocken
1 kleine rote Zwiebel
1 roter Paprika
1 gekochtes Ei
1 kleiner Bund Petersilie
Saft von einer Zitrone
Balsamicoessig, Olivenöl
Zucker, Weißweinessig
div. Blüten oder Kerbel
Salz, Pfeffer

45 Minuten
für Ehrgeizige

1 Den Stiel der Artischocken herausdrehen, damit die Fäden herausgezogen werden. Blätter einzeln abbrechen. Pro Artischocke 5 schöne Blätter aufheben. Artischockenböden so weit zuputzen, bis nur noch das weiße Fruchtfleisch übrigbleibt. In der Mitte den „Bart" mit einem kleinen Löffel oder einem Parisienne-Ausstecher aushöhlen. Wichtig: Schnittflächen sofort mit Zitronensaft benetzen, damit sie nicht braun werden.

2 Wasser mit Weißweinessig, Zucker, Salz und Olivenöl aufkochen und die Artischockenböden und -blätter kochen. Die Böden sollten bißfest sein (dauert ca. 8–10 Minuten). Danach im Kochwasser weiter ziehen lassen.

3 Für die Vinaigrette Paprika vierteln, entkernen, auf der Hautseite mit etwas Öl einstreichen und im Backofengriller rasch bräunen. In Eiswasser abschrecken. Haut abziehen und kleinschneiden. Zwiebel kleinschneiden. Petersilie fein hacken. Ei schälen und fein hacken.

4 Paprikawürfel, Zwiebel, Ei und Petersilie vermischen. Mit Balsamicoessig, Olivenöl, Salz und Pfeffer abschmecken.

5 Artischockenböden und -blätter mit Balsamicoessig, Olivenöl und Salz marinieren. Artischockenboden in der Tellermitte plazieren, mit Vinaigrette füllen. Die Artischockenblätter rundum sternförmig auflegen. Die eßbaren Blätterteile im Tellerzentrum mit der Vinaigrette beträufeln. Mit Kerbelblättern oder Blüten garnieren.

Mein Tip: *Verzichten Sie, wenn es die Saison erlaubt, nicht auf die Blüten. Am besten passen Kapuzinerblüten, Bärlauchblüten oder Pimpinellenblüten. Dieses Gericht kann auch mit Lachscarpaccio oder sautiertem Kalbsbries kombiniert werden.*

Klingt wie Knoblauch pur. Dabei ist der Duft dieses zarten Soufflés alles andere als raumfüllend.

Knoblauchsoufflé

Zutaten für 2 Personen:

2 Knollen junger Knoblauch
1/2 Zwiebel
1 EL Olivenöl
1 Lorbeerblatt
1 EL Butter
2 EL Mehl
0,1 l Milch
1 Ei
1 Zweig Thymian
2 EL Parmesan
Butter für die Förmchen
Salz, Pfeffer

Mein Tip: *So schälen Sie die Knoblauchknollen am einfachsten: Strunk auf beiden Seiten abschneiden. Mit der Handfläche einmal fest daraufdrücken und ins lauwarme Wasser legen. Die Häutchen lassen sich dann ganz einfach abziehen.*

60 Minuten **für Ehrgeizige**

1 Zwiebel und Knoblauch schälen und alles kleinschneiden. In Olivenöl andünsten, mit wenig Wasser ablöschen und weich dünsten (dauert ca. 20 Minuten). Danach pürieren.

2 Die Butter in einem Topf aufschäumen lassen. Mehl darin unter ständigem Rühren anschwitzen, ohne Farbe nehmen zu lassen. Mit Milch aufgießen. Leicht salzen, pfeffern, Thymian und Lorbeerblatt beigeben. Bei geringer Hitze ca. 10 Minuten köcheln lassen, damit sich der Mehlgeschmack verflüchtigt. Dabei öfter umrühren.

3 Danach sollte diese Béchamelsauce eine dicke, breiige Konsistenz haben. Lorbeerblatt und Thymian entfernen und Sauce auskühlen lassen. In der Zwischenzeit Backrohr auf 220 Grad vorheizen. Souffléförmchen oder hitzebeständige Kaffeetassen mit Butter ausstreichen.

4 Ei in Dotter und Eiklar trennen. Eidotter mit geriebenem Parmesan, Zwiebel-Knoblauch-Püree und der Béchamelsauce verrühren und würzig abschmecken. Eiklar zu Schnee schlagen und vorsichtig unterheben.

5 Die Förmchen zu ca. 3/4 mit der Masse anfüllen. In eine passende Wanne (Wasserbad) mit 1–2 cm hoch eingefülltem heißen Wasser geben und ins Backrohr schieben. Ca. 25 Minuten backen. Herausnehmen und stürzen.

Gefüllte Kräutertomaten

Apropos Tomaten: Es gibt eine Vielzahl an heimischen Tomatensorten. Vollreife Sommertomaten aus biologischem Anbau schmecken natürlich am besten.

Zutaten für 2 Personen:

2 reife Tomaten
100 g frischer Gervais-Käse oder passierter Topfen (Quark)
1 kleiner Bund Basilikum
1 Zehe Knoblauch
1 Bund Schnittlauch
1 Msp. Dijon-Senf
1 Handvoll gemischter Blattsalat (z. B. Frisée-, Lollo bianco- oder Vogerlsalat)
Balsamicoessig
3 EL Olivenöl
Salz, Pfeffer

1 Tomaten in kochendem Wasser kurz blanchieren, in Eiswasser abschrecken. Haut abziehen. Am Stielansatz einen „Deckel" abschneiden. Tomate mit einem Kaffeelöffel oder Parisienne-Ausstecher vorsichtig aushöhlen.

2 Gervais-Käse mit kleingeschnittenen Kräutern (Basilikum und Schnittlauch), zerdrücktem Knoblauch, Salz, Pfeffer und Senf pikant abschmecken.

3 Tomaten füllen, den Deckel daraufsetzen. Salat waschen. Mit Balsamicoessig, Olivenöl, Salz und Pfeffer marinieren.

4 Auf 2 Tellern einen „Salatkranz" anrichten. Tomate in die Mitte setzen. Dazu gibt es Schwarzbrot.

10 Minuten
leicht

Mein Tip: *Wer mag, kann bei diesem Gericht auch die Haut an den Tomaten lassen. Zum Füllen können Sie die verschiedensten Aufstriche verwenden.*

In meiner steirischen Heimat ist der Salat ein Kultgericht. Beim Spaziergang pflücken sich viele Steirer ihre Röhrln (= Löwenzahn) auf der Wiese für den folgenden Gaumenschmaus.

Röhrlsalat mit Erdäpfeln und Speck

Zutaten für 2 Personen:

4–5 Handvoll Löwenzahnsalat
100 g geräucherter, milder Speck
200 g Kipfler (oder kleine festkochende Kartoffeln)
2 frische Landeier
Balsamicoessig
Kernöl
Salz, Pfeffer

1 Erdäpfel waschen; in Salzwasser weich kochen, schälen, blättrig schneiden.

2 Salat putzen. Achten Sie darauf, daß der Strunk noch die Blätter zusammenhält. Danach gut waschen und abtropfen lassen.

3 Eier in 5 Minuten wachsweich kochen und schälen.

4 Speck in kleine Würfel schneiden. In einer beschichteten Pfanne erwärmen, sodaß das Fett austritt. Erdäpfel dazugeben. Kurz durchschwenken, damit die Erdäpfel warm sind. Salzen und pfeffern. Kernöl und Balsamico dazugeben. In einer geräumigen Schüssel mit dem Salat vermengen. Mit den wachsweichen Eiern servieren.

30 Minuten
aufwendig

Mein Tip: *Die warmen Erdäpfel geben dem Salat die herrlich mollige Fülle. Wer mag, schneidet noch etwas rote Zwiebel oder Knoblauch hinein. Dazu gibt es frisches Bauernbrot.*

Gefüllte Melanzani

Ein Gericht, das sich sowohl als Vorspeise wie auch als Beilage zu Lamm eignet. Oder Sie nehmen von allen Zutaten etwas mehr und haben damit ein fleischloses Hauptgericht.

Zutaten für 2 Personen:

1 kleinere Melanzani
1 Zwiebel
1 TL Rosinen
1/2 roter Paprika
1/2 gelber Paprika
1 TL geröstete Pinienkerne
1 Zehe Knoblauch
1 EL gehackte Petersilie
2 Champignons
3 Stück Minzeblätter
Olivenöl zum Braten
3–4 EL Tomatensaft
Salz, Pfeffer

45 Minuten
aufwendig

1 Paprika waschen, halbieren, entkernen und in kleine Würfel schneiden. Melanzani waschen, in 2 cm dicke Scheiben schneiden. In kaltes Salzwasser legen, damit die Bitterstoffe auslaugen. Champignons putzen, Stengel entfernen, Köpfe blättrig schneiden. Zwiebel und Knoblauch kleinschneiden.

2 Zwiebel in Olivenöl goldgelb rösten. Knoblauch, Champignons und Paprikawürfel dazugeben und durchrösten. Mit Pinienkernen, Rosinen, Salz, Pfeffer, Petersilie und fein geschnittener Minze abschmecken.

3 Backrohr auf 200 Grad vorheizen. Melanzanischeiben mit Küchenkrepp trockentupfen. In Olivenöl beidseitig goldgelb anbraten. Mit Salz und Pfeffer würzen, herausnehmen und mit der Fülle belegen.

4 In eine feuerfeste Form etwas Olivenöl geben. Belegte Melanzani mit dem Tomatensaft beträufeln. Im Rohr etwa 10 Minuten schmoren.

Roastbeefröllchen mit französischem Salat

Eine schnelle Vorspeise, die Sie je nach Gusto verändern können.

Zutaten für 2 Personen:

- 6 Scheiben Roastbeef
- 1 Karotte
- 1 gekochte speckige Kartoffel
- 2 Essiggurkerln
- 3 EL gekochte Erbsen
- 50 g gekochte grüne Bohnen
- 1 EL Sauerrahm
- 1 Msp. Senf
- 2 EL Mayonnaise
- Worcestersauce
- Salz, Pfeffer

30 Minuten
leicht

1 Das Gemüse schälen und in kleine, erbsengroße Würfel schneiden.

2 Gesamtes Gemüse mit Mayonnaise und Sauerrahm vermischen. Mit Senf, Worcestersauce, Salz und Pfeffer abschmecken.

3 Roastbeefscheiben damit füllen und einrollen. Am besten mit Blattsalat servieren.

Mein Tip: *Roastbeefröllchen sind besonders gut für kalte Platten geeignet. Wie Sie diese garnieren, bleibt ganz Ihrer Phantasie (und Ihrem Gusto) überlassen: hartgekochte Eierscheiben, halbierte Cocktailtomaten, französische Petersilie, eingelegte, in Scheiben geschnittene Maiskolben, Essiggurkenfächer usw.*

Rindercarpaccio mit Senfsauce

In unseren Breiten wohl eine der beliebtesten Vorspeisen.
Im konkreten Fall mit einer besonders schmackhaften Sauce.

Zutaten für 2 Personen:
200 g Rinderfilet
2 EL Pommery-Senf
1 EL Olivenöl
2 EL Sauerrahm
1 Spritzer Balsamicoessig
1 EL frisch geriebener Parmesan
Salz, Pfeffer

15 Minuten
leicht

1 Teller im Kühlschrank kalt stellen. Senf, Sauerrahm und Olivenöl verrühren. Mit Salz, Pfeffer und Balsamicoessig würzig abschmecken.

2 Senfsauce auf den gekühlten Tellern aufstreichen. Zugeputzten Rindslungenbraten in dünne Scheiben schneiden und auf der Sauce verteilen. Mit etwas Olivenöl beträufeln und mit Parmesan bestreuen. Dazu passen – je nach Saison – Spargel- oder Ruccolasalat und getoastetes Weißbrot.

Mein Tip: *Am besten gelingt das Schneiden des Rinderfilets mit einer Schneidemaschine. Wenn Sie das Filet vor dem Schneiden für eine halbe Stunde ins Gefrierfach geben, geht's noch leichter. Mit einem erstklassigen Messer gelingt es notfalls auch. Sollten die Filetscheiben zu dick sein, drücken Sie diese mit dem Handballen flach.*

Bella Italia. Die ultimative Trilogie in der simpelsten Kombination.

Mozzarella und Rinderfilet in Olivenöl

Zutaten für 2 Personen:

1 Packung Mozzarella
150 g Rinderfilet
1–2 Zweige Basilikum
Balsamicoessig
Olivenöl
Salz, Pfeffer

30 Minuten
leicht

1 Rinderfilet für ca. eine halbe Stunde in das Tiefkühlfach legen (das Fleisch soll leicht anfrieren, damit man es später möglichst einfach dünn schneiden kann). Mozzarella in dünne Scheiben schneiden. Basilikumblätter in feine Streifen schneiden.

2 Das gekühlte Rinderfilet mit der Schneidemaschine in hauchdünne Scheiben schneiden.

3 Rinderfilet und Mozzarellascheiben auf gekühlten Tellern kreisförmig und gefächert anrichten. Mit Salz, Pfeffer, Olivenöl und Balsamicoessig übergießen. Mit Basilikum bestreuen. Möglichst kalt servieren. Dazu gibt es Baguette.

Frische Pilze können Sie mit allen geschmacksintensiven Salatsorten kombinieren. Das Rezept eignet sich auch für Steinpilze.

Feldsalat mit Eierschwammerln

Zutaten für 2 Personen:

2–4 Handvoll Vogerlsalat (Feldsalat)
2 reife Tomaten
150 g Eierschwammerln (Pfifferlinge)
1/2 Zwiebel
1 EL frisch gehackte Petersilie
Balsamicoessig
Traubenkernöl
1 EL Butter
Salz, Pfeffer

20 Minuten
leicht

1 Tomaten in kochendem Wasser blanchieren, in Eiswasser abschrecken. Haut abziehen, halbieren, entkernen und in Rauten schneiden.

2 Eierschwammerln putzen. Zwiebel kleinschneiden. Salat putzen und waschen. Mit Salz, Essig und Traubenkernöl marinieren und auf Tellern anrichten.

3 In einer Pfanne etwas Butter aufschäumen. Zwiebel glasig anschwitzen. Schwammerln beigeben, mit Salz und Pfeffer würzen, durchrösten. Zum Schluß gehackte Petersilie einstreuen. Schwammerln auf den Salat geben. Mit den Tomatenrauten garnieren.

Eichblattsalat mit Orangen und Ananas

Ein schmackhafter Salat für Ernährungsbewußte, die womöglich gerade auf Diät sind.

Zutaten für 2 Personen:

1 Kopf Eichblattsalat
1 Orange
1 Scheibe Ananas
(geht auch aus der Dose)
Saft von 1 Zitrone
Saft einer 1/2 Orange
4 EL Distelöl
1 Prise Rohr- oder Vollzucker
Salz

1 Salat putzen, waschen, abtropfen lassen.

2 Orange schälen. Alle Häutchen entfernen. Mit einem kleinen Messer Filets herausschneiden. Ananas in kleine Stücke schneiden. Orangen- und Zitronensaft in eine Schüssel geben, mit dem Distelöl verrühren. Mit Salz und Zucker abschmecken.

3 Kurz vor dem Servieren Eichblattsalat, Orangenfilets und Ananasstücke damit marinieren.

15 Minuten
leicht

Kressesalat mit pochiertem Ei

Salat und pochiertes Ei ist eine traditionelle Kombination. Ein ideales Gericht für die frühen Abendstunden.

Zutaten für 2 Personen:
2 vollfrische Landeier
1 Handvoll gemischte Blattsalate
1 Handvoll Brunnenkresse
1 Tasse Gartenkresse
2 reife Tomaten
80 g gekochter Schinken
ein Schuß Essig
Marinade: **1/16 l Weißweinessig**
1 Msp. Senf
Walnußöl, Olivenöl
Salz, Pfeffer, Zucker

20 Minuten
leicht

1 Für die Marinade Weißweinessig, Senf und die Gewürze verrühren; zum Schluß die Öle einrühren.

2 Salat putzen, waschen, abtropfen lassen. Die Tomaten in kochendem Wasser kurz blanchieren, in Eiswasser abschrecken Die Haut abziehen, halbieren. Tomaten entkernen und das Fruchtfleisch in kleine Würfel schneiden.

3 Den gekochten Schinken in feine Streifen schneiden. In einem Topf Wasser zum Kochen bringen, etwas Essig zugeben – Das Wasser nicht salzen! Die Eier jeweils einzeln in einer kleinen Schüssel aufschlagen und in das fast kochende Wasser laufen lassen. Dabei das Eiweiß mit einem Löffel über das Eigelb ziehen. Etwa 3 Minuten pochieren. Danach zur Seite stellen.

4 Kresse und Blattsalat marinieren. Auf 2 Tellern anrichten. Mit Schinkenstreifen und dem warmen Ei belegen. Das Ei mit Pfeffer aus der Mühle bestreuen. Tomatenwürfel ebenfalls marinieren und über den Salat verteilen. Mit Weißbrotcroûtons servieren.

Mein Tip: *Pochieren bedeutet, das Gargut in heißem Wasser garziehen zu lassen.*

Spargelsalat mit Kressekeimlingen

Eine willkommene würzige wie gesunde Kombination für Spargelliebhaber

1 Den Spargel vom Kopf weg schälen. Weißen Spargel in Salzwasser mit Zucker, Zitronensaft und der Semmel kochen (das Weißbrot nimmt die Bitterstoffe des Spargels auf). Grünen Spargel nur in Salzwasser kochen! Der Zitronensaft würde den grünen Spargel sofort braun werden lassen. Beide Spargelsorten in Eiswasser abkühlen.

2 Knoblauch schälen, in feine Streifen schneiden. Kressekeimlinge waschen, abtropfen lassen. Kresse mit Balsamicoessig und Distelöl vermischen, mit Salz, Pfeffer und Zitronensaft abschmecken.

3 Den Spargel auf Tellern anrichten und mit dem Dressing beträufeln.

Zutaten für 2 Personen:

6 Stück weißer Spargel
4 Stück grüner Spargel
5 EL Kressekeimlinge
3 EL Distelöl
Balsamicoessig
Saft von einer Zitrone
1 Semmel vom Vortag
1 Zehe Knoblauch
2 EL frisch gehackte Petersilie
Zucker, Salz, Pfeffer

Mein Tip: *Verwenden Sie außerhalb der Saison nur grünen Spargel. Sie können den Salat auch mit 2–3 EL weichgekochtem Dinkel bestreuen.*

40 Minuten
aufwendig

Griechischer Salat

Einer der populärsten Salate, der viele Improvisationen zuläßt.
Gerade durch seine Schlichtheit immer wieder ein schönes Gericht für heiße Sommertage.

Zutaten für 2 Personen:

1 grüner Salat
1 kleine Gurke
1 roter Paprika
2 reife Tomaten
1 kleine rote Zwiebel
6 Stück schwarze Oliven
4 Stück grüne Oliven
100 g Schafkäse
1 kleiner Bund Oregano
Weinessig, Olivenöl
Salz, Pfeffer

15 Minuten
leicht

1 Salat putzen, waschen, abtropfen lassen. Gurke wenn nötig schälen (falls die Schale bitter ist) und würfelig schneiden. Tomate waschen, Strunk herausschneiden, sechsteln. Zwiebel in kleine Würfel schneiden. Paprika waschen, halbieren, entkernen, in Würfel schneiden.

2 Aus Öl, Essig, Salz, Pfeffer eine Marinade rühren. Käse in kleinere Stücke zerteilen. Alle Zutaten vermischen und mit der Marinade abschmecken.

3 Oreganoblätter kleinschneiden. Salat auf Tellern anrichten, mit den Kräutern bestreuen, mit Olivenöl beträufeln.

Fisch

Hier beginnt das Kochen beim Einkauf. Jagen Sie nicht einer Seezunge nach, bloß weil Sie im Rezept steht, wo doch der Steinbutt so schön ist. Kaufen Sie, was frisch und verlockend auf dem Markt ist. Fisch läßt Ihnen beim Kochen viele Improvisationsmöglichkeiten. – Nutzen Sie diese mit den folgenden Rezepten.

Fisch braten

Sie am besten in beschichteten Pfannen, wo er am wenigsten Gefahr läuft, kleben zu bleiben. Letzteres passiert vor allem bei tiefgekühltem Fisch. Lassen Sie Tiefkühlware gar nicht erst auftauen. Würzen, beidseitig in Mehl wenden und sofort in das heiße Fett (vorzugsweise eine Mischung aus Butter und Öl) legen. Fisch immer so kurz wie möglich garen, sonst wird er trocken.

Fisch lagern

Sie möglichst kurz im Kühlschrank. Fisch, Schalen- und Krustentiere verderben recht rasch und verlieren an Qualität. Spätestens am Tag nach dem Einkauf sollte die Ware verzehrt werden. Alles was „ungut" riecht nicht mehr verwenden. Frischer Fisch riecht höchstens entfernt nach Meer, niemals muffig nach Fisch. Das gilt übrigens generell für alle Lebensmittel: Auch wenn das Ablaufdatum auf der Verpackung etwas anderes sagt: Wenn Geruch und Optik nicht stimmen, dann weg damit. Für die Lagerung Fisch aus dem Papier nehmen und auf einem Teller, mit Frischhaltefolie abgedeckt, in den Kühlschrank geben.

Fischpfannen

reinigt man ganz leicht, indem man die Pfanne mit Salz erhitzt. Wenn das Salz braun ist, ist die Pfanne geruchsfrei. Danach nur noch mit Küchenkrepp auswischen.

Knusprig backen

Immer eine möglichst große Pfanne und viel Backfett verwenden. Alles Panierte muß beim Backen in zumindest fingerhohem Fett schwimmen und darf nicht übereinander liegen. Wenn das Fett zuwenig Temperatur hat, saugt sich das Bratgut mit Fett voll und wird nicht knusprig. Um zu überprüfen, ob die Fett-Temperatur stimmt, geben Sie einen Tropfen Teig ins Öl. Wenn dieser nur bis zur Mitte absinkt und den Boden nicht erreicht, ist alles in Ordnung.

Pfeffer

Welchen Pfeffer Sie verwenden, ist vor allem eine Geschmacksfrage. In jedem Fall muß er frisch gemahlen sein, sonst können Sie sich ihn gleich sparen. Bunter Pfeffer macht sich optisch wie auch geschmacklich gut auf Steaks. – Am besten nur mit einem Mörser oder einem schweren Pfannenboden grob zerdrücken. Weißer Pfeffer ist vor allem für weiße Saucen und Fisch empfehlenswert, weil er die Optik nicht stört. Cayennepfeffer ist sehr scharf! – Immer nur in kleinen Mengen verwenden.

Wein zum Kochen

Schlechten Wein mögen Sie sicher nicht trinken. Er eignet sich auch nicht zum Kochen. Leeren Sie diesen besser weg. Am besten verwenden Sie zum Kochen jenen Wein, den Sie später auch dazu trinken. Sollte doch einmal ein guter Schluck übrigbleiben: Weißwein gibt einem Geschnetzelten, hellen Saucen zu Fisch, Risottos und manchen Sorbets eine zusätzliche Note. Und ein Schuß Rotwein paßt natürlich für alle Saucen zu kräftigen Fleisch- und Wildgerichten.

Zitronen

geben fast doppelt soviel Saft, wenn man sie für 15 Minuten in heißes Wasser legt. Dieser Trick funktioniert nur mit ungespritzten Früchten, weil sonst die giftigen Konservierungsstoffe ins Fruchtinnere gelangen können. Zitronen nie im Kühlschrank lagern, weil sie dort leicht austrocknen.

Gerers Fischstäbchen

Aus Jux bestellte sich ein stadtbekannter Trinker im „Korso" Fischstäbchen. – Er hat sie auch prompt bekommen, und seither gehört dieses Gericht, für das sich auch Steinbutt oder Petersfisch eignet, zum „Korso"-Standard.

Zutaten für 2 Personen:
250 g grätenfreies Zanderfilet ohne Haut
1 EL frisch gehackte Petersilie
Öl zum Backen
Mehl, Ei, Weißbrotbrösel zum Panieren
1 Zweig Rosmarin
2 EL Butter
Salz, Pfeffer
Für den Salat: 250 g kleine festkochende Kartoffeln (vorzugsweise Kipfler)
1 kleine rote Zwiebel
Weißweinessig, Öl
1 EL frisch geschnittener Schnittlauch
1 TL Senf
Salz, Pfeffer, Zucker

1 Kartoffeln waschen, mit Salzwasser bedeckt weich kochen. Schälen und blättrig schneiden. Essig, Zucker, Senf, Salz, Pfeffer und Öl zu einer Marinade verrühren und mit den noch warmen Kartoffelscheiben vermengen. Rote Zwiebel kleinschneiden und unter den Salat mischen.

2 Fischfilet in gleich große Stäbchen schneiden. Mit Salz und Pfeffer würzen.

3 Gehackte Petersilie mit dem Ei verquirlen. Fisch in Mehl, Ei und Weißbrotbröseln panieren. In heißem Fett goldgelb backen. Öl aus der Pfanne ableeren. Butter darin aufschäumen. Rosmarinzweig und Fisch darin schwenken. Fisch herausnehmen und mit Küchenkrepp abtupfen.

4 Kartoffelsalat mit geschnittenem Schnittlauch bestreuen und auf heißen Tellern anrichten. Fischstäbchen darauflegen und noch heiß servieren.

60 Minuten
leicht

Mein Tip: *Zu den Fischstäbchen paßt auch mit Kernöl marinierter Ruccolasalat.*

Wie bei allen Speisen, wo Fisch roh verarbeitet wird, ist auch hier absolute Frische des Grundproduktes notwendig. Servieren Sie das Tatar möglichst kühl.

Thunfischtatar auf Rösti

Zutaten für 2 Personen:

200 g frischer Thunfisch
1 Handvoll Kresse
Saft einer 1/2 Zitrone
1 größere mehlig kochende Kartoffel
1 Schalotte
2 EL kleinwürfelig geschnittene Karotte
1 EL kleinwürfelig geschnittene gelbe Rübe
Öl zum Backen
Olivenöl
Sherryessig
Salz, Pfeffer

1 Schalotte möglichst kleinwürfelig schneiden. Thunfisch von Fettstellen befreien und in kleine Würfel schneiden.

2 Thunfisch, Karotten, gelbe Rübe und Zitronensaft gut vermischen. Mit Salz, Pfeffer, Zitronensaft und Olivenöl abschmecken. Im Kühlschrank kalt stellen.

3 Kartoffel schälen und am besten auf einer Schneidemaschine in dünne Scheiben schneiden (geht auch mit einem Küchenhobel). Anschließend in feine Streifen schneiden. Mit einem Geschirrtuch gut abtrocknen. Kresse mit Sherry, Salz und Öl marinieren.

4 In einer beschichteten Pfanne etwas Öl erhitzen. Kartoffelstreifen darin goldgelb braten. Herausnehmen, auf einem Küchenkrepp abtropfen lassen und salzen.

5 Kartoffelrösti auf Tellern anrichten. Thunfischtatar mit einem Eßlöffel zu Nockerln formen und mit marinierter Kresse servieren.

40 Minuten
leicht

Ein Lieblingsgericht von meinem Freund und Kollegen Rudi Kellner, der stets zu sagen pflegt: „Gebackener Karpfen geht nur mit Mayonnaisesalat."

Gefüllter, gebackener Karpfen mit Mayonnaisesalat

Zutaten für 2 Personen:
- 4 Karpfenfilets à 100–120 g (mit abgezogener Haut und ohne Hauptgräten)
- 1 kleiner roter Paprika
- ½ Zwiebel
- 1 EL gehackte Petersilie
- 1 Zehe Knoblauch
- ½ TL Paprikapulver
- Saft von einer ½ Zitrone
- Mehl, Ei, Weißbrotbrösel zum Panieren
- Öl zum Backen

Für den Salat:
- 400 g festkochende Kartoffeln
- 1 kleine rote Zwiebel
- 1 Bund Schnittlauch
- 2–3 EL Mayonnaise
- Weißweinessig, Salz, Pfeffer, Zucker

50 Minuten
aufwendig

Mein Tip: *Am besten schmecken mir die Karpfen aus dem oberen Waldviertel von meinem Freund Hans Geist. Bei ihm entstand auch, anläßlich eines Teichausfischens, dieses Rezept.*

1 Kartoffeln waschen, mit Salzwasser zustellen, kochen. Noch heiß schälen und in dünne Scheiben schneiden. Rote und weiße Zwiebel, Knoblauch schälen, alles kleinschneiden.

2 Aus wenig Wasser, Essig, Öl, Zucker, Salz, Pfeffer und der roten Zwiebel eine pikante Marinade rühren und mit den warmen Kartoffelscheiben vermischen. Etwa 15 Minuten ziehen lassen. Dann mit der Mayonnaise verrühren, abschmecken und mit geschnittenem Schnittlauch bestreuen.

3 Paprika waschen, halbieren, entkernen und in kleine Würfel schneiden. In einer Pfanne weiße Zwiebel und Knoblauch in Butter andünsten, Paprika dazugeben. Bei kleiner Hitze ca. 5 Minuten schmoren lassen. Mit Salz, Pfeffer und Zitronensaft abschmecken. Petersilie unterrühren und einen halben TL Paprikapulver dazugeben.

4 Die Karpfenfilets vorsichtig waagrecht einschneiden, damit aufgeklappt ein fast doppelt so großes Stück entsteht. Filets mit Salz, Pfeffer und Zitronensaft würzen. Zwiebel-Paprika-Mischung auf den Filets verteilen, diese zusammenklappen und wie ein Schnitzel panieren. In heißem Öl goldgelb backen und mit dem Salat servieren.

Forelle Müllerin

Zwei klassische Zubereitungsarten für Forelle. Falls Sie das Glück haben, fangfrische Bachforellen zu bekommen, greifen Sie unbedingt zu. Ärgern Sie sich nicht, wenn beim Garen die Haut der Forelle reißt. – Das tut sie immer, wenn der Fisch wirklich frisch ist.

Zutaten für 2 Personen:

1 Forelle (ca. 350 g)
1 EL gehackte Petersilie
Saft von einer 1/2 Zitrone
2 EL Butter
3 EL Mehl
1 EL Weißbrotbrösel
Öl zum Braten
Salz, Pfeffer

20 Minuten
leicht

Mein Tip: *Versuchen Sie zusätzlich, eine fein geschnittene Zehe Knoblauch, 1 EL Kapern und 1 EL Tomatenwürfel in der Butter aufzuschäumen. – Schmeckt hervorragend!*

1 Forelle ausnehmen (erledigt am besten der Fischhändler). Zu Hause gut auswaschen und Kiemen mit einer Schere herausschneiden. Backrohr auf 200 Grad vorheizen.

2 Forelle innen und außen mit Salz und Pfeffer würzen. In einer beschichteten, ofenfesten Pfanne etwas Öl erhitzen. Den Fisch in Mehl-Brösel-Gemisch wälzen und in einer beschichteten Pfanne beidseitig eher scharf anbraten. In das vorgeheizte Rohr schieben. Nach 4 Minuten umdrehen und nochmals so lange braten. Die Haut soll goldgelb und knusprig sein. (Garprobe: Mit Messer oder Gabel in den Rücken stechen und probieren, ob sich das Filet leicht abheben läßt.)

3 Fertige Forelle auf eine ovale, vorgewärmte Servierplatte legen (am schönsten ist eine silberne). Bratöl aus der Pfanne abgießen, Butter aufschäumen lassen und mit etwas Zitronensaft, Petersilie und Salz würzen.

4 Forelle mit der Butter begießen. Bei Tisch zerteilen. Dazu passen junge Kartoffeln und Blattsalate.

Forelle blau mit Wurzeln

Zutaten für 2 Personen:

2 Forellen à ca. 250 g
1/8 l Riesling
3 EL Weißweinessig
1 Schalotte
1 kleiner Bund Dille
100 g gemischtes Wurzelwerk (Karotte, gelbe Rübe, Lauch)
1 Lorbeerblatt
3–4 EL Butter
ca. 1/4 l Wasser
2 Pfefferkörner, Salz

25 Minuten
leicht

1 Forellen küchenfertig vorbereiten (erledigt am besten der Fischhändler).

2 Wurzelwerk waschen, schälen und in feine Streifen schneiden. Wasser mit Gewürzen, Weißweinessig, Wein und Wurzelwerk in einem geräumigen Topf einmal gut aufkochen.

3 Forellen in den Topf geben und bei schwacher Hitze ca. 8–10 Minuten ziehen lassen.

4 In einem kleinen Topf Butter aufschäumen. Forellen vorsichtig aus dem Topf nehmen, mit der Butter übergießen. Gemeinsam mit den Wurzeln und ein wenig vom Kochsud servieren. Dazu passen Salzkartoffeln.

Mein Tip: *Waschen Sie die Forelle keinesfalls, weil Sie sonst die zarte Schleimhaut, die für die Blaufärbung verantwortlich ist, verletzen. Wenn Sie die Forelle vor dem Kochieren mit einigen EL Essig benetzen, wird die Blaufärbung noch intensiver.*

Räucherlachs-Sushi

Sushi ist in unseren Breiten das beliebteste Gericht der japanischen Küche. Absolut frische Zutaten sind hierfür oberstes Gebot. Der „Trick" mit dem Räucherlachs empfiehlt sich vor allem dann, wenn man keine absolut frischen Meeresfische bekommt …

Zutaten für 2 Personen:

100 g Rundkornreis
¹/₄ l Wasser
1 unbehandelte Zitrone
1 Bund Dille
100 g in dünne Scheiben geschnittener Räucherlachs
etwas Wasabi (japanischer grüner Rettich)
Sojasauce
Reisessig (ersatzweise Apfelessig)
1 EL Zucker, Salz

45 Minuten
aufwendig

1 Reis waschen. Mit dem Wasser zum Kochen bringen, dabei öfters umrühren. 2 Minuten stark kochen lassen. Anschließend 15 Minuten quellen lassen.

2 Zitrone waschen und in 2 mm dicke Scheiben schneiden. Dillspitzen fein schneiden.

3 In einem kleinen Topf etwas Essig, Zucker und Salz erwärmen. Unter den Reis mischen, abkühlen lassen.

4 Eine schmale, längliche Form mit Frischhaltefolie auslegen. Zuerst die Dille, dann die Zitrone, anschließend den Lachs einlegen. Hände mit Essigwasser anfeuchten und den Reis in der Form gleichmäßig verteilen. Leicht andrücken und für eine Stunde in den Kühlschrank stellen.

5 Danach Form stürzen. Folie abziehen. In 2 cm dicke Scheiben schneiden. Wasabi in Sojasauce verrühren und dazu servieren.

Es muß nicht immer Kaviar sein, aber für dieses Gericht schöpfen Sie ruhig aus der vollen Kaviardose. Es lohnt sich …

Steinbutt in Champagnersauce mit Kaviar

Zutaten für 2 Personen:

400 g Steinbuttfilet
1/8 l Champagner
1/8 l Obers (Sahne)
1 Schuß Weißwein oder Noilly Prat
3 EL Butter
1–2 Zweige Basilikum
Kaviar nach Belieben
Salz, Pfeffer

1 Wenn nötig Haut der Steinbuttfilets abziehen. Filets portionieren. Die Anschnitte mit einem Schuß Weißwein und einem guten 1/8 l Wasser 10 Minuten verkochen und abseihen.

2 Champagner mit dem abgeseihten Fond aufkochen und stark reduzieren. Mit Obers auffüllen und 5–8 Minuten köcheln lassen. In die Sauce mit dem Stabmixer kalte Butterstücke einmixen. Mit Salz und Pfeffer abschmecken.

3 In einer Pfanne etwas Butter aufschäumen. Den Fisch beidseitig salzen und auf den Punkt braten. (Garprobe: Mit einer Gabel ein Filet aufreißen. Es sollte innen noch glasig sein.)

4 Die Champagnersauce nochmals erwärmen und aufmixen. Die Steinbuttfilets auf vorgewärmten Tellern anrichten, mit der Sauce begießen und mit einem Kaviarnockerl ergänzen. Mit Basilikumblättern garnieren. Dazu passen Wilder Reis und Blattspinat.

Mein Tip: *Kaviar nur mit einem Horn- oder Plastiklöffel anrichten. Eisen- oder Silberlöffel lassen den Kaviar oxidieren und verändern seinen Geschmack.*

30 Minuten
aufwendig

Seezungenstreifen auf Tomaten-Basilikumsauce

Ein italienisch inspiriertes Fischgericht, das (nicht nur) Kindern hervorragend schmeckt.

Zutaten für 2 Personen:

300–400 g Seezungenfilet
4 reife Tomaten
1 kleiner Bund Basilikum
1 Msp. Tomatenmark
1 Zehe Knoblauch
1 Prise Zucker
1 EL Butter
2 EL Olivenöl
Salz, Pfeffer

35 Minuten
aufwendig

Mein Tip: *Wer die Tomatensauce ganz fein haben will, läßt Knoblauch und Olivenöl weg, schwitzt statt dessen die Tomatenwürfel in Butter an und montiert die eingekochte Sauce mit kalten Butterstücken.*

1 Tomaten in kochendem Wasser kurz blanchieren, in Eiswasser abschrecken. Die Haut abziehen, halbieren, entkernen. Die Kerne durch ein Sieb quetschen und den Saft auffangen. Tomaten grob schneiden.

2 Knoblauch schälen, kleinschneiden. In einer Pfanne etwas Olivenöl erhitzen. Den Knoblauch darin anschwitzen, ohne daß er Farbe nimmt. Tomatenmark dazugeben, kurz aufschäumen lassen. Tomatenfruchtfleisch beigeben, mit Tomatensaft aufgießen und etwa 15 Minuten langsam einkochen. Mit Salz, Pfeffer und Zucker abschmecken. Mit dem Stabmixer pürieren; dabei etwas Olivenöl einarbeiten.

3 Seezungenstreifen salzen, in heiße Butter einlegen und kurz durchschwenken (dauert ca. 2 Minuten).

4 In Streifen geschnittenes Basilikum unter die Sauce rühren. Seezungenstreifen mit der Sauce auf heißen Tellern servieren. Dazu passen hervorragend mit Olivenöl abgeschmeckter Blattspinat und Gnocchi.

Seezungenfilet auf Sellerie mit Kräutern

Der Duft von Sellerie und Estragon macht dieses Fischgericht so außergewöhnlich.

Zutaten für 2 Personen:

300 g Seezungenfilet
100 g Stangensellerie
1 kleiner Bund Kerbel
1 Zweig Estragon
1/2 Knolle Sellerie
3 EL Butter
1 Zweig Basilikum
80 g Obers (Sahne)
1/16 l Weißwein
1/16 l Noilly Prat
Salz, Pfeffer

45 Minuten
aufwendig

1 Sellerie waschen, schälen und in dünne Scheiben schneiden (gelingt am besten mit der Maschine). Selleriescheiben in etwas Butter anschwitzen. Mit Salz und Pfeffer würzen. Wenig Wasser zugießen und garen.

2 Stangensellerie waschen und schälen. Mit einem kleinen Gemüsemesser die Fäden ziehen. In Rautenform schneiden. In Salzwasser blanchieren und in Eiswasser abkühlen. Basilikumblätter in feine Streifen schneiden.

3 Für die Sauce Weißwein und Noilly Prat etwas einkochen. Mit Obers aufgießen und etwa auf ein Drittel reduzieren. Sauce mit kalten Butterstücken montieren (geht am besten mit dem Stabmixer). Mit Salz und Pfeffer abschmecken.

4 Seezungenfilets auf ca. 5 cm Länge schneiden. Beidseitig leicht salzen. In etwas Butter mit Basilikum garen (dauert ca. 1–2 Minuten).

5 Vor dem Anrichten frische Kräuter (Estragon, Kerbel, Basilikum) in die Sauce mixen (oder kleingeschnitten unterrühren). Seezungenfilets nochmals darin schwenken.

6 Sellerie auf heißen Tellern dekorativ auflegen. Darüber Fischfilets und Sauce anrichten. Mit Estragon und Kerbel garnieren. Dazu passen frische Nudeln.

Schollenfiletstreifen mit gebratenen Nudeln in Zimt-Curry-Sauce

Fisch einmal anders. Mit orientalischen Gewürzen und knusprigen Nudeln.

Zutaten für 2 Personen:

250 g Schollenfilet
50 g Lauch
½ Zwiebel
1 Karotte, 1 gelbe Rübe
1 TL Currypulver
1 Msp. gemahlener Zimt
1 Schuß Weißwein
4 EL Butter
1 EL Sauerrahm
⅛ l Obers
1/16 l milde Rindsuppe (oder Kalbsfond)
1 Msp. frisch geriebener Ingwer
Schale von einer halben Zitrone
je 1 EL Mehl und Weißbrotbrösel
100 g Spaghetti
Salz, Pfeffer, Öl

1 Zwiebel und Wurzelwerk in feine Streifen schneiden. In einer Pfanne Butter aufschäumen. Zwiebel darin anschwitzen, Wurzelwerk dazugeben und bei kleiner Hitze andünsten. Von der Flamme nehmen, Currypulver und Zimt unterrühren. Mit Weißwein ablöschen, mit Rindsuppe und Obers aufgießen, aufkochen und das Gemüse kurz (ca. 3 Minuten) weich dünsten. In die Sauce kalte Butterstücke einrühren. Mit Salz, Pfeffer und glattgerührtem Sauerrahm abschmecken.

2 Nudeln kochen, abseihen, kreisförmig auf einen Teller legen. 10 Minuten abtrocknen lassen.

3 Schollenfilets in 5 mm breite Streifen schneiden. Mit frisch geriebenem Ingwer, Zitronenschale, Salz, Pfeffer würzen. In einem Weißbrotbrösel-Mehl-Gemisch wälzen.

4 Schollenfiletstreifen in reichlich heißem Fett sehr rasch knusprig backen. Nudelräder in einer beschichteten Pfanne mit Öl beidseitig goldgelb braten. Anschließend leicht salzen. Sauce darauf anrichten, mit den fritierten Schollenfiletstreifen bestreuen und servieren.

Mein Tip: *Die Schollenfilets sehr sorgfältig im Mehl-Brösel-Gemisch wälzen, weil sie sonst beim Fritieren aneinander kleben bleiben.*

40 Minuten
für Ehrgeizige

Für alle, die es gerne pikant haben: Süßwasserfische mit einer südamerikanisch anmutenden Sauce.

Fischtopf mit Bohnen

Zutaten für 2 Personen:

200 g Zander- oder Welsfilet
2 rote Paprika
1 kleine Zwiebel
ca. 10 Stück Perlzwiebeln
1 Handvoll getrocknete rote Bohnen
1 Lorbeerblatt
3 Zehen Knoblauch
1 kleiner Bund Petersilie
1/4 l milde Rindsuppe
1 EL Sauerrahm
1/8 l Obers (Sahne)
3 EL Butter
50 g Hamburger Speck
1 Msp. Paprikapulver
1 Zweig Thymian
1 Schuß Weißwein
Salz, Pfeffer, Tabasco

45 Minuten
aufwendig

1 Die Bohnen einen Tag vorher in reichlich kaltem Wasser einweichen. Bohnen mit Thymian, 1/2 Lorbeerblatt und einer Knoblauchzehe weich kochen und abseihen (dauert ca. 45 Minuten).

2 Zwiebel und Knoblauch schälen. Perlzwiebeln schälen, in kochendem Salzwasser blanchieren und abseihen. Mit kleingeschnittenem Speck und etwas Butter anschmurgeln. Mit Salz, Pfeffer würzen, mit Weißwein ablöschen und kurz dünsten. Die Zwiebeln sollen bißfest sein (dauert ca. 3 Minuten).

3 Paprika waschen, halbieren, entkernen, kleinschneiden. Gehackte Zwiebel und Knoblauch in Butter anschmurgeln. Paprika beigeben, andünsten, mit Weißwein ablöschen. Mit Rindsuppe aufgießen, 1/2 Lorbeerblatt dazugeben und in ca 5 Minuten weich dünsten. Obers beigeben, aufkochen. Lorbeerblatt entfernen, pürieren, durch ein Sieb seihen. Mit Salz und Pfeffer würzen.

4 Fisch in gefällige Stücke schneiden. Mit Paprikapulver, Salz, Pfeffer und zerdrücktem Knoblauch würzen und bei kleiner Flamme garziehen lassen.

5 Bohnen beigeben, mit Salz, Pfeffer und Tabasco pikant abschmecken. Mit gehackter Petersilie und Sauerrahm garnieren.

Tintenfischrisotto

Ob als Vorspeise oder Hauptgericht: Mit diesem fischigen, schwarzen Risotto schinden Sie auf jeden Fall Eindruck.

Zutaten für 2 Personen:
150 g Tintenfisch
120–150 g Risottoreis
1/2 Zwiebel
1 kleine Knolle Fenchel
1 Tomate
1 Schuß Weißwein
1 Zehe Knoblauch
ca. 0,4 l Rindsuppe
5 EL Butter
2 EL Olivenöl
1 kleiner Bund Basilikum
1 EL geriebener Parmesan
1 Packung Tintenfischtinte
Salz, Pfeffer

Mein Tip: *Falls Sie keine Tintenfischtinte bekommen, geht's auch ohne. Noch eine Alternative: Gießen Sie statt mit Rindsuppe mit Tomatensaft auf (dann keine Tinte verwenden).*

1 Fenchel schälen, die Fäden ziehen und in kleine Würfel schneiden. Zwiebel und Knoblauch schälen und kleinschneiden. Die Tomate am Strunk kreuzweise einschneiden, in kochendem Wasser blanchieren und in Eiswasser abschrecken. Haut abziehen, halbieren, entkernen und das Fruchtfleisch in kleine Würfel schneiden. Reis waschen.

2 Tintenfische putzen (alle Häutchen abziehen), gut wässern und in Streifen schneiden.

3 In einem Topf 2 EL Butter aufschäumen. Zwiebel kurz anschwitzen. Knoblauch und Fenchel beigeben und bei kleiner Hitze durchrösten. Risottoreis dazugeben, durchrösten. Mit Weißwein ablöschen, einkochen und mit der heißen Suppe immer wieder unter ständigem Rühren aufgießen.

4 Tintenfischtinte dazugeben, mit Salz und Pfeffer würzen und bei kleiner Flamme unter ständigem Rühren bißfest garen (dauert ca. 12–15 Minuten).

5 In einer Pfanne etwas Olivenöl erhitzen. Tintenfischstreifen mit Salz und Pfeffer würzen, rasch anbraten. Tomatenwürfel beigeben. Durchschwenken und vom Feuer nehmen. Basilikum in feine Streifen schneiden.

6 Etwa die Hälfte der Tintenfische unter das Risotto mischen. 2–3 EL kalte Butter daruntermengen. Mit Parmesan und Basilikum abschmecken. Auf heißen Tellern anrichten. Mit den übrigen Tintenfischen und dem Fenchelgrün servieren.

45 Minuten
aufwendig

Auf den ersten Blick vielleicht eine ungewöhnliche Kombination, abseits der üblichen Zubereitungsart mit Knoblauch und Kräutern. Das Rezept funktioniert auch mit Garnelen.

Gebratene Scampi mit Orangenbutter

Zutaten für 2 Personen:

8–10 Stück Scampi
Saft von 2 Orangen
Schale von 1 Orange
10 Orangenfilets
3 EL Butter
1 EL Zucker
Olivenöl
½ Knolle Fenchel
Öl zum Backen
Salz, Pfeffer

30 Minuten **für Ehrgeizige**

1 Fenchel schälen, Fäden ziehen. Mit einer Schneidemaschine dünn aufschneiden. In einer Pfanne Öl erhitzen. Fenchelscheiben knusprig backen. Auf einem Küchenkrepp abtropfen lassen und beiseite stellen. Kurz vor dem Anrichten mäßig salzen.

2 In einer Sauteuse Orangensaft auf etwa ein Drittel einkochen. Für die Bindung kalte Butterstücke einrühren (Saft darf dann nicht mehr kochen). Mit grob gemahlenem Pfeffer würzen.

3 Unbehandelte Orangenschale in feine Streifen schneiden. Für ca. 5 Minuten in kochendes Zuckerwasser geben.

4 Scampi mit einem scharfen Messer der Länge nach halbieren. In einer Pfanne mit heißem Olivenöl nur mit der Schale nach unten glasig braten.

5 Auf den Tellern mit Orangenbutter beträufeln. Mit fritiertem Fenchel, Orangenfilets und Orangenschale garnieren.

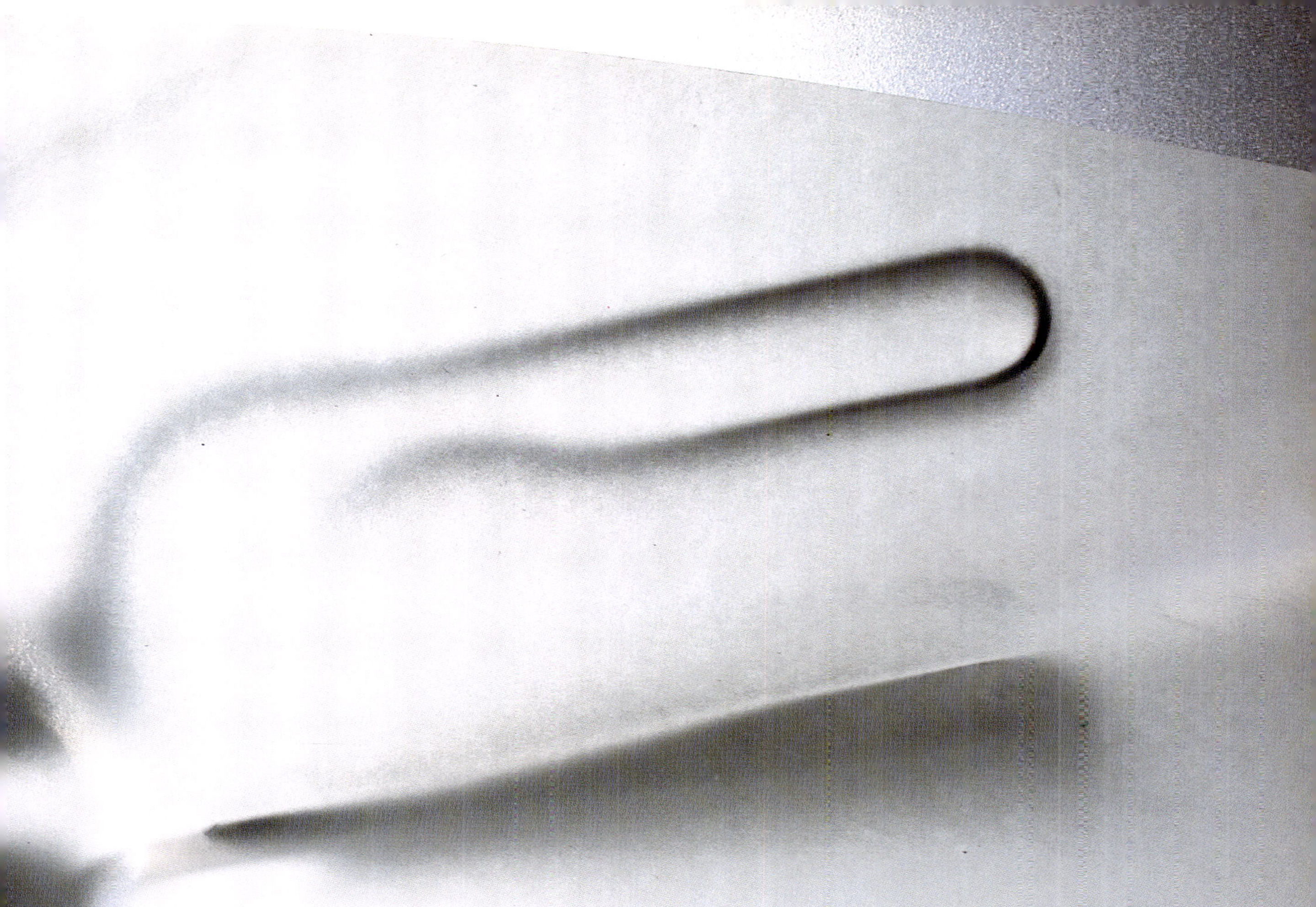

Fleisch

Fleisch samt einer guten Sauce ist für viele immer noch der Inbegriff einer richtigen Hauptspeise. Zwar beklagen sich die Metzger manchmal bei mir, daß ich immer so kleine Fleischportionen in den Rezepturen anführe, aber schließlich werden Sie doch nicht auf die gesunde und sättigende Gemüsebeilage vergessen …

Abgehangenes Rindfleisch

Auch wenn es noch so hübsch aussieht: Kaufen Sie niemals leuchtendrotes Rindfleisch. Es ist noch nicht genügend abgehangen und nach dem Braten dementsprechend zäh und mühevoll zu kauen. Gut abgehangenes Fleisch erkennen Sie an seiner matten braunroten Farbe. Die einzige Ausnahme ist Rinderfilet für Carpaccio und Tatar: Da geht Frische über alles.

Braten

Beim Braten von Fleisch, Fisch oder Geflügel nie mit einer Gabel in das Bratgut stechen, weil sonst der schmackhafte Saft ausläuft. Benutzen Sie für das Wenden stets zwei Backschaufeln.

Fleisch rasten lassen

Nach dem Braten sollte jedes Fleischstück kurz in warmer Umgebung rasten, damit sich die Säfte optimal verteilen können. In kleinen Haushalten geht das am besten im erhitzten, offenen und abgedrehten Backrohr. Oder Sie legen das Fleisch auf einen Teller und umhüllen es mit Alufolie. Größere Fleischstücke während des Rastens einmal umdrehen, damit sich der Saft gleichmäßig verteilen kann.

Fleischlaibchen

werden besonders locker, wenn Sie mit den eingeweichten Semmeln nicht sparen. Gut ein Drittel der Masse sollte auf jeden Fall aus Semmeln bestehen.

Garprobe beim Braten

Der klassische Braten ist durchgehend gar, wenn Sie mit einer Nadel hineinstechen und der austretende Fleischsaft kein Blut mehr enthält.

Grillen

Bevorzugen Sie durchzogenes Fleisch, weil es nicht so leicht austrocknet wie mageres. Besonders saftig wird das Fleisch, wenn Sie es in gebutterter Alufolie auf den Grill legen. So kann der Saft nicht auf die Holzkohle tropfen, und die Stücke trocknen nicht aus. Für fertig gegrilltes Fleisch gilt das gleiche wie für gebratenes: Nicht sofort servieren, sondern noch einige Minuten in warmer Umgebung rasten lassen, damit sich die Fleischfasern entspannen und der Saft verteilt.

Leber

schmeckt milder, wenn man sie vor dem Braten einige Zeit in frischer Milch einlegt. Wenn Sie die Leber eine Minute in heißes Wasser legen, können Sie die Haut ganz leicht abziehen. Leber (und auch Nieren) immer erst vor dem Servieren salzen. Tun Sie das schon beim Braten, werden Innereien hart.

Trüffeln

Frische schwarze Trüffeln müssen vor der Verwendung sorgfältig gereinigt werden. Um die Erdreste zu lösen, in lauwarmes Wasser legen, dann unter fließendem Wasser abbürsten. In Vertiefungen steckende Erdreste vorsichtig mit der Spitze eines Messers lösen. Danach nochmals abspülen, gut abtrocknen und wenn nötig schälen. Schalen und Abschnitte aufheben und für Saucen verwenden. Rohe Trüffeln kann man den verschiedensten Vorspeisen beigeben. Schwarze Trüffeln, die warmen Speisen beigegeben werden, vorher kurz in Butter dünsten. Weiße Trüffeln immer nur roh über das Gericht hobeln.

Wenn Würstel platzen,

dann hat das Wasser zu sehr gekocht. Würstel sollten in heißem Wasser 15–20 Minuten ziehen, nicht kochen. Das Aufplatzen von Bratwürsten verhindern Sie, wenn Sie diese vor dem Braten kurz in ein wenig kalter Milch wenden.

Kalbsrückenfilet in Morchelsauce

Ein Klassiker der internationalen Küche. Die Kombination Kalb und Morcheln ist einfach unschlagbar gut.

Zutaten für 2 Personen:

400 g Kalbsrücken (oder 2 zugeputzte Kalbsrückensteaks à 150 g)
150 g frische Morcheln (ersatzweise eine Handvoll getrocknete Morcheln)
1/8 l Obers (Sahne)
3 EL Butter
Salz, Pfeffer

1 Kalbsrücken von Fett und Sehnen befreien. In 2 oder 4 Stücke schneiden und leicht plattieren.

2 Morcheln putzen und gut wässern. Halbieren und in brauner Butter anschwitzen. Mit Salz und Pfeffer würzen.

3 Auf ein Sieb geben. Den Saft von den frischen Morcheln auf ein Drittel einkochen. Mit Obers auffüllen, nochmals kurz aufkochen. Vom Feuer nehmen, mit dem Stabmixer kalte Butterstücke einarbeiten. Morcheln wieder in die Sauce geben und abschmecken.

4 Kalbfleisch beidseitig mit Salz und Pfeffer würzen. In einer Pfanne mit Butter rosa braten. Morchelsauce mit den Steaks servieren. Dazu passen Nudeln und Spargel.

30 Minuten
einfach

Mein Tip: *Falls Sie nur getrocknete Morcheln bekommen, kann man die Sauce mit einem Schuß Calvados ablöschen, um eine zusätzlich reizvolle Geschmacksnote zu erzielen.*

Die Polenta fungiert in diesem Fall als eine Art Saucenersatz. Mit Trüffel oder Trüffelöl parfümiert, wird dieses Gericht auch anspruchsvolle Gourmets beeindrucken.

Gebratene Kalbsleberscheiben auf Polenta

Zutaten für 2 Personen:

350 g Kalbsleber
3 EL Butter
5 EL Polenta
1/4 l milde Rindsuppe
1/8 l Rotwein
1 TL Zucker
2 EL Olivenöl
1 EL geriebener Parmesan
1 Handvoll kleine Schalotten
1 kleiner roter Paprika
Salz, Pfeffer

1 Paprika in kleine Würfel schneiden. Schalotten schälen. Kalbsleber von Haut und Sehnen befreien, in Scheiben schneiden.

2 Polenta in Olivenöl kurz anschwitzen und mit Rindsuppe aufgießen. Bei kleiner Hitze ca. 30 Minuten köcheln lassen. Öfters umrühren und wenn notwendig etwas Rindsuppe nachgießen.

3 Schalotten in einer Pfanne mit 1 EL Butter leicht anbraten. Mit Rotwein untergießen. Den Zucker dazugeben und zugedeckt weich dünsten, bis fast keine Flüssigkeit vorhanden ist.

4 Paprika zu der dickflüssigen Polenta geben. Mit Salz und Pfeffer würzen. Parmesan einrühren und zum Servieren bereitstellen.

5 Kalbsleberscheiben in heißer Butter an beiden Seiten kurz braten (ca. eine halbe Minute). Mit Salz und Pfeffer würzen.

6 Polenta auf heißen Tellern anrichten. Leber darauf legen und mit Schalotten servieren.

Mein Tip: *Damit die Kalbsleber auch zart bleibt, darf sie immer erst kurz vor dem Servieren gesalzen werden.*

45 Minuten
aufwendig

Wiener Schnitzel mit Kartoffelsalat

Das österreichische Nationalgericht, um das sich etliche Legenden ranken. Manche schwören auf Schweineschmalz als Backfett. Ich mag es lieber mit Öl oder dem feinen Butterschmalz.

Zutaten für 2 Personen:

2 Kalbsschnitzel à ca. 150 g vom Schlegel
Mehl, Ei, Weißbrotbrösel zum Panieren
Öl bzw. Butterschmalz
***Für den Salat:* 300 g Kipfler (bzw. festkochende Kartoffeln)**
1 rote Zwiebel
Salz, Pfeffer, Zucker
Weinessig, Öl
1 Msp. Estragonsenf
1 Bund Schnittlauch

40 Minuten
leicht

1 Schnitzel vom Fleischhauer quer zur Faser schneiden lassen.

2 Zwiebel kleinschneiden. Kartoffeln waschen, mit Salzwasser zustellen, weich kochen (dauert je nach Größe der Kartoffeln ca. 20 Minuten). Noch warm schälen, in Scheiben schneiden. Mit der Marinade aus Weinessig, Öl, Zucker, Senf, Salz, Pfeffer und Zwiebel vermischen und würzig abschmecken. Vor dem Servieren mit geschnittenem Schnittlauch bestreuen.

3 Schnitzel dünn klopfen. Das geht am besten mit einem sogenannten Plattiereisen oder mit einem ungerippten Gegenstand, wie z. B. dem Boden einer schweren Pfanne. Vor dem Klopfen das Fleisch zwischen Klarsichtfolie legen. Auf gar keinen Fall dürfen die Fleischfasern zerstochen werden, wie es bei den „Klopfmaschinen" der Fleischhauer der Fall ist.

4 Schnitzel salzen. In Mehl wenden, gut abschütteln. Durch versprudeltes Ei ziehen. Anschließend in Weißbrotbröseln wenden.

5 In heißem Fett goldgelb backen. Die Schnitzel müssen im Fett schwimmen. Pfanne immer ein wenig rütteln, damit Fett und Schnitzel in Bewegung bleiben. So souffliert die Panier am schönsten, und das Schnitzel bekommt Wellen. Beim Wenden nicht ins Fleisch stechen.

6 Schnitzel nach dem Backen gründlich mit Küchenkrepp abtupfen. Mit lauwarmem Erdäpfelsalat servieren.

Fleischlaberln

Das traditionelle Wiener Gegenstück zum feinen Butterschnitzel. Wenn Laibchen übrigbleiben, schmecken sie auch als kalter Imbiß.

Zutaten für 2 Personen:

300 g gemischtes Faschiertes (Hackfleisch) (Schwein, Rind & Kalb)
1 Zwiebel
2 Zehen Knoblauch
2 Semmeln vom Vortag
Milch zum Einweichen
1 Prise Paprikapulver
1 TL scharfer Senf
1 kleiner Bund Petersilie
1 Ei
1 EL Schweineschmalz
1 EL Weißbrotbrösel
1 TL getrockneter Majoran
Salz, Pfeffer, Öl

30 Minuten
leicht

1 Semmeln in Milch einweichen, danach ausdrücken. Zwiebel, Knoblauch schälen, kleinschneiden. Zwiebel in Schmalz glasig rösten. Knoblauch, Majoran und abgerupfte Petersilienblätter beigeben, einmal aufschäumen lassen. Beiseite stellen und abkühlen lassen.

2 Fleisch mit Semmelmasse, Zwiebel, Knoblauch und Ei vermischen. Mit den übrigen Gewürzen kräftig abschmecken. Laibchen formen und mit etwas Weißbrotbröseln bestreuen.

3 In einer beschichteten Pfanne mit etwas Öl beidseitig goldgelb braten (dauert 8–10 Minuten). Dazu passen sehr gut Blattsalat und Petersilkartoffeln.

Mein Tip: *Sparen Sie nicht am Brotanteil der Laibchen, er macht diese erst flaumig-locker. Das Brot rechtzeitig einweichen, damit es sich gut mit dem Fleisch vermengt.*

Butterschnitzel

Die edle Fleischlaibchen-Variante aus purem Kalbfleisch

Zutaten für 2 Personen:

300 g faschiertes Kalbfleisch (Hackfleisch)
2 EL Butter
1 kleiner Bund Petersilie
einige Tropfen Zitronensaft
2 Semmeln vom Vortag
80 g Obers (Sahne)
Milch zum Einweichen
Salz, Muskat
Butter zum Braten

30 Minuten
leicht

1 Semmeln in Milch einweichen und gut ausdrücken. Petersilie hacken.

2 Fleisch mit Obers, ausgedrückter Semmel und Petersilie vermischen. Mit Salz, Muskat und etwas Zitronensaft abschmecken. Backrohr auf 200 Grad vorheizen.

3 Zu flachen Laibchen formen. In einer feuerfesten Pfanne in Butter anbraten, ins vorgeheizte Backrohr geben. Nach ca. 4 Minuten aus dem Backrohr nehmen, umdrehen und fertig backen. Die Laibchen sollen goldgelb sein.

4 Mit Kartoffelpüree und Paprikasauce servieren.

Mein Tip: *Machen Sie vor dem Braten immer ein Probelaibchen! Wenn die Konsistenz zu fest ist, geben Sie Obers dazu. Sind die Laibchen zu weich, geben Sie Weißbrotbrösel bei. – Im Gegensatz zu faschierten Laibchen mild abschmecken. Butterschnitzel gilt als Diätessen.*

Schweinskotelett in Kümmel-Biersauce

Mit den neuen biologischen Aufzuchtprinzipien in der Landwirtschaft und dem gleichzeitigen Umdenken bei qualitätsbewußten Supermärkten bekommt man endlich wieder gutes Schweinefleisch. Und nur damit macht dieses Gericht wirklich Freude.

Zutaten für 2 Personen:

2 große Schweinskoteletts vom kurzen Karree
4–6 Zehen Knoblauch
1/8 l kräftiges Bier (vorzugsweise Bockbier)
1 TL grob gehackter Kümmel
1 EL Butter
1/8 l Rindsuppe
Mehl, Öl, Salz, Pfeffer

45 Minuten
leicht

1 Schweinskoteletts mit einer kleinen Pfanne leicht plattieren, am Rand einschneiden (verhindert, daß sich das Fleisch beim Braten zusammenzieht). Mit Salz, Pfeffer und Kümmel beidseitig würzen. Mit etwas Mehl bestäuben.

2 Die Koteletts in einer Pfanne mit etwas Öl scharf anbraten. Umdrehen und fast fertig braten. Fleisch aus der Pfanne nehmen, überschüssiges Fett ableeren. Butter aufschäumen. Zerdrückten Knoblauch und Kümmel beigeben. Durchrösten, mit dem Bier ablöschen. Mit der Suppe auffüllen. Die Koteletts beigeben und auf beiden Seiten zugedeckt je 10 Minuten langsam köcheln lassen.

3 Pfanne zur Seite stellen und in der Sauce abgedeckt ca. 15 Minuten rasten lassen. Vor dem Servieren nochmals erwärmen. Sauce wenn notwendig abschmecken. Fleisch auf heißen Tellern anrichten und mit der Sauce übergießen. Dazu passen ein Kartoffelstrudel und Weinkraut.

Mein Tip: *Falls beim Dünsten die Sauce zu dickflüssig wird, mit etwas Bier oder Suppe aufgießen. Achten Sie aber darauf, daß die Sauce nicht zu salzig wird.*

Schweinsfilet mit Kartoffelrahmsalat

Ein schönes Beispiel für ein Stück gebratenes Fleisch, zu dem der Salat die Sauce ersetzt. Probieren Sie dieses Gericht auch einmal beim Grillen im Garten.

Zutaten für 2 Personen:
350 g Schweinsfilet
300 g festkochende Kartoffeln (vorzugsweise Kipfler)
1 Handvoll Ruccolasalat
4 EL Sauerrahm
Weißweinessig
Balsamicoessig
1 Zweig Rosmarin
Kernöl
1 kleine rote Zwiebel
Öl zum Braten
Salz, Pfeffer

1 Kartoffeln mit Salzwasser bedeckt weich kochen. Schälen, blättrig schneiden. Sauerrahm, Weißweinessig, Salz und Pfeffer verrühren. Damit die Kartoffelscheiben marinieren. Rote Zwiebel kleinschneiden, unter den Salat mischen.

2 Backrohr auf 200 Grad vorheizen. Ruccolasalat putzen, Stengel abschneiden, waschen und abtropfen lassen. Vor dem Servieren mit Salz, Balsamicoessig und Kernöl marinieren.

3 Schweinsfilet von Fett, Sehnen und Häutchen befreien. Mit Salz und Pfeffer würzen. In einer Pfanne mit hitzebeständigem Griff rundum in Öl anbraten. Rosmarinzweig beigeben. In ca. 3 Minuten zartrosa braten.

4 Fleisch herausnehmen und 5 Minuten abgedeckt rasten lassen Dünn aufschneiden und mit Kartoffelrahmsalat und Ruccola servieren.

45 Minuten
leicht

Mein Tip: *Streuen Sie über das gebratene Fleisch feingeschnittene Zwiebelstreifen, und beträufeln Sie alles mit einigen Tropfen Zitronensaft.*

Lammkoteletts in der Kartoffelkruste

Ein aufwendiges Gericht, bei dem engagierte Hobbyköche ihre Künste unter Beweis stellen können.

Zutaten für 2 Personen:

6 Stück Lammkoteletts (ca. 250 g)
2 große mehlige Kartoffeln
2 Zehen Knoblauch
1 Zweig Rosmarin
1 Zweig Thymian
1 Msp. Senf
Olivenöl zum Braten
1 EL gehackte Petersilie
Salz, Pfeffer

1 Fett und Sehnen von den Koteletts entfernen und leicht plattieren. 1 Zehe Knoblauch schälen, zerdrücken. Gemeinsam mit Olivenöl etwas Rosmarin und Thymian auf dem Fleisch verteilen. – Wenn möglich das Fleisch schon am Vortag mit den Aromaten marinieren.

2 Kartoffeln schälen, fein raspeln und ausdrücken. Fleisch mit Salz, Pfeffer, feingehacktem Rosmarin, Thymian und zerdrücktem Knoblauch würzen.

3 Koteletts mit Salz, Pfeffer würzen, mit Senf einstreichen, mit Petersilie bestreuen. Die Lammkoteletts mit der Erdäpfelmasse dünn (ca. 2 mm) umwickeln. In einer beschichteten Pfanne Olivenöl erhitzen. Die Koteletts darin auf jeder Seite ca. 6 Minuten knusprig braten.

4 Herausnehmen; überschüssiges Fett ableeren. Butter in der Pfanne aufschäumen. Thymian beigeben und die Koteletts darin schwenken. Sofort servieren, damit die Kruste nicht aufweicht. Dazu passen Ratatouille oder Zucchinigemüse.

30 Minuten **für Ehrgeizige**

Mein Tip: *Achten Sie darauf, daß das Fleisch wirklich komplett von der Kartoffelmasse umhüllt ist. Die Garzeit richtet sich nach der Stärke der Koteletts und der jeweiligen Hitze.*

Lamm mit orientalisch anmutender Würze. Ein Rezept, das sich auch perfekt zum Grillen im Freien eignet.

Marinierte Lammkoteletts

Zutaten für 2 Personen:

4–6 Lammkoteletts
1 EL Ketchup
1 EL Sauerrahm
1 EL Senfkörner
ca. 1 TL geschnittener Ingwer
1 Zweig Thymian
1 Zehe Knoblauch
Olivenöl
Salz, Pfeffer

30 Minuten
leicht

1 Ingwer schälen und in feine Streifen schneiden. Senfkörner in reichlich kochendem Wasser ca. 10 Minuten lang weich kochen. Abseihen, kalt abschwemmen. Knoblauch fein schneiden. Lammkoteletts von Sehnen und Fett befreien. Koteletts leicht klopfen.

2 Sauerrahm, Knoblauch, Ingwer, Ketchup und die gekochten Senfkörner verrühren. Leicht salzen und nach Belieben pfeffern. Die Lammkoteletts beidseitig marinieren. Wenn möglich 6 bis 8 Stunden im Kühlschrank durchziehen lassen.

3 In einer Pfanne etwas Olivenöl erhitzen. Koteletts darin mit einem Zweig Thymian zum Aromatisieren beidseitig braten. Das Fleisch sollte am Ende innen noch rosa sein. Dazu passen gebratene Zucchinischeiben oder Ratatouille.

Gefüllte Zucchini mit Lammfleisch

Eine mediterran anmutende Komposition. Die Rezeptur ist mehr als Leitfaden zu individuellen Kreationen zu verstehen. Ehrgeizige Köche werden aber bald zur richtigen Würze finden.

Zutaten für 2 Personen:
2 kleinere oder 1 große Zucchini
150 g faschiertes Lammfleisch
2 Zweige Thymian
6 Stück schwarze Oliven
50 g Schafskäse
2 Zehen Knoblauch
1 kleine Zwiebel
1 Semmel
Milch zum Einweichen
1 EL frisch gehackte Petersilie
2 reife Tomaten
Salz, Pfeffer
Paprikasauce: 2 rote Paprika
1 kleine Zwiebel
2 Zehen Knoblauch
1/4 l Wasser
1/8 l Obers (Sahne)
3 EL Butter
1 Schuß Weißwein
1/2 Lorbeerblatt
Salz, Pfeffer

60 Minuten **für Ehrgeizige**

1 Semmel in Milch einweichen, ausdrücken, passieren. Zwiebel kleinschneiden. Thymianblätter abzupfen, kleinschneiden. Käse in kleine Stücke zerbrechen. Oliven entkernen und in Streifen schneiden. Knoblauch schälen und zerdrücken.

2 In einer Pfanne etwas Olivenöl erhitzen. Zwiebel darin goldgelb rösten. Zerdrückte Knoblauchzehen und Thymian beigeben, kurz durchschwenken. Abkühlen lassen.

3 Faschiertes Lammfleisch mit Semmel und Zwiebel vermischen, mit Salz und Pfeffer abschmecken. Gehackte Petersilie, Olivenstreifen und Käsestücke vorsichtig daruntermischen.

4 Zucchini je nach Form und Größe aufschneiden, aushöhlen und füllen. In eine Bratpfanne setzen und mit etwas Olivenöl untergießen. Halbierte Tomaten und einen Thymianzweig beigeben. Im vorgeheizten Backrohr ca. 40 Minuten braten.

5 Für die Paprikasauce Zwiebel und Knoblauch kleinschneiden. Paprika halbieren, entkernen und kleinschneiden. In einem breiten Topf Zwiebel und Knoblauch in Butter farblos andünsten. Paprika beigeben und anschwitzen. Mit Weißwein ablöschen. Wasser und Lorbeerblatt beigeben und weich dünsten. Obers beigeben, Lorbeerblatt entfernen. Nochmals kurz aufkochen und fein durchmixen – dabei etwas kalte Butter einmixen. Mit Salz und Pfeffer abschmecken. Durch ein feines Sieb passieren.

6 Gefüllte Zucchini auf der Paprikasauce anrichten. Dazu paßt Kartoffelpüree.

Gedünsteter Champignonrostbraten

Ein Gericht für Saucentiger. Je nach Saison können Sie auch Steinpilze oder Eierschwammerln verwenden.

Zutaten für 2 Personen:

2 Scheiben Rostbraten
à 180–200 g
150 g Champignons
1 kleine Zwiebel
1 Schuß Rotwein
1–2 Zweige Petersilie
1 EL Butter
1/4 l Rindsuppe
1 Msp. Senf
1 EL Sauerrahm
4 EL Obers (Sahne)
Öl, Salz, Pfeffer

Mein Tip: *Mit einem zarten Stück Beiried erspart man sich das Dünsten. – Fleisch einfach beidseitig anbraten und nur einige Minuten in der Sauce dünsten. Dann aber mit weniger Flüssigkeit aufgießen.*

1 Zwiebel kleinschneiden. Champignons putzen und feinblättrig schneiden. Den Rostbraten leicht klopfen, mit Senf einstreichen, mit Salz und Pfeffer würzen.

2 In einer Pfanne etwas Öl erhitzen. Das Fleisch scharf anbraten, aus der Pfanne nehmen. Überschüssiges Fett ableeren.

3 In der Pfanne Butter aufschäumen. Zwiebel anschwitzen, Champignons beigeben und durchrösten. Leicht salzen, mit Rotwein ablöschen. Einkochen und mit Rindsuppe aufgießen. Rostbraten dazugeben und bei kleiner Flamme ca. 30–40 Minuten dünsten. Falls zuviel Flüssigkeit verdampft, Rindsuppe nachgießen.

4 Weichgekochten Rostbraten herausnehmen. Sauerrahm und Obers glattrühren und in die Sauce geben. Fleisch wieder in die Sauce geben. Frisch gehackte Petersilie unterrühren. Sauce nochmals abschmecken. Als Beilage eignen sich Serviettenknödel, Bandnudeln oder gedünsteter Reis.

60 Minuten
aufwendig

Gespicktes Rinderfilet

Wer Erfahrung mit einer Spicknadel hat, sorgt für ein schönes Muster im Fleischstück. Mit diesem Rezept gelingt das Spicken aber auch unerfahrenen Köchen.

Zutaten für 2 Personen:

400 g Rinderfilet im ganzen
100 g grüner Speck
Öl zum Braten
1 Zweig Rosmarin
2 EL Butter
1 TL Dijon-Senf
Salz, grob gemahlener Pfeffer

30 Minuten
leicht

1 Filet von Sehnen und Fett befreien. Speck in 5 mm dicke, 2–3 cm lange Stifte schneiden. Verarbeiten Sie den Speck möglichst kalt, weil Sie dann viel besser mit ihm hantieren können.

2 Mit einem dünnen Gemüsemesser schräg in das Filet stechen. Mit Speckstiften füllen. Verteilen Sie die Einstiche möglichst gleichmäßig, das Filet sieht dann beim Aufschneiden viel schöner aus.

3 Backrohr auf 200 Grad vorheizen. Rinderfilet mit Salz und Pfeffer würzen, mit etwas Senf bestreichen. In einer Pfanne mit feuerfestem Griff in etwas Öl scharf anbraten. Im vorgeheizten Rohr ca. 15 Minuten bei öfterem Wenden braten. Die Bratzeit richtet sich nach der Größe des Fleischstückes und danach ob Sie es „rare" oder „rosa" haben wollen.

4 Aus dem Rohr nehmen, ca. 5 Minuten rasten lassen. In etwas Butter mit fein gehacktem Rosmarin nachschwenken. In Scheiben schneiden und zum Beispiel mit glacierten Zwiebeln und Basilikumpüree servieren.

Mein Tip: *Grüner Speck ist der geschmacksneutrale Rückenspeck vom Schwein. Er verhindert das Austrocknen von edlen Fleischteilen, wie Filet und Fasanenbrüstchen. Grüner Speck wird auch beim Pochieren von Farcen verwendet.*

Zutaten für ein unkompliziertes Sommergericht. Die dünnen Filetscheiben ergänzen sich herrlich mit den zartbitteren Ruccola-Aromen.

Rinderfiletscheiben mit Ruccolasalat

Zutaten für 2 Personen:
300 g Rinderfilet
3 Handvoll Ruccola
50 g Parmesan
Olivenöl
Balsamicoessig
Salz, Pfeffer

15 Minuten
leicht

1 Rinderfilet in eher dünne Scheiben schneiden. Ruccola putzen und waschen. Parmesan in dünne Scheiben reiben.

2 Rinderfiletscheiben beidseitig salzen und pfeffern. In einer Pfanne in 1 EL Olivenöl beidseitig rasch anbraten. Herausnehmen und warm halten.

3 Ruccola mit Olivenöl, Balsamico, Salz und Pfeffer marinieren. Auf Tellern anrichten. Rinderfiletscheiben darauflegen und mit dem gehobelten Parmesan bestreuen.

Rindersteak auf Schalotten-Marksauce

Die einfache Version der legendären Sauce bordelaise.

Zutaten für 2 Personen:

2 Filetsteaks vom Rind à 180–200 g
1 Zweig Rosmarin
1 Zweig Thymian
1 Zehe Knoblauch
1 TL Dijon-Senf
2 Schalotten
¼ l kräftiger Rotwein
1 TL Wacholderkörner
1 EL Butter
100 g Rindermark
1 EL gehackte Petersilie
Öl zum Braten
Salz, Pfeffer

1 Wenn möglich schon am Vortag das Rindermark in reichlich kaltem Wasser wässern.

2 Schalotten schälen und kleinschneiden. Knoblauch schälen. In einem kleinen Stück Leinenstoff Thymian, Rosmarin, Wacholder und Knoblauch einpacken.

3 In einer Pfanne etwas Butter aufschäumen. Schalotten andünsten, ohne daß sie Farbe nehmen. Mit Rotwein aufgießen, Gewürzsäckchen beigeben und fast zur Gänze einkochen. Gewürzsäckchen herausnehmen, gut ausdrücken. In die Sauce ein Stück eiskalte Butter einrühren.

4 Rindermark in Würfel (1 cm Kantenlänge) schneiden. Ca. 3 Minuten in heißem Salzwasser pochieren, abseihen und unter die Sauce rühren. Mit Salz, Pfeffer und gehackter Petersilie abschmecken.

5 Backrohr auf 200 Grad vorheizen. Steaks beidseitig mit Salz, Pfeffer würzen und mit Senf einstreichen. In einer Pfanne mit etwas Öl auf einer Seite scharf anbraten. Thymian und Rosmarin beigeben. Beidseitig jeweils 2–3 Minuten im Rohr braten.

6 Steaks herausnehmen, an einem warmen Ort kurz rasten lassen. Danach in einer Pfanne mit etwas Butter und gehacktem Rosmarin nachschwenken. Auf der Schalotten-Marksauce anrichten und servieren. Meine Lieblingsbeilage: Kartoffelpüree.

45 Minuten
aufwendig

Der Vanillerostbraten hat so wenig mit Vanille zu tun wie die Stadt Frankfurt mit den Frankfurter Würstchen. Früher waren exotische Gewürze unbezahlbar teuer. Findige Wiener Bürger ersetzten daher das zarte Vanillearoma mit deftigem Knoblauch.

Vanillerostbraten

Zutaten für 2 Personen:

2 Scheiben Rostbraten oder Beiried à 200 g
4–6 Zehen Knoblauch
2 EL Butter
Öl zum Braten
1/8 l Rindsuppe
Mehl zum Stauben
Salz, Pfeffer

30 Minuten
leicht

1 Rostbraten dünn klopfen. Eventuell an den Fett- und Sehnenansätzen etwas einschneiden. Knoblauch schälen und zerdrücken.

2 Fleisch mit Salz und Pfeffer würzen und mit der Hälfte des Knoblauchs einreiben. Fleisch beidseitig in Mehl wenden.

3 Öl erhitzen und die Fleischstücke bei größerer Hitze beidseitig anbraten. Fleisch herausnehmen, Bratfett abschütten.

4 In derselben Pfanne 1 EL Butter aufschäumen und darin den restlichen Knoblauch bei kleiner Hitze, ohne Farbe nehmen zu lassen, andünsten. Mit der Rindsuppe aufgießen. Gut aufkochen, Rostbraten einlegen und kurz mitdünsten. Restliche Butter in die Sauce einrühren. Als klassische Beilage gibt es dazu in Wien Bratkartoffeln.

Jedem Bismarck seinen Hering. Jedem Strindberg sein Entrecote. Das ist jedenfalls die allerfeinste Ausgabe des Wiener Zwiebelrostbratens.

Entrecote Strindberg

1 Fisolen putzen. In stark gesalzenem Wasser bißfest kochen (je nach Größe 1–1½ Minuten). In Eiswasser abschrecken.

2 Schalotten schälen und fein schneiden. In einem Sieb kurz mit heißem Wasser abschwemmen und gut ausdrücken. Das Fleisch von Haut und Sehnen befreien. Mit Salz und Pfeffer würzen und auf einer Seite großzügig mit Dijon-Senf bestreichen.

3 Schalotten auf dem Fleisch verteilen und mit einer großen Messerklinge gut andrücken. Danach mit den Weißbrotbröseln bestäuben. Backrohr auf 200 Grad vorheizen.

4 In einer beschichteten, feuerfesten Pfanne etwas Öl erhitzen. Fleisch mit der Schalottenseite nach unten in die Pfanne geben. In das vorgeheizte Rohr stellen und goldgelb braten. Herausnehmen, umdrehen und fertig braten. Die Bratzeit (zwischen 5 und 8 Minuten) richtet sich danach, ob man das Fleisch mehr oder weniger durch haben will.

5 Fett abschütten. Ein Schuß Wasser oder Rindsuppe in die Pfanne geben und aufkochen. Schnittlauch dazugeben und Sauce mit kalten Butterstücken montieren. Mit Salz, Pfeffer und eventuell auch Senf abschmecken. Fisolen in etwas Butter mit einem Schuß Wasser schwenken und mit Salz und Pfeffer würzen. Mit der Schnittlauchsauce zum Fleisch anrichten.

Zutaten für 2 Personen:

2 Scheiben Beiried (Roastbeef) zu je ca. 180 g
1 EL Dijon-Senf
3 kleine Schalotten (ersatzweise 1 kleine Zwiebel)
1 EL Weißbrotbrösel
2 Handvoll Fisolen (grüne Bohnen)
1 Schuß Obers (Sahne)
3 EL Butter
2 EL geschnittener Schnittlauch
Öl zum Braten
Salz, Pfeffer

30 Minuten
aufwendig

Rindfleischgröstel

In Österreich heißt dieses Gericht auch Grenadiermarsch. – Tatsächlich wird es oft in den Küchen des österreichischen Bundesheeres serviert.

Zutaten für 2 Personen:
200 g gekochtes Rindfleisch (z. B. Tafelspitz, Schulter oder Beinfleisch)
1 Zwiebel
1 Handvoll gekochte Nudeln (z. B. Hörnchen, Fleckerln, Spiralen)
2 große gekochte Kartoffeln
1 Bund Petersilie
Öl zum Braten
1 Prise getrockneter Majoran
Salz, Pfeffer

30 Minuten
leicht

1 Rindfleisch in gleichmäßig große Würfel schneiden. Zwiebel kleinschneiden. Petersilienblätter fein hacken. Geschälte Kartoffeln blättrig schneiden.

2 In einer geräumigen Pfanne etwas Öl erhitzen. Kartoffelscheiben darin knusprig braten. Nudeln und Fleisch beigeben, scharf durchrösten. Mit Salz, Pfeffer und Majoran abschmecken. Kurz vor dem Servieren gehackte Petersilie einstreuen. Dazu paßt Vogerlsalat (Feldsalat) mit viel Kernöl.

Mein Tip: *Wer mag, fettet das Gröstel noch mit einem Spiegelei auf.*

Eine deftige Mahlzeit für Herbst und Winter. Der Strudel eignet sich auch gut für ein kleines Zwischengericht in einem Menü.

Blunzen-Erdäpfelstrudel

Zutaten für 2 Personen:

2–3 Stück Strudelblätter
300 g Blutwurst
1 Zwiebel
1 Prise getrockneter Majoran
1 EL gehackte Petersilie
1 EL Schweineschmalz
2 Zehen Knoblauch
4 Stück mittelgroße festkochende Kartoffeln
Salz, Pfeffer

45 Minuten
aufwendig

1 Kartoffeln kochen, abkühlen lassen, schälen und in feine Scheiben schneiden. Das Backrohr auf 200 Grad vorheizen.

2 Zwiebel in Streifen schneiden, in Schmalz goldgelb rösten. Zerdrückten Knoblauch und Majoran beigeben, kurz durchschwenken.

3 Blutwurst enthäuten, in Scheiben schneiden. In der gleichen Pfanne Wurst und Kartoffeln dazugeben und anbraten. Mit Pfeffer, Majoran und Petersilie würzen (falls notwendig mit Salz abschmecken).

4 Alle Zutaten vermischen, nochmals abschmecken und abkühlen lassen.

5 Das doppelte Strudelblatt mit flüssiger Butter bestreichen. Die Fülle auf dem unteren Drittel gleichmäßig verteilen und einrollen. Mit dem Teigabschluß nach unten auf ein Backpapier setzen. Strudel mit Butter einstreichen und im vorgeheizten Rohr ca. 25 Minuten goldgelb backen. Dazu passen hervorragend Sauerkraut oder warmer Krautsalat und Schwarzbrot.

Krautfleisch

Ein Gericht aus der altösterreichischen k. u. k. Küche. Mit den typischen Geschmacksnoten von Paprika und Schweineschmalz.

Zutaten für 2 Personen:

300 g Schweinefleisch (Schulter oder Schopf)
2 EL Schweineschmalz
1 Zwiebel
2 Zehen Knoblauch
1 gehäufter EL Paprikapulver
1 Msp. Tomatenmark
1 Lorbeerblatt
300 g Sauerkraut
Kümmel (ganz), Salz, Pfeffer
2 EL Sauerrahm
0,3 l Rindsuppe

120 Minuten **aufwendig**

Mein Tip: *Nach der Hälfte der Garzeit können Sie geschälte, halbierte Kartoffeln beigeben. So schmecken diese besonders gut, und Sie ersparen sich das Extrakochen der Kartoffeln. Falls das Krautfleisch zu dünnflüssig ist, binden Sie es mit 1–2 EL Sauerrahm.*

1 Fleisch in Würfel schneiden. Sauerkraut schneiden. Zwiebel und Knoblauch schälen, kleinschneiden.

2 Schmalz in einem Topf erhitzen, Zwiebel glasig rösten. Fleisch, Knoblauch dazugeben, weiterrösten. Sauerkraut und Gewürze beigeben.

3 Tomatenmark dazugeben, kurz durchrösten. Topf von der Flamme nehmen und ein wenig abkühlen lassen. Paprikapulver unterrühren. Zugedeckt 10 Minuten quellen lassen.

4 Mit Salz und Pfeffer würzen. Mit Rindsuppe aufgießen. Etwa 1 ½ Stunden zugedeckt dünsten lassen. Falls nötig immer wieder Flüssigkeit auffüllen. Wenn das Fleisch weich ist, abschmecken. Lorbeerblatt entfernen.

5 Sauerrahm glattrühren. Jeweils einen Eßlöffel davon auf das in heißen Tellern angerichtete Krautfleisch geben. Mit Salzkartoffeln servieren.

Reisfleisch

Das klassische Reisfleisch. Zur Abwechslung können Sie es auch mit Lammschulter und Curry zubereiten.

1 In einem Topf Zwiebel in etwas Öl glasig rösten. Fleisch in kleine Würfel schneiden und beigeben. Zerdrückten Knoblauch, Lorbeerblatt, Majoran und Kümmel beigeben. Mit Salz und Pfeffer würzen. 20 Minuten auf kleiner Flamme schmurgeln lassen. Falls notwendig, etwas Wasser beigeben.

2 Von der Flamme nehmen, ein wenig abkühlen lassen. Paprikapulver unterrühren, kurz ziehen lassen, mit Rindsuppe aufgießen. Aufkochen und Reis beigeben. Zugedeckt bei kleiner Flamme ca. 25–30 Minuten am Herd oder im Rohr gar dünsten.

3 Auf vorgewärmten Tellern anrichten. Mit Parmesan bestreut servieren. Dazu paßt Blattsalat.

Zutaten für 2 Personen:

250 g Schweinefleisch (am besten Schopfbraten)
1 Lorbeerblatt
1 fein geschnittene Zwiebel
2 Zehen Knoblauch
ca. 1/4 l Rindsuppe
1 EL edelsüßes Paprikapulver
1 Msp. gemahlener Kümmel
120 g Reis
1 Prise getrockneter Majoran
2 EL geriebener Parmesan
Öl, Salz, Pfeffer

Mein Tip: *So servieren Sie das Reisfleisch besonders attraktiv: kleine Tassen kurz ausschwemmen, Reisfleisch einfüllen, andrücken und auf die Teller stürzen.*

45 Minuten
aufwendig

Variieren Sie die Schinkenmenge nach Lust und Laune. Die spezielle Würze meiner Schinkenfleckerln entsteht durch Sauerrahm und Käse.

Schinkenfleckerln

Zutaten für 2 Personen:

- **150 g Fleckerln**
- **150 g Beinschinken**
- **2 EL gehackte Zwiebel**
- **2 EL gehackte Petersilie**
- **2 Eier**
- **4 EL Sauerrahm**
- **2 EL Butter für die Form**
- **1 EL Weißbrotbrösel**
- **2 EL geriebener Parmesan oder Emmentaler**
- **Salz, Pfeffer, Muskat, Majoran**

1 Eine Backform mit Butter ausstreichen und mit Weißbrotbröseln bestreuen. Schinken in kleine Würfel schneiden. Fleckerln in reichlich kochendem Salzwasser bißfest kochen. – Die Nudeln sollten gefühlsmäßig fast noch roh sein. Abseihen und kalt abschwemmen.

2 Backrohr auf 200 Grad vorheizen. In einem Topf 1 EL Butter aufschäumen und Zwiebel glasig anrösten. Geschnittenen Schinken kurz mitrösten. Nudeln dazugeben. Topf beiseite stellen und Inhalt mit allen restlichen Zutaten gut vermischen. Mit Salz und Pfeffer abschmecken.

3 In die Backform füllen, glattstreichen und mit Käse bestreuen. Für ca. 30 Minuten ins vorgeheizte Backrohr stellen. Dazu paßt grüner Blattsalat.

45 Minuten
leicht

Wild

Das zahme Federvieh steht selbst bei kritischen Konsumenten schön langsam wieder hoch im Kurs. Schließlich wendet sich der Handel zunehmend biologischen Aufzuchtmethoden zu, damit Hühner auch wieder nach Huhn schmecken. Und für einen festlichen Hauptgang ist frisches Wild, „die natürlichste Sache der Welt", nach wie vor mein Favorit.

und Geflügel

Geflügelhaut

ist nicht jedermanns Sache. Entfernen Sie diese trotzdem erst kurz vor dem Servieren. Die Haut schützt das zarte Geflügelfleisch vor Austrocknen und Auslaugen.

Frisches Geflügel

erkennt man vor allem an den scharfen Krallen. Hat es abgewetzte Krallen, kommt es aus einem dieser unsäglichen Massenaufzuchtbetriebe, deren erschütternde Bilder wohl jeder Interessierte aus Illustrierten und Dokumentationssendungen kennt. Eine schöne straffe Haut und klare Augen sind weitere Erkennungsmerkmale für 1A-Ware. Oft ist die Kenntnis dieser Kriterien in der Praxis allerdings vollkommen nutzlos: Bratfertige Hühner beherrschen den Konsumentenalltag, und da hilft nichts anderes, als einen vertrauenswürdigen Händler zu finden, der für die natürliche Aufzucht in biologischen Betrieben und eine dementsprechende Topqualität einsteht. Massive Konsumentenproteste und ein Umdenken von großen Handels- und Supermarktketten haben da in der letzten Zeit die Situation wesentlich verbessert.

Geflügel verarbeiten

Sie am besten so rasch wie möglich. Vor allem in den Sommermonaten besteht latente Salmonellengefahr. Geflügel deshalb immer gekühlt und getrennt von anderen Lebensmitteln aufbewahren. Geräte und Messer, mit denen Sie rohes Geflügel bearbeitet haben, stets mit heißem Wasser und Spülmittel reinigen. Kunststoffbretter sind in dieser Hinsicht hygienischer. Vor und während der Arbeit Hände mit Wasser und Seife reinigen. Geflügel immer vollständig durchgaren.

Junge Fasane

erkennen Sie an ihrem elastischen Brustbein und dem kleinen Spornansatz. Ältere Tiere (sie schmecken zäh und trocken) haben zumeist schuppige Beine.

Huhn tranchieren

Sie am besten mit einer Geflügelschere. Kleinere Hühner einfach an Rückgrat und Brust halbieren. Größeren Exemplaren zuerst die Keulen abschneiden, dann die Flügel mit dem sie umgebenden Fleisch abschneiden und ebenfalls halbieren.

Knuspriges Brathuhn

Die Haut des Brathuhns wird noch knuspriger, wenn Sie das Huhn kurz vor dem Ende der Bratzeit mehrmals mit flüssiger Butter bepinseln.

Spicken

Wildbraten muß während des Garens durch Spicken vor dem Austrocknen geschützt werden. Rücken und Keule dicht unter der Oberfläche spicken. Größere Stücke am besten in gleichmäßigen Abständen mit Speckstreifen durchziehen. Falls Sie geräucherten Speck verwenden, beachten Sie bitte beim Würzen, daß dieser Salz abgibt.

Wild bleibt saftig,

wenn Sie es mit dem sogenannten „grünen Speck" umhüllen. Grüner Speck stammt vom Schweinerücken und ist absolut geschmacksneutral. Der Speckmantel schützt das magere Fleisch vor dem Austrocknen. Der vorhandene Saft bleibt im Fleisch und rinnt nicht aus.

Eine saftige Entenbrust mit lauwarmem Chicorée – einem Gemüse, das in unseren Breiten völlig zu Unrecht ein Schattendasein fristet.

Entenbrust auf Chicoréesalat

Zutaten für 2 Personen:

1 Entenbrust
2 Stück weißer Chicorée
2 EL Himbeeressig
3 EL Nußöl
1 kleiner Bund gehackte Petersilie
1 Tomate
Saft von 1 Zitrone
Zucker, Mehl
Essig, Öl, Salz, Pfeffer

40 Minuten **für Ehrgeizige**

Mein Tip: *Je fetter die Entenbrust, desto besser läßt sich die Haut knusprig braten: Haut von der fertig gebratenen Brust mit einem Messer abschneiden und in etwas Öl nochmals kroß braten.*

1 Chicorée waschen und in einzelne Blätter teilen. In Salzwasser mit Zucker und Zitronensaft ca. 2 Minuten überkochen. Backrohr auf 200 Grad vorheizen.

2 Tomate in kochendem Wasser blanchieren, in Eiswasser abschrecken. Haut abziehen, halbieren, entkernen. Fruchtfleisch in kleine Würfel schneiden. Mit Essig und Öl marinieren. Petersilienblätter abzupfen. Mit etwas Mehl bestauben und in heißem Fett knusprig backen. Auf Küchenkrepp abtropfen lassen.

3 Entenbrust beidseitig salzen. In einer feuerfesten Pfanne etwas Öl erhitzen. Entenbrust auf der Hautseite scharf anbraten. Pfanne in das vorgeheizte Rohr schieben. Entenbrust auf der Hautseite ca. 8–10 Minuten braten. Umdrehen und noch 2 Minuten braten. Herausnehmen und rasten lassen.

4 Die Chicoréeblätter mit Himbeeressig, Nußöl und Salz marinieren. Auf den Tellern sternförmig auflegen. Entenbrust am besten mit der Maschine dünn aufschneiden und in der Mitte des Tellers anrichten. Mit Tomatenwürfeln und fritierter Petersilie garnieren.

Ein schnelles Gericht, dem es aber dennoch nicht an Raffinesse mangelt.

Paprikarisotto mit Pute

Zutaten für 2 Personen:
100 g Risottoreis
200 g Putenschnitzel
$^1/_2$ Zwiebel
$^1/_2$ roter Paprika
$^1/_2$ gelber Paprika
1 Zucchini
1 EL frisch gehackte Petersilie
2 EL frisch geriebener Parmesan
3 EL Butter
1 Schuß Weißwein
1 Zehe Knoblauch
1 Zweig Rosmarin
Salz, Pfeffer

25 Minuten
leicht

1 Zwiebel und Knoblauch fein schneiden. Zucchini waschen und blättrig schneiden. Paprika entkernen und in feine Streifen schneiden.

2 In einer Pfanne oder einem breiten, flachen Topf etwas Butter aufschäumen. Zwiebel, Zucchini und Paprika ohne Farbe anschwitzen. Knoblauch und Reis beigeben. Mit Weißwein ablöschen und mit ca. $^1/_4$ l Wasser (bzw. milder Rindsuppe oder Gemüsefond) aufgießen. Würzen und bei kleiner Flamme bißfest dünsten (dauert ca. 15 Minuten). Immer wieder umrühren. Wenn notwendig, ein wenig Wasser nachgießen.

3 Putenfleisch in Streifen schneiden, mit Salz und Pfeffer würzen. In einer Pfanne etwas Butter aufschäumen. Fleisch mit einem Zweig Rosmarin anbraten.

4 Fleisch zum Risotto geben. Nochmals ca. 3 Minuten köcheln lassen. Zur Seite stellen, kalte Butter, Parmesan und Petersilie einrühren. Eventuell mit Salz und Pfeffer abschmecken.

Ein Hauch Karibik. Dort werden gebratene Bananen serviert wie bei uns Kartoffeln.

Curryhuhn mit gebratenen Bananen

Zutaten für 2 Personen:

2 Hühnerkeulen
1 Hühnerbrust
1 kleine Zwiebel
1/2 Apfel
Currypulver
1/8 l Obers (Sahne)
1/4 l Hühnersuppe
3 EL Butter
1/8 l Weißwein
1 Banane
Salz, Pfeffer

45 Minuten
aufwendig

1 Zwiebel kleinschneiden. Apfel schälen, Kerngehäuse herausschneiden, kleinschneiden. Banane schälen, die Hälfte davon kleinschneiden.

2 In einer geräumigen Pfanne, für die Sie auch einen Deckel haben, Zwiebel in etwas Butter andünsten. Kleingeschnittene Banane und Apfel dazugeben und andünsten.

3 Hühnerkeulen und Hühnerbrust beidseitig mit Salz und Pfeffer würzen. Beigeben, rundum anbraten und warm stellen. Pfanne von der Flamme nehmen, Currypulver einrühren und sofort mit Weißwein ablöschen. Kurz reduzierend kochen. Mit etwa 1/4 l Hühnersuppe aufgießen. Hühnerfleisch wieder einlegen und weich dünsten (dauert ca. 20 Minuten).

4 Hühnerfleisch herausnehmen, warm stellen. Obers zugießen und mit dem Stabmixer aufmixen. Mit Salz und Pfeffer abschmecken. Huhn wieder in die Sauce legen.

5 Restliche Banane in Scheiben schneiden oder der Länge nach halbieren. In Butter goldbraun braten und mit Reis zum Curryhuhn servieren.

Mein Tip: *Wer auf dem Markt Babybananen sieht, sofort zugreifen. Sie sind durch ihre feste Konsistenz perfekt für dieses Gericht geeignet.*

Ein österreichischer Dauerbrenner für jede Gelegenheit

Wiener Backhuhn mit Kartoffel-Vogerl-Salat

Zutaten für 2 Personen:

1 Freilandhuhn
300 g festkochende Kartoffeln (vorzugsweise Kipfler)
1 rote Zwiebel
1 Handvoll Vogerlsalat (Feldsalat)
Balsamicoessig
Weißweinessig
Kernöl
2 Eier, Mehl und Weißbrotbrösel zum Panieren
1 Bund Schnittlauch
1 Zitrone
Öl, Zucker, Salz, Pfeffer

60 Minuten
leicht

Mein Tip: *Ob Sie die Haut vom Huhn abziehen oder nicht, ist reine Geschmackssache. Wer das Backhuhn pikanter mag, würzt das Huhn vor dem Panieren mit etwas gehackter Petersilie, Zitronensaft und Worcestersauce.*

1 Kartoffeln weich kochen. Noch heiß schälen und in Scheiben schneiden. Zwiebel und Schnittlauch kleinschneiden. Vogerlsalat putzen, waschen, abtropfen lassen.

2 Aus Weißweinessig, Zucker, Salz, Pfeffer und der roten Zwiebel eine Marinade rühren. Mit den noch warmen Kartoffelscheiben vermischen.

3 Huhn vierteln. An den Gelenken etwas einschneiden, damit ein gleichmäßiges Backen möglich ist. Eventuell einen Teil der Knochen auslösen.

4 Huhn salzen. In Mehl, verschlagenen Eiern und Weißbrotbröseln panieren und in reichlich heißem Fett langsam goldgelb backen. Herausnehmen und mit Küchenkrepp abtupfen. Auf Tellern anrichten und mit einer halben Zitrone servieren.

5 Vogerlsalat mit Salz, Kernöl und Balsamicoessig marinieren. Kartoffelsalat, wenn notwendig, etwas anwärmen. – Er soll lauwarm sein! Mit Schnittlauch bestreuen.

Achten Sie darauf, daß das Huhn tatsächlich vom freien Land kommt. Die billigen Batteriehühner sind damit überhaupt nicht zu vergleichen.

Gefülltes Freilandhuhn in Rosmarin

Zutaten für 2 Personen:

1 Freilandhuhn samt allen Innereien
100 g Hühnerleber
3 Semmeln vom Vortag
1 kleiner Bund Petersilie
3 EL Butter
2 Eier
3 EL Sauerrahm
1/2 Zwiebel
ca. 5 EL Obers (Sahne)
1 Prise getrockneter Majoran
1 Zweig Rosmarin
Salz, Pfeffer, Muskat

1 Semmeln würfelig schneiden. Obers, Sauerrahm und Eier verrühren. Semmeln darin einweichen. Wenn die Semmeln sehr trocken sind, geben Sie noch etwas mehr Obers dazu.

2 Zwiebel kleinschneiden. In etwas Butter glasig dünsten. Majoran beigeben und durchschwenken. Vom Feuer nehmen und abkühlen lassen. Petersilienblätter hacken.

3 Hühnerleber von Sehnen befreien. In etwas Butter rosa braten. Danach mit Salz, Pfeffer und Majoran würzen. Kleingeschnittene Leber unter die Fülle geben. Backrohr auf 200 Grad vorheizen.

4 Huhn waschen, trockentupfen. Flügel abschneiden. Innen und außen salzen. Füllen und mit Küchengarn zubinden. In einem passenden Bratgeschirr mit etwas Öl und Rosmarin auf der Brustseite anbraten und ins Rohr schieben. Nach ca. 15 Minuten herausnehmen, Huhn umdrehen und weitere 40–45 Minuten braten. Öfters mit dem eigenen Saft übergießen.

5 Herausnehmen, Küchengarn entfernen. Auf einer heißen Platte auf den Tisch bringen.

90 Minuten
aufwendig

Mein Tip: *Füllen Sie das Huhn nicht zu fest, weil die Fülle beim Braten aufgeht. Übriggebliebene Fülle braten Sie, in Alufolie eingewickelt, mit.*

Hühnereintopf mit Gemüse

Die noble Ausgabe des herkömmlichen Suppenhuhns. Statt des Spargels können Sie auch andere gartenfrische Gemüse verwenden.

1 Spargel vom Kopf beginnend schälen. Weißen Spargel in Salzwasser mit Zucker, Zitronensaft und einer Semmel kochen. In Eiswasser abkühlen. Grünen Spargel in Salzwasser kochen und ebenfalls in Eiswasser abkühlen.

Zutaten für 2 Personen:

1 kleines Freilandhuhn (oder 4 Hühnerkeulen)
4 Stück weißer Spargel
4 Stück grüner Spargel
1 Zwiebel
1 kleine Zehe Knoblauch
100 g Stangensellerie
1 kleiner Bund Kerbel
einige Blätter Liebstöckel
3 EL Butter
Saft einer 1/2 Zitrone
1 Semmel vom Vortag
2 Karotten
1 Tomate
1 Schuß Weißwein
1 Lorbeerblatt
1 Prise Zucker
1 Handvoll junge Erbsenschoten
Salz, 1 TL Pfefferkörner

2 Stangensellerie waschen, schälen, Fäden ziehen. In 1 cm breite Stücke schneiden. Karotten schälen, in kleine Stifte schneiden. Karottenabschnitte für das Kochen des Huhns aufheben. Zwiebel und Knoblauch fein schneiden. Erbsenschoten in Salzwasser bißfest kochen und in Salzwasser abschrecken.

3 Ganzes Huhn in kleinere Stücke schneiden. Mit Salz und Pfeffer würzen. In einem geräumigen Topf etwas Butter andünsten. Zwiebel darin farblos anschwitzen. Hühnerstücke beigeben, rundum anbraten. Mit Weißwein ablöschen und mit Wasser bedecken. Gemüseabschnitte, geviertelte Tomate, Lorbeerblatt, Pfefferkörner und Knoblauch beigeben. Weich kochen dauert ca. 35 Minuten.

4 Hühnerstücke herausnehmen, Suppe abseihen. Stangensellerie und Karotten in etwas Butter anschwitzen. Mit der Hühnersuppe aufgießen und bißfest kochen.

5 Spargel, Erbsenschoten und Hühnerfleisch dazugeben. Abschmecken und mit Kerbelblättern garniert servieren.

60 Minuten
aufwendig

Mein Tip: *Wer die Sauce molliger will, kocht ein Stück Weißbrot mit und mixt am Ende etwas Olivenöl ein.*

Beize für Wild

Stücke vom Wildschwein, Hirsch, Hasenrücken oder der Rehkeule werden in dieser Marinade zum Beizen eingelegt.

1 Wurzelwerk waschen und in grobe Würfel schneiden. Zwiebel und Knoblauch schälen, grob schneiden.

2 Alle Zutaten vermischen. Fleisch in der Marinade, mit Klarsichtfolie abgedeckt, im Kühlschrank 2 bis 3 Tage ziehen lassen.

Zutaten:

1 l Rotwein
1/16 l Essig
400 g Wurzelwerk (Knollensellerie, Karotten, gelbe Rübe)
1 Zwiebel
1 EL angedrückte Wacholderkörner
1/2 TL Pfefferkörner
2 Lorbeerblätter
je 1 Zweig Thymian und Rosmarin
5 Zehen Knoblauch

15 Minuten
leicht

Ein recht schnell zubereitetes Wildgericht, bei dem die Äpfel für eine saftige Sauce sorgen.

Rehfilets mit Wacholder gebraten und mit glacierten Äpfeln

Zutaten für 2 Personen:

350 g Rehfilet
1/2 Zwiebel
1 EL Wacholderkörner
1 Zweig Rosmarin
1 Zweig Thymian
2 EL Butter
1 Schuß kräftiger Rotwein
1 Schuß Gin
1 TL Preiselbeeren
Öl, Salz, Pfeffer

Für die glacierten Äpfel:

1 Apfel
2 EL Zucker
1/8 l Weißwein
4 EL Butter

45 Minuten
aufwendig

1 Rehfilets von Fett und Sehnen befreien und portionieren. Schon am Vortag mit angedrückten Wacholderkörnern, Rosmarin, Thymian und Öl einreiben. Mit Klarsichtfolie abdecken und im Kühlschrank ziehen lassen.

2 Apfel halbieren, Kerngehäuse ausschneiden und in Spalten schneiden. In einer Pfanne Butter aufschäumen. Zucker und Apfelspalten beigeben und ohne Farbe anbraten. Mit Weißwein aufgießen. Einkochen, bis die Sauce schön glänzt und die Apfelspalten gar sind.

3 Mit Salz und Pfeffer würzen. In Butter mit den Aromaten beidseitig braten. Die Filets sollten innen noch rosa sein.

4 Filets aus der Pfanne nehmen, in einem Teller mit Alufolie abgedeckt rasten lassen. Aromate mit Rotwein, Gin und 1/8 l Wasser aufgießen. Bratenrückstand lösen und einkochen. Preiselbeeren beigeben. Sauce abschmecken und durch ein Sieb seihen.

5 Rehfilets auf heißen Tellern anrichten. Mit dem Saft übergießen, mit den glacierten Äpfeln belegen. Mit Rotkraut und Polenta servieren.

Gebratene Fasanenfilets auf Wirsingkohl

Ganze Fasane werden beim Braten meist trocken. Bei diesem Rezept werden dünne Fasanenfilets in Butter geschwenkt und bleiben so schön saftig.

Zutaten für 2 Personen:

350 g Fasanenbrust (3–4 Stück)
1/16 l kräftiger Rotwein
1 Zweig Thymian
1 Zehe Knoblauch
1/2 Lorbeerblatt
1 kleiner Wirsing
1/2 Zwiebel
1/8 l Obers (Sahne)
2 EL Butter
1 Prise getrockneter Majoran
1 Scheibe Hamburger Speck
Salz, Pfeffer

Mein Tip: *Der Wirsing sollte eine mollige Konsistenz haben. Gegebenenfalls noch mit etwas Obers aufgießen.*

45 Minuten
aufwendig

1 Fasanenbrüste von Sehnen und Haut befreien. In Scheiben schneiden und ganz leicht plattieren. Bereits am Vortag in folgender Marinade im Kühlschrank ziehen lassen: Rotwein, Thymian, Lorbeerblatt und angedrückter Knoblauch.

2 Kohl in einzelne Blätter zerteilen, Strunk herausschneiden. Waschen, in kochendem Salzwasser blanchieren und in Eiswasser abschrecken. In 2 cm breite Streifen schneiden.

3 Zwiebel und Speck kleinwürfelig schneiden. In Butter farblos andünsten. Den gut ausgedrückten Wirsing dazugeben. Mit Majoran, Salz, Pfeffer würzen, mit Obers aufgießen. Zugedeckt ca. 10 Minuten unter öfterem Umrühren fertigkochen.

4 Fasanenfilets in Butter mit dem marinierten Thymian und Knoblauch zartrosa braten. Auf heißen Tellern mit dem Wirsingkohl anrichten.

5 Bratenrückstand mit einem Schuß der verbliebenen Marinade aufgießen. Eventuell noch ganz wenig Wasser beigeben und einkochen. Die Fasanenfilets damit übergießen.

Wildschweinsteak mit Specklinsen

Über die herbstlichen Specklinsen freut sich jeder. Achten Sie beim Einkauf darauf, daß Sie möglichst Steaks von Jungtieren bekommen.

Zutaten für 2 Personen:
300–400 g ausgelöster Wildschweinrücken
Öl und Butter zum Braten
1 Schuß Rotwein
Für die Specklinsen:
100 g Linsen
1 EL Butter
2 Zehen Knoblauch
1 Lorbeerblatt
1/2 Zwiebel
50 g Hamburger Speck
1 EL gehackte Petersilie
1/16 l Obers (Sahne)
1/2 Karotte
1 Msp. Senf
1 Schuß Balsamicoessig
Salz, Pfeffer

45 Minuten
aufwendig

1 Wildschweinrücken zuputzen, in gleich große Stücke schneiden und leicht plattieren. Zumindest für einen Tag in der Wildbeize im Kühlschrank marinieren. Linsen einige Stunden vorher in reichlich kaltem Wasser einweichen.

2 Linsen in wenig Wasser mit einer Knoblauchzehe, Lorbeerblatt, Thymian und einem Stück Speckschwarte ca. 30 Minuten weich kochen. – Nicht salzen, sonst werden die Linsen hart! (Das Wasser sollte am Ende fast verdampft sein.) Zwiebel kleinschneiden. In einer Pfanne in etwas Butter andünsten. Zerdrückten Knoblauch beigeben, kurz anschwitzen. Mit Obers aufgießen und etwas einkochen lassen.

3 Lorbeerblatt herausnehmen. Ein Drittel der gekochten Linsen der Zwiebel beigeben und mit dem Stabmixer pürieren. Linsenpüree wieder unter die Linsen geben.

4 Speck in kleine Würfel schneiden. In etwas Öl scharf anbraten und unter die Linsen rühren. Karotte schälen, in kleine Würfel schneiden. Zu den Linsen geben und kurz mitkochen. Linsen mit Salz, Pfeffer, Senf und Balsamicoessig abschmecken.

5 Wildschweinsteaks beidseitig salzen und pfeffern. In einer Pfanne in Öl und Butter mit den Thymian- und Rosmarinzweigen aus der Beize kurz anbraten. Ins vorgeheizte Rohr geben und auf jeder Seite etwa 1 1/2 Minuten fertigbraten. Die Steaks sollten innen noch rosa sein.

6 Steaks aus der Pfanne nehmen. Bratenrückstand mit etwas Rotwein ablöschen. Ein wenig Wasser untergießen und kurz einkochen. Saft abseihen und die Steaks damit beträufeln. Vor dem Anrichten gehackte Petersilie unter die Linsen mischen. Steaks auf den Specklinsen anrichten. Dazu passen auch schwarze Nüsse und gebackene Jungzwiebeln.

Allerfeinste Küche, zu der Sie auch beim Rotwein nicht sparen sollten.

Hirschragout mit Nockerln

Zutaten für 2 Personen:
400 g Hirschschulter
Wildbeize
2 Zwiebeln
1 EL Tomatenmark
Öl, Salz, Pfeffer
3 EL Preiselbeerkompott
2–3 EL Sauerrahm
Saft einer Orange

Für die Nockerln (Spätzle):
200 g griffiges Mehl
2 Eidotter
1 EL Öl
ca. 3 EL Sauerrahm
Salz, Muskat
Butter zum Nachschwenken
Milch

120 Minuten **für Ehrgeizige**

Mein Tip: *Einen besonders intensiven Saucengeschmack erzielen Sie mit der Zugabe von frischem Hirsch- oder Schweineblut.*

1 Fleisch in Würfel schneiden und am besten für 2–4 Tage in der Wildbeize marinieren.

2 Fleisch aus der Beize herausnehmen und auf einem Sieb gut abtropfen lassen. Gemüse von der Beize abseihen.

3 Zwiebel grob schneiden. In einem Topf etwas Öl erhitzen und Zwiebel darin kurz anbraten. Fleisch dazugeben und braun anrösten. Gemüse dazugeben und durchrösten. Tomatenmark beigeben und nochmals einige Minuten rösten lassen. Mit der Beize aufgießen. Zugedeckt 1 bis 1½ Stunden weich dünsten.

4 Währenddessen alle Zutaten für die Nockerln zu einem glatten Teig verarbeiten. Mit einer Nockerlpresse Teig in kochendes Salzwasser einkochen. Einmal aufkochen, abseihen und kalt abschwemmen. Kurz vor dem Servieren in etwas Butter und Wasser schwenken. Mit Salz und Muskat würzen.

5 Fleisch aus dem Garsud heben und in einen anderen Topf geben. Die Sauce (samt Gemüse und Aromaten) mit einem Stabmixer kurz pürieren. Durch ein nicht zu feines Sieb passieren. Fleisch mit der Sauce nochmals aufkochen. Mit dem Saft einer Orange, den Preiselbeeren und Sauerrahm vollenden.

Gemüse

Machen Sie doch immer wieder einen fleischfreien Tag. Nicht, weil Sie dafür womöglich Ihr Arzt lobt, sondern weil es, neben allen Gesundheitsaspekten, ganz einfach schmeckt. Was auf den Tisch kommt, entscheidet die Saison. Wahre Feinschmecker genießen eben alles zu seiner Zeit.

Champignons

bleiben schön weiß, wenn man dem Wasser, in dem sie gewaschen werden, etwas Mehl beigibt. Am schnellsten und einfachsten schneidet man Champignons mit einem Eierschneider in gleich dicke Scheiben. Verwenden Sie alle Pilze möglichst bald nach dem Einkauf. Keinesfalls in Plastiksackerln aufheben, wo Pilze zu „schwitzen" beginnen und sogar gesundheitsschädliche Substanzen entwickeln können! – Am besten in einem sauberen Tuch an einem kühlen Ort lagern.

Gemüse blanchieren

Für viele Gerichte müssen Sie Gemüsestücke in kochendem Salzwasser 2–3 Minuten blanchieren, damit sie knackig gegart sind. Grüne Gemüse müssen Sie nach dem Blanchieren unbedingt in eisgekühltem Wasser abschrecken. Nur durch diesen Kälteschock bleibt das appetitliche Grün erhalten.

Knackiges Gemüse

haben Sie, wenn Sie es so kurz wie möglich garen. Auf diese Art bleiben nicht nur Vitamine und Mineralstoffe erhalten, es schmeckt auch kräftiger. Schneiden Sie das Gemüse stets in gleich große Stücke. Sonst sind die kleinen Stücke bereits verkocht, während die größeren noch nicht gar sind. Garen Sie Gemüse in möglichst wenig Flüssigkeit. Was Sie aus dem Topf ableeren, sind wertvolle Vitalstoffe. Im Fachhandel gibt es auch spezielle Gemüsetöpfe, in denen Sie Gemüse im eigenen Saft garen können.

Wasserhältige Gemüse,

wie Zucchini, Melanzani oder Kürbis, in einer möglichst großen Pfanne anbraten (bei größeren Mengen in zwei Durchgängen). Die eingefettete Pfanne anfangs bei mittlerer Hitze gut erhitzen, damit Sie die Temperatur nach dem Einlegen des Gemüses noch steigern können. Andernfalls besteht die Gefahr, daß das Gemüse zuviel Wasser läßt und im eigenen Saft dünstet. Dann wird es matschig und fett.

Käse lagern

Sie am besten in feuchten Tüchern im Kühlschrank. So wird das Austrocknen verhindert. Blauschimmelkäse immer extra lagern, weil sich dessen Schimmel sehr schnell auf alle anderen Käse überträgt. Falls Sie den Käse lieber in atmenden Klarsichtfolien lagern wollen, wechseln Sie die Folien alle zwei Tage. Wirklich schmecken wird Ihnen jeder Käse nur dann, wenn Sie ihn zumindest ein bis zwei Stunden vor dem Essen aus dem Kühlschrank nehmen. – Käse muß beim Verzehr immer Zimmertemperatur haben! Frischkäse immer erst vor dem Servieren salzen, weil man ihm sonst das Wasser entzieht. Schaf- und Ziegenkäse erst vor dem Servieren aus der Lake nehmen, weil er recht rasch austrocknet.

Pilze

Lassen Sie beim Pilzebraten stets die austretende Flüssigkeit verdampfen, die Pilze sind dann viel schmackhafter. Alle Pilze nur bei ganz starker Verschmutzung waschen. – Dann allerdings sofort abtrocknen und abtropfen lassen, um ein Vollsaugen mit Wasser zu verhindern. Wässrige Pilze kann man auch so zubereiten: In eine sehr heiße Pfanne geben, so daß die Pilze „quietschen". Wenn sich kaum mehr Dampf entwickelt, Butter oder Öl und Aromaten zugeben und nochmals kurz durchschwenken.

Salat

nach dem Waschen immer gut mit einem Tuch abtrocknen bzw. mit einer Salatschleuder trocknen. Schließlich soll das Salatdressing nicht wässrig sein. Stark verschmutzten Feldsalat am besten bei fließendem Wasser längere Zeit wässern und einige Male durch ein groblöchriges Nudelsieb abseihen, damit der Sand abgespült werden kann. Blattsalat wird besonders knackig, wenn Sie ihn kurz vor der Zubereitung für 10 Minuten in einem Plastiksack in den Kühlschrank legen.

Bohneneintopf

Wer Bohnen liebt und nicht die Zeit oder Geduld für langes Kochen hat, nimmt statt frischer Bohnen Dosenware.

Zutaten für 2 Personen:

80 g getrocknete Bohnen
1 Zweig Thymian
2 Zehen Knoblauch
1 mehlig kochende Kartoffel
1 Zwiebel
1 Zweig Rosmarin
2 reife Tomaten
1 Lorbeerblatt
1 EL frisch gehackte Petersilie
etwas Liebstöckel
80 g durchwachsener Bauchspeck
150 g Stangensellerie
1 Karotte
Olivenöl
Salz, Pfeffer

120 Minuten
leicht

1 Bohnen schon am Vortag in reichlich kaltem Wasser einweichen.

2 Eine Knoblauchzehe feinblättrig schneiden, eine Zehe leicht andrücken. Bohnen mit Lorbeerblatt, Speckschwarte, Thymianzweig und angedrückter Knoblauchzehe weich kochen (dauert ca. $1\frac{1}{2}$–2 Stunden).

3 Karotte schälen und in 1 cm große Würfel schneiden. Stangensellerie schälen, Fäden ziehen und in Rauten schneiden. Zwiebel grob schneiden. Speck und geschälte Kartoffel kleinwürfelig schneiden.

4 Zwiebel in Olivenöl goldgelb rösten. Speck, Knoblauch, Karotte, Stangensellerie, gehackten Thymian und Rosmarin beigeben. Durchrösten und mit ca. $\frac{1}{4}$ Liter Bohnensud aufgießen. Salz, Lorbeerblatt und geviertelte Tomaten dazugeben und weich dünsten.

5 Die gekochten Bohnen dazugeben. Mit feingeschnittenem Liebstöckel, gehackter Petersilie, Salz und Pfeffer pikant abschmecken und servieren.

Gemüse in Tempurateig mit Ingwersauce

Eines der beliebtesten japanischen Gerichte. In diesem Teig kann man auch Fisch oder Krustentiere herausbacken.

Zutaten für 2 Personen:
Ingwersauce: Sojasauce
Ingwer
Knoblauch
Tempurateig: 2 Eier
1/8 l eiskaltes Wasser
150 g Mehl
Öl zum Backen
Gemüse nach Saison
(Erbsenschoten, Jungzwiebeln, Zucchini, Zucchiniblüten, Melanzani, gekochter Spargel usw.)

25 Minuten
leicht

1 Für die Ingwersauce geschälten Ingwer fein reiben. Knoblauch fein schneiden. Beide Zutaten mit Sojasauce und etwas Wasser verrühren. Kalt stellen.

2 1 Ei in einer Schüssel mit ca. 1/16 l Wasser verrühren. 50 g Mehl dazugeben; gut verrühren. Danach alle restlichen Zutaten mit einem Stäbchen verrühren. Den Tempurateig nicht allzulange rühren. – Er wird sonst nicht knusprig.

3 Gemüse putzen und waschen. Zucchini und Melanzani in Scheiben schneiden, mit Salz und Pfeffer würzen. Jungzwiebeln und Erbsenschoten kurz in kochendem Salzwasser blanchieren. Kalt abschrecken, trockentupfen und leicht salzen.

4 Gemüse durch den Teig ziehen und in reichlich Fett knusprig backen. Auf Küchenkrepp abtropfen lassen. Mit der Sauce servieren. Eventuell mit fritierten Basilikumblättern garnieren.

Mein Tip: *Für das optimale Gelingen muß das Öl ausreichend erhitzt werden, sonst saugt sich der Teig mit Fett voll. Am leichtesten überprüfen Sie die richtige Temperatur so: einen Tropfen Teig ins Öl geben. Der Tropfen darf nur bis zur Mitte der Füllhöhe absinken, nicht den Boden berühren und muß danach wieder aufsteigen.*

Gefüllte Tomaten

Die Tomaten können Sie auch mit Ratatouille oder Gemüsepürees füllen.

Zutaten für 2 Personen:

4 Tomaten
2–3 Handvoll Blattspinat
1 EL Butter
1 EL geriebener Parmesan
1 Zehe Knoblauch
2 EL Olivenöl
Salz, Pfeffer

25 Minuten
leicht

1 Backrohr auf 200 Grad vorheizen. Tomaten in kochendem Wasser blanchieren, in Eiswasser abschrecken. Haut abziehen. Deckel samt Strunk abschneiden. Mit einem kleinen Löffel aushöhlen.

2 Blattspinat von den Stielen befreien, waschen. In kochendem Wasser blanchieren, in Eiswasser abschrecken. Knoblauch schälen, kleinschneiden, in etwas Olivenöl anschwitzen. Spinat ausdrücken und beigeben. Mit Salz und Pfeffer würzen.

3 Tomaten mit dem Spinat füllen. In ein feuerfestes Geschirr geben, mit Parmesan bestreuen. Butterflocken daraufsetzen und ca. 15 Minuten im Rohr garen.

Kohlrouladen

In vielen wecken Kohlrouladen Kindheitserinnerungen an die Großmutter, die dieses Gericht besonders gut zubereiten konnte. Probieren Sie es mit diesem Rezept doch einmal selbst.

Zutaten für 2 Personen:

2 große Kohlblätter (Wirsing)
2 Scheiben Hamburger Speck
1 Semmel vom Vortag
Milch zum Einweichen
150 g Faschiertes (Hackfleisch)
1 Prise Majoran
1 EL geschnittene Zwiebel
1 Zehe Knoblauch
1 TL Senf
2 Tomaten
1 EL Sauerrahm
1 EL frisch gehackte Petersilie
Öl, Salz, Pfeffer

1 Knoblauch schälen und kleinschneiden. Zwiebel in Öl goldgelb rösten. Knoblauch und Majoran beigeben; einmal aufschäumen lassen und beiseite stellen. Semmel in Milch einweichen, ausdrücken, passieren.

2 Fleisch mit Semmel und Zwiebel vermischen. Mit Salz, Pfeffer, Petersilie und Senf abschmecken. Backrohr auf 200 Grad vorheizen.

3 Tomaten in kochendem Wasser blanchieren, in Eiswasser abschrecken. Haut abziehen, halbieren, entkernen. Fruchtfleisch in Würfel schneiden.

4 Kohlblätter in Salzwasser bißfest kochen (ca. 2–3 Minuten), in Eiswasser abschrecken. Blätter auf ein Tuch legen, abtropfen lassen. Die dicken Blattrippen leicht plattieren. Mit dem Faschierten füllen, einrollen. Mit je einer Speckscheibe umwickeln. In eine feuerfeste, mit Butter befettete Bratpfanne geben. Tomatenwürfel dazugeben. Mit Alufolie abdecken und 20–30 Minuten im Rohr schmoren lassen.

5 Rouladen auf heißen Tellern anrichten. Glattgerührten Sauerrahm unter den entstandenen Saft rühren. Rouladen mit der Sauce beträufeln und mit Salzkartoffeln servieren.

60 Minuten
aufwendig

Paßt besonders gut zu Hühnerbrust, gekochten Kartoffeln und in Butter gegarten Fischfilets.

Karotten mit Basilikum

15 Minuten
leicht

Zutaten für 2 Personen:

400 g Karotten
1 Bund Basilikum
ca. 1/8 l Crème fraîche oder Obers (Sahne)
1 Schuß trockener Sherry
1 EL Zucker
1 EL Butter
Salz, Pfeffer

1 Karotten schälen und blättrig schneiden. Basilikum waschen, Blätter abzupfen.

2 In einer möglichst flachen Pfanne Butter aufschäumen. Zucker und Karotten dazugeben und immer wieder mit etwas Wasser untergießen. Mit wenig Salz und Pfeffer würzen. Etwa 5 Minuten garen.

3 Mit Sherry parfümieren. Crème fraîche (oder Obers) dazugeben, mit geschnittenem Basilikum abschmecken.

Gerösteter Karfiol

Eine schnelle Beilage zu Fleischgerichten. Mit einer Schnittlauchsauce serviert eine vegetarische Hauptspeise.

Zutaten für 2 Personen:

1 Karfiol (Blumenkohl)
2 Zehen Knoblauch
1 kleiner Bund Petersilie
3 EL Butter
Salz, Pfeffer

1 Knoblauch schälen und in Streifen schneiden. Petersilie grob hacken. Karfiol in Rosen zerteilen, in Salzwasser auf den Punkt kochen (je nach Größe 3–5 Minuten). Abseihen und gut abtropfen lassen.

2 In einer Pfanne die Butter leicht bräunen; den Karfiol darin fertig braten. Mit Knoblauch, Salz, Pfeffer und gehackter Petersilie würzen.

15 Minuten
leicht

Geröstete Pilze mit Kräutern

Ein typisch rustikales Pilzgericht, zu dem man als Beilage Brot oder Petersilkartoffeln reicht.

Zutaten für 2 Personen:

200 g Pilze je nach Marktlage
2 EL Butter
1 Ei
1 kleine Zwiebel
1 EL frisch gehackte Petersilie
1 EL gemischte, frisch geschnittene Gartenkräuter (Liebstöckel, Schnittlauch, Gartenkresse)
Salz, Pfeffer

1 Pilze putzen, halbieren; größere Stücke vierteln. Zwiebel fein schneiden.

2 Zwiebel in etwas Butter farblos anschwitzen. Pilze beigeben, mit Salz und Pfeffer würzen; ca. 3 Minuten durchrösten.

3 Eier mit den Kräutern verrühren und über die Pilze gießen. Sobald die Eier cremig anziehen, Pfanne vom Feuer nehmen. Sofort servieren.

15 Minuten
leicht

Eierschwammerlschmarren

Kaum ein Gemüse wird in Österreich auf derartig vielfältige Arten zubereitet wie Pilze. Sogar für einen Schmarren müssen sie herhalten.

1 Eierschwammerln putzen, blättrig schneiden. Zwiebel und Knoblauch kleinschneiden.

2 In einer Pfanne etwas Butter aufschäumen. Zwiebel andünsten. Knoblauch und Pilze beigeben, mit Salz und Pfeffer würzen; weich dünsten. Abkühlen lassen. Petersilie unterrühren. Backrohr auf 200 Grad vorheizen.

3 Ei in Eiklar und Dotter trennen. Mehl, Dotter und Milch zu einem Teig verrühren. Eiklar zu Schnee schlagen, unter den Teig heben.

Zutaten für 2 Personen:

150 g Eierschwammerln (Pfifferlinge)
1/2 Zwiebel
1 EL Butter
1 kleine Zehe Knoblauch
1 EL frisch gehackte Petersilie
1/8 l Milch
60 g Mehl
2 Eier
Öl, Salz, Pfeffer

4 Eierschwammerln ohne Flüssigkeit (am besten vorher abseihen) in die Teigmasse geben. In einer beschichteten, feuerfesten Pfanne etwas Öl erhitzen. Masse eingießen und ca. 8 Minuten im Rohr backen. Herausnehmen, wenden, etwas Butter beigeben und goldgelb backen.

5 Fertigen Schmarren mit zwei Gabeln zerreißen. Mit Petersilie bestreut servieren. Dazu paßt hervorragend Blattsalat.

Mein Tip: *Besonders gut schmecken Eierschwammerln, wenn sie mit feingeschnittenem Liebstöckel abgeschmeckt werden.*

30 Minuten
leicht

In meinem Rezept arbeite ich mit frischem Paprika in der Sauce. Schneller geht's, wenn Sie nach dem Anschwitzen der Pilze einen Eßlöffel Paprikapulver verwenden.

Eierschwammerlgulasch mit Semmelflan

Zutaten für 2 Personen:

250 g Eierschwammerln (Pfifferlinge)
1 kleine Zwiebel
1 EL frisch gehackte Petersilie
1 Zehe Knoblauch
1 Schuß Weißwein
1 roter Paprika
¼ l milde Rindsuppe
1 Schuß Obers (Sahne)
1 EL Sauerrahm
Liebstöckel
2 EL Butter
Salz, Pfeffer

***Semmelflan:* 6–8 Scheiben entrindetes Toastbrot (oder 5 entrindete Semmeln)**
2 Eier
2 EL Obers (Sahne)
2 EL Sauerrahm
1 EL braune Butter
Salz, Muskat

1 Eierschwammerln putzen. Größere Stücke halbieren. Zwiebel und Knoblauch kleinschneiden. Paprika waschen, halbieren, entkernen und kleinwürfelig schneiden.

2 In einer Pfanne etwas Butter aufschäumen. Etwa die Hälfte der Zwiebel ohne Farbe anschwitzen. Paprika und Knoblauch beigeben. Mit Weißwein ablöschen. Mit Rindsuppe aufgießen, weich dünsten, Obers beigeben. Mit dem Mixer pürieren. Durch ein Sieb seihen, mit Salz und Pfeffer abschmecken.

3 Toastbrot in Würfel schneiden. Obers, Ei, Sauerrahm verrühren, mit Salz und Muskat würzen. Über die Brotwürfel gießen. 30 Minuten ziehen lassen.

4 Semmelmasse abschmecken. Ein feuchtes Tuch mit Butter bestreichen, Semmelmasse darauf verteilen. Einrollen (3 cm Durchmesser), zubinden und in Salzwasser ca. 10 bis 15 Minuten bei kleiner Hitze kochen.

5 In einer flachen Pfanne etwas Butter aufschäumen. Restliche Zwiebel anschwitzen. Eierschwammerln dazugeben, durchrösten, würzen. Mit der Paprikasauce, glattgerührtem Sauerrahm, etwas feingeschnittenem Liebstöckel und gehackter Petersilie vermischen.

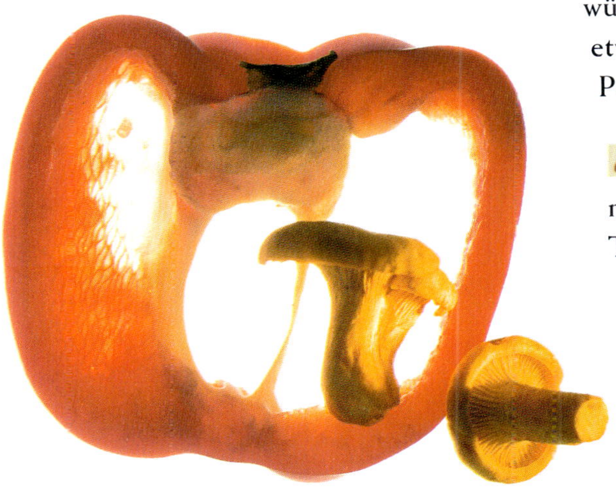

6 Fertigen Semmelflan ausrollen, aufschneiden und mit etwas flüssiger Butter beträufeln. In tiefen, heißen Tellern mit dem Schwammerlgulasch servieren.

60 Minuten
aufwendig

Kartoffelknödel mit Sauerkraut

Keine Angst vor dem Knödelfüllen. Besonders Anfänger tun sich leichter, wenn die Fülle angefroren ist.

Zutaten für 2 Personen:
ca. 500 g mehlige Kartoffeln
(= 300 g gekochte, passierte Kartoffeln)
1 Ei
1 nußgroßes Stück Butter
120 g griffiges Mehl
1 EL Grieß
Muskat, Salz
Für die Fülle: 80 g Sauerkraut
50 g Hamburger Speck
1/2 Zwiebel
1 EL Schmalz
1 Zehe Knoblauch
Salz, Pfeffer

60 Minuten
aufwendig

1 Kartoffeln kochen, schälen, mit einer Kartoffelpresse passieren und abwiegen. 300 g Kartoffeln mit Ei, Mehl, Grieß, Salz, zerlassener Butter und Muskat zu einem Teig verarbeiten.

2 Einen Probeknödel kochen; bei Bedarf etwas Mehl dazugeben. – Die Kartoffeln haben je nach Sorte und Jahreszeit einen unterschiedlich hohen Wassergehalt.

3 Zwiebel und Knoblauch schälen, kleinschneiden. Speck in kleine Würfel schneiden. Zwiebel und Speck in etwas Schmalz anschwitzen, Knoblauch beigeben; kurz aufschäumen lassen. Sauerkraut einige Male durchschneiden und beigeben. Etwa 10 Minuten dünsten. Mit Salz und Pfeffer abschmecken und auskühlen lassen.

4 Den Teig mit der Hand flachdrücken. Sauerkrautfülle gut ausdrücken. Knödel formen, Sauerkraut im Erdäpfelteig einschlagen. In kochendes Salzwasser geben und bei kleiner Flamme ca. 20 Minuten kochen.

Mein Tip: *Noch schneller geht es, wenn Sie die Knödel mit fertigen Kartoffelflocken machen.*

Kartoffelnudeln mit Roquefortsauce

Ohne Sauce sind die Kartoffelnudeln eine ausgezeichnete Fleischbeilage. In diesem Fall vor dem Anbraten in etwas Bröseln wälzen, damit sie schön knusprig werden.

Zutaten für 2 Personen:
500 g mehlige Kartoffeln (= ca. 300 g gekochte, passierte Kartoffeln)
1 Ei
1 Eidotter
1 EL Grieß
150 g griffiges Mehl
1 nußgroßes Stück Butter
Salz, Muskat
Für die Sauce:
1/16 l Obers (Sahne)
ca. 80 g Roquefort
1 kleiner Bund Schnittlauch
Salz, Pfeffer
2 EL Butter zum Braten

1 Kartoffeln waschen, kochen, schälen, passieren und mit den übrigen Zutaten zu einem Teig verarbeiten.

2 Aus dem Teig ca. 3 cm dicke Walzen formen. Diese in 1 cm lange Stücke schneiden und daraus auf einer bemehlten Arbeitsfläche ungefähr 5–7 cm lange Nudeln formen. Ca. 8 Minuten in Salzwasser bei kleiner Flamme kochen. Abseihen und in Eiswasser abschrecken. Auf ein Tuch legen und abtrocknen.

3 Für die Sauce Obers aufkochen. Käse mit dem Stabmixer einarbeiten, abschmecken und frisch geschnittenen Schnittlauch einrühren.

4 Nudeln in etwas Butter goldbraun braten. Auf heißen Tellern anrichten. Mit der Sauce und Blattsalat servieren.

60 Minuten
leicht

Krautkrapfen

Eine deftige Bauernspezialität, die Ernährungsbewußte mit frischgemahlenem Mehl herstellen können.

1 Zwiebel und Speck kleinschneiden. In einer Pfanne in wenig Öl glasig dünsten. Kraut einige Male durchschneiden und beigeben. Mit etwas Wasser aufgießen. Gewürze in ein Gewürzsäckchen geben und mitdünsten (dauert ca. 30 Minuten).

2 In einem Glas 1 TL Maizena mit etwas kaltem Wasser verrühren und damit das gedünstete Kraut binden. Mit Zucker und Salz abschmecken. Abkühlen lassen.

3 Alle Zutaten für den Nudelteig zu einem glatten, festen Teig verarbeiten. Danach 20 Minuten rasten lassen. Dünn ausrollen und mit verquirltem Ei bestreichen. Mit einem Ausstecher (Durchmesser 8 cm) Kreise ausstechen. Die Hälfte der Kreise löffelweise in der Mitte mit Sauerkraut belegen. Mit den anderen Teigkreisen belegen; Ränder andrücken, gut verschließen. Rasch in heißem Fett knusprig backen.

Zutaten für 2 Personen:

200 g Sauerkraut
1/2 Zwiebel
1 Lorbeerblatt
2 Wacholderkörner
1 TL ganzer Kümmel
1 TL Maizena (Stärkemehl)
50 g Hamburger Speck
Öl zum Backen
Salz, Zucker

Für den Nudelteig:

100 g Roggenmehl
100 g Weizenmehl
Milch
1 Ei
einige Tropfen Olivenöl
1 Ei zum Bestreichen

45 Minuten
aufwendig

Süß-saures Kürbiskonfit

Eine hausgemachte Spezialität, die ausgezeichnet mit kalten Platten und Wildgerichten harmoniert.

Zutaten für ca. 3–4 Gläser:
2 kg Winterkürbis
1/4 l Weinessig
400 g Rohrzucker
1 Zimtstange
1 Lorbeerblatt
8 Gewürznelken
1 l Wasser
1/16 l Balsamicoessig
1 Knolle Ingwer
Saft und Schale von jeweils 2 Orangen und Zitronen

1 Kürbis schälen, halbieren und Kerne entfernen. In kleine Würfel schneiden (Kantenlänge ca. 1 cm).

2 Ingwer schälen und fein schneiden. Alle Zutaten gut aufkochen. Heiße Marinade über den Kürbis leeren und kalt stellen. 24 Stunden ziehen lassen.

3 Kürbis mit einem Schaumlöffel herausnehmen. Flüssigkeit ca. auf ein Drittel reduzieren und abseihen. Kürbis in saubere Einmachgläser füllen. Mit dem Saft bedecken. Verschließen und für ca. 20 Minuten in einem siedenden Wasserbad pochieren.

60 Minuten
aufwendig

Dinkellaibchen

Eine gesunde Abwechslung für fleischfreie Tage. Die Gestaltung der Gemüseeinlage ist völlig variabel.

Zutaten für 2 Personen:
100 g Dinkelflocken
1 mittelgroße Karotte
1 mittelgroße gelbe Rübe
1 gekochte mehlige Kartoffel
1 EL frisch gehackte Petersilie
2 Handvoll gemischter Blattsalat (Lollo Rosso, Friséesalat oder Ruccola)
1/2 roter Paprika
1 Ei
1 Schalotte
2 EL Weißbrotbrösel
Balsamicoessig
Traubenkernöl
2 EL Butter
Salz, Pfeffer, Muskat
1/8 l Joghurt
Saft einer 1/2 Zitrone

1 Dinkelflocken in wenig Salzwasser kochen (dauert ca. 5 Minuten). Danach sollte keine Flüssigkeit im Topf sein.

2 Schalotte kleinschneiden. Karotte und gelbe Rübe dünn raspeln. Schalotte in etwas Butter farblos anschwitzen. Karotte und Rübe beigeben und kurz mitrösten. Abkühlen lassen.

3 Salat putzen und waschen. Mit Balsamicoessig, Traubenkernöl und Salz marinieren. Paprika waschen und kleinschneiden. Mit Salz, Öl und Essig marinieren.

4 Für den Joghurtdip Joghurt mit Salz, Pfeffer, Zitronensaft und etwas zerdrücktem Knoblauch verrühren.

5 Dinkelflocken mit Zwiebel-Karotten-Mischung, Petersilie, Weißbrotbröseln, Ei und der zerdrückten Kartoffel vermengen. Mit Salz, Pfeffer, Muskat abschmecken. Laibchen formen, in Bröseln wenden und in Butter beidseitig goldgelb backen.

6 Laibchen mit Salat anrichten. Paprikawürfel darüberstreuen. Mit Joghurtdip servieren.

Mein Tip: *Wenn die Laibchen zu feucht sind, mischen Sie vor dem Braten noch etwas Weißbrotbrösel unter die Masse.*

40 Minuten
aufwendig

Ein vegetarisches Gericht, das sich gut vorbereiten läßt. Machen Sie gleich mehr davon. Die Schnitzel lassen sich gut einfrieren.

Gemüseschnitzel

Zutaten für 2 Personen:

80 g Topfen (Quark)
1 Karotte
1 gelbe Rübe
1 Kohlrübe
1/2 Zwiebel
1/2 Stange Lauch
1 gekochte mehlige Kartoffel
1 Zehe Knoblauch
2 EL gemischte, feingeschnittene Kräuter (z. B. Petersilie, Schnittlauch, Kerbel, Basilikum)
ca. 3 EL Weißbrotbrösel
1 Ei
1–2 EL Haferflocken
Butter zum Braten
Salz, Pfeffer, Muskat

1 Karotte und gelbe Rübe schälen, fein raspeln. Lauch in feine Streifen schneiden. Zwiebel und Knoblauch kleinschneiden. In etwas Butter glasig dünsten. Geschnittenen Lauch beigeben und mitdünsten, bis er weich ist (ca. 2 Minuten). Auskühlen lassen.

2 Gekochte Kartoffel zerdrücken. Mit allen anderen Zutaten vermischen, pikant abschmecken und mit Weißbrotbröseln binden. 1 Stunde gut gekühlt ziehen lassen. Ein kleines Probelaibchen braten. Ist dieses zu weich, noch mehr Brösel in die Masse rühren. Gegebenenfalls nachwürzen.

3 Backrohr auf 200 Grad vorheizen. Schnitzel formen. In Bröseln wenden und in eine mit Butter befettete feuerfeste Form legen. Butterflocken oder Olivenöl darübergeben. Im Rohr goldgelb backen (dauert ca. 20 Minuten). Mit Salat oder Kräutersauce servieren.

60 Minuten
aufwendig

Süß-saurer Karottensalat

Eine exotisch anmutende Vorspeise, die aber auch gut als Beilage zu Reisgerichten paßt.

Zutaten für 2 Personen:
200 g Karotten
1 kleine Knolle frischer Ingwer
1 Zehe Knoblauch
1 kleiner Bund Frühlingszwiebeln
Sojasauce
Saft einer 1/2 Zitrone
1/2 nicht zu reife Mango
1 EL Sesamsaat
1 EL Sesamöl
Öl, Salz, Pfeffer

20 Minuten
leicht

1 Karotten schälen und in feine Scheiben schneiden. In wenig Öl mit Zucker karamelisieren (bei mittlerer Hitze in einer Pfanne anschwenken, bis die Karotten eine zartbräunliche Farbe annehmen). Danach in eine Schüssel geben.

2 Mango schälen und feinblättrig schneiden. Frühlingszwiebeln putzen. Den weißen Teil in feine Ringe schneiden. Ingwer schälen. Am besten mit einer Schneidemaschine in dünne Scheiben schneiden. Anschließend in feine Streifen schneiden.

3 Karotten und Frühlingszwiebeln vermischen. Mit Sojasauce, Sesamöl, Ingwer, zerdrücktem Knoblauch, Pfeffer und Zitronensaft abschmecken. Sesamsaat in etwas Öl goldgelb rösten.

4 Salat gut gekühlt auf Tellern anrichten. Mit Sesamsaat bestreuen.

Chicoréesalat

Diese zartbittere Salatkomposition harmoniert unglaublich gut mit reifem Blauschimmelkäse. Eine „Nachspeise", die Sie mit einem Glas Trockenbeerenauslese genießen sollten.

Zutaten für 2 Personen:
1 roter Chicorée
1 gelber Chicorée
Saft einer 1/2 Zitrone
3 EL Sauerrahm
80 g Roquefort-Käse
1 kleiner Bund Schnittlauch
Salz, Pfeffer

15 Minuten
leicht

1 Chicorée in einzelne Blätter zerteilen und waschen. Gut abtropfen lassen oder trockenschleudern.

2 Zimmerwarmen Käse mit Sauerrahm und Zitronensaft vermischen. Mit Salz und Pfeffer abschmecken. Chicorée damit marinieren.

3 Mit frisch geschnittenem Schnittlauch bestreuen. Mit Schwarzbrot servieren.

Diese erfrischende Vitaminbombe kann ihre orientalische Herkunft nicht leugnen.

Spinatsalat mit Joghurt

Zutaten für 2 Personen:
200–300 g junger Spinat
1–3 Zehen Knoblauch
1 EL Sauerrahm
3 EL Joghurt
Saft einer halben Zitrone
Salz, Pfeffer

1 Spinat putzen, waschen und in reichlich kochendem Wasser blanchieren. In Eiswasser abschrecken, ausdrücken.

2 Knoblauch schälen und so fein wie möglich schneiden. Alle Zutaten verrühren und pikant abschmecken. Spinat damit marinieren und gut gekühlt servieren.

Mein Tip: *Drücken Sie beim Blanchieren den Spinat mit einem Schaumlöffel ins Wasser. So wird die gesamte Menge gleichzeitig gar.*

15 Minuten
leicht

Eine wunderbare Beilage zu gebratenen Lammfilets. Wenn Sie generell Bohnen lieben, versuchen Sie die noch warmen gekochten Bohnen mit einem würzigen Pesto.

Bohnensalat mit Rosmarin

Zutaten für 2 Personen:

150–200 g frische weiße Bohnen (ersatzweise getrocknete weiße Bohnen)
1 Zweig Thymian
1 dünne Scheibe Hamburger Speck
1 Lorbeerblatt
2 Zehen Knoblauch
1 kleiner Bund Rosmarin
Olivenöl, Rotweinessig
1 kleiner Pfefferoni
1 kleine rote Zwiebel
Salz, Pfeffer

80 Minuten
leicht

1 Bohnen über Nacht in reichlich kaltem Wasser einweichen.

2 Bohnen in einem Topf mit Wasser, Thymian, Lorbeerblatt, einer Knoblauchzehe und dem Speck weich kochen (getrocknete Bohnen brauchen ca. 1 Stunde, frische etwa 40 Minuten).

3 Aus Olivenöl, Pfeffer, Salz, Rotweinessig und einer zerdrückten Zehe Knoblauch eine würzige Marinade rühren. Die Bohnen damit übergießen. Rosmarin und Pfefferoni kleinschneiden und zu den Bohnen geben. Mindestens eine Stunde ziehen lassen, damit sich die Gewürze voll entfalten können.

4 Vor dem Servieren geschnittene Zwiebel drüberstreuen.

Beilagen

Machen Sie doch einmal die scheinbare Nebensächlichkeit zur Hauptsache. Manche meiner Beilagen haben durchaus das Zeug zu einem eigenständigen Gericht und machen selbstverständlich auch in der Nebenrolle eine blendende Figur.

Kartoffeln

Mehlige Kartoffeln eignen sich für Püree, Folienkartoffeln oder Suppen. Speckige Kartoffeln für Salate, Röst- oder Bratkartoffeln. Beim Kartoffelkochen im Salzwasser nach Möglichkeit immer gleich große Stücke garen. Zur Not die größeren Kartoffeln mit einer Gabel einstechen.

Knusprige Bratkartoffeln

gelingen am besten, wenn Sie die festkochenden Kartoffeln schon einige Stunden vorher kochen und dann völlig auskühlen lassen. Manche schwören gar darauf, die Kartoffeln schon am Vortag zu kochen. In einer großen Pfanne mit sehr heißem Fett rundum goldgelb braten. Auch ein paar darübergestreute Weißbrotbrösel bringen die Bratkartoffeln zum Knuspern.

Parmesan

niemals schneiden! Der gute alte Käse sollte stets gebrochen werden. Das geht ganz gut mit einem kleinen, stabilen Messer oder einem speziellen, im Fachhandel erhältlichen Parmesanmesser. Lagern Sie den edlen Käse am wärmsten Ort des Kühlschranks. Straff in Alufolie eingewickelt, hält er dort für lange Zeit. Einige kleine Luftlöcher in der Folie sorgen dafür, daß der Käse seine gelbe Farbe behält und keinen Grauschleier bekommt. Beim Kochen Parmesan immer erst unmittelbar vor der Verwendung reiben, weil er sonst an Aroma verliert.

Pommes frites

schmecken am besten selbstgemacht. Nach dem Schälen und Schneiden wässern und gut abtrocknen. Danach für ca. 1 Minute in heißes Fett geben und wieder herausnehmen. Einige Zeit abtropfen lassen und dann noch einmal in heißem Fett bei etwa 170 Grad fertigfritieren.

Reis

Naturreis besitzt noch alle Vitalstoffe und wird vor allem von Ernährungsbewußten geschätzt. Seine braune Schale verleiht dieser Reissorte, die ca. 45 Minuten gekocht werden muß, ein besonders kräftiges Aroma. Für alle, die zwar Vitamine schätzen, aber die dunkle Naturreisfärbung ablehnen, ist Parboiled Reis ideal. Er wird vor dem Schälen mit Dampfdruck gereinigt, wodurch seine Vitalstoffe erhalten bleiben. Er ist besonders zart, klebt nicht und wird beim Kochen weiß. Weil er keine Stärke abgibt, ist er für Risotto völlig ungeeignet. Dafür nehmen Sie am besten italienische Rundkornsorten, die beim Kochen schön weich werden und in ihrem Inneren trotzdem einen bißfesten Kern behalten. – Ideal auch für Reisfleisch und Milchreis. Eine besondere Reisspezialität ist Basmati-Reis, der beim Kochen ein feines süßliches Aroma entwickelt. Der Rolls-Royce unter den Reissorten ist der sehr teure Wildreis mit seinem eher nussigen Aroma, das besonders gut zu feinen Fischen und Krustentieren paßt.

Blattspinat mit Pinienkernen

Das ultimative Rezept für Spinatfreaks

Zutaten für 2 Personen:

300 g frischer Blattspinat
1 EL Rosinen
2 Stück Jungzwiebeln
1–2 Zweige Petersilie
2 EL Olivenöl
1 Zehe Knoblauch
2 Sardellenfilets
1 EL Pinienkerne
1/16 l süßer Weißwein (am besten burgenländische Trockenbeerenauslese)
1 TL geriebener Parmesan
Muskat, Salz, Pfeffer

20 Minuten
leicht

1 Den Wein mit den Rosinen in einem kleinen Topf aufkochen. Auf kleiner Flamme ca. 3 Minuten köcheln lassen. Zugedeckt auf die Seite stellen und ziehen lassen.

2 Blattspinat von den Stielen befreien, waschen und in gesalzenem Wasser blanchieren. In Eiswasser abschrecken und ausdrücken.

3 Zwiebeln, Knoblauch und Sardellenfilets kleinhacken. In einer Pfanne etwas Olivenöl erhitzen. Die Zwiebeln darin anschwitzen, ohne daß sie Farbe nehmen. Pinienkerne und Knoblauch beigeben, aufschäumen lassen. Alle übrigen Zutaten beigeben, mit Salz, Pfeffer, Muskat abschmecken.

4 Frisch geriebenen Parmesan unterheben und auf vorgewärmten Tellern anrichten.

Es gibt über 1000 Kohlsorten. Und fast ebenso viele Rezepte dafür. Mir schmeckt Kohl so am besten. Paßt zu gekochtem Rindfleisch wie zu einfachen Salzkartoffeln.

Rahmwirsing

Zutaten für 2 Personen:

500 g Kohl (Wirsing)
(1 kleiner Kohlkopf)
1 kleine Zwiebel
50 g Hamburger Speck
100 g Obers (Sahne)
1 Zehe Knoblauch
1 Prise getrockneter Majoran
1 EL Butter
Salz, Pfeffer

30 Minuten
leicht

1 Kohl halbieren, Strunk entfernen, in einzelne Blätter zerteilen. Grob durchschneiden und waschen. Kohlblätter ca. 3 Minuten in Salzwasser blanchieren (die Blätter müssen weich sein). In Eiswasser abkühlen, damit die Farbe nicht verlorengeht.

2 Zwiebel, Knoblauch und Speck kleinschneiden.

3 In einer Pfanne etwas Butter aufschäumen. Zwiebel und Speck farblos anschwitzen, Knoblauch und Majoran beigeben. Kurz aufschäumen lassen. Mit Obers aufgießen.

4 Kohl gut ausdrücken und in 1 cm breite Streifen schneiden. In die Sauce geben, mit Salz und Pfeffer würzen. Bei kleiner Flamme zugedeckt ca. 10 Minuten köcheln lassen

Rotkraut

Die fast unvermeidliche Beilage in der Wildsaison. Bei meinem Rezept schmecken Sie die Gewürze, ohne daß Sie diese sehen. – Sie bleiben im Gewürzsäckchen.

Zutaten für 2 Personen:

500 g Rotkraut (ca. 1/2 kleiner Krautkopf)
1–2 EL Preiselbeeren
1 Apfel
1 Zwiebel
Saft von 1 Orange
Saft von einer 1/2 Zitrone
1/8 l Rotwein
2 EL Kristallzucker
2 EL Schweineschmalz oder Gänsefett
1 TL Maizena (Stärkemehl)
Salz, Pfeffer

Gewürzsäckchen:

1 kleine Zimtrinde
2 Gewürznelken
1 TL Kümmel
1 kleines Lorbeerblatt
5 angedrückte Wacholderbeeren
10 angedrückte schwarze Pfefferkörner

70 Minuten
aufwendig

1 Apfel schälen und fein raspeln. Das Kraut vom Strunk befreien und nicht zu fein hobeln. Mit dem Wein, Zitronensaft, Orangensaft und dem Apfel vermischen. Etwas salzen und 1 EL Zucker dazugeben.

2 Aromate (Zimtrinde, Nelken, Lorbeerblatt etc.) in ein Gewürzsäckchen geben, zubinden und zum Kraut geben. Das Kraut – wenn möglich – 1–2 Tage zugedeckt im Kühlschrank marinieren.

3 Zwiebel in Streifen schneiden. In einer Pfanne Schmalz oder Gänsefett erhitzen; restlichen Zucker darin karamelisieren (rösten, bis er goldgelb ist). Zwiebel beigeben, durchrösten. Das Kraut dazugeben und bei kleiner Flamme mit ca. 1/4 l Wasser weich dünsten. Dauert ca. eine halbe Stunde. Öfters umrühren.

4 Preiselbeeren mit etwas Rotwein und Stärkemehl verrühren. Kurz vor Ende des Kochvorganges unter das Rotkraut mengen. Vor dem Servieren nochmals abschmecken.

Selleriepüree

Die ideale Beilage für Fisch und Wildgerichte

Zutaten für 2 Personen:
1 Knolle Sellerie
(ca. 300 g)
ca. 1/4 l Milch
80 g Obers (Sahne)
3 EL Butter
Salz

15 Minuten
leicht

1 Sellerie schälen und in kleine Stücke schneiden. In wenig Milch zugedeckt weich kochen. Die Milch sollte am Ende fast verdampft sein (dauert ca. 8 Minuten).

2 Obers dazugeben, kurz einreduzieren und mit dem Stabmixer pürieren. Kleine, eiskalte Butterstücke beigeben und mit dem Mixer einarbeiten. Mit Salz abschmecken. – Wenn die Konsistenz des Pürees zu dicklich ist, geben Sie noch ein wenig Milch dazu.

Mein Tip: *Auf diese Art kann man auch andere Gemüsepürees, wie zum Beispiel Pastinaken- oder Zucchinipüree, herstellen.*

Champagnerkraut

Auch wenn es elitär klingen mag: Champagner, im letzten Moment beigegeben, gibt dem Kraut besonders zu zartem Wild eine ganz besondere Note.

Zutaten für 2 Personen:

500 g Weißkraut
(1 kleiner Kopf)
1 Zwiebel
2 EL Butterschmalz oder Gänsefett
50 g Rohschinken
1 Prise Kümmel (ganz)
2 1/2 EL Zucker
1 Lorbeerblatt
1 Gewürznelke
1/2 l Champagner
Salz, Pfeffer

1 Weißkraut halbieren, Strunk herausschneiden und in feine Streifen schneiden. Rohschinken in kleine Würfel schneiden. Zwiebel in feine Streifen schneiden.

2 In einem geräumigen Topf Butterschmalz oder Gänsefett erhitzen. Zucker darin braun anrösten. Zwiebel kurz mitrösten, dann Kraut und Rohschinken dazugeben. Bei mittlerer Hitze unter oftmaligem Umrühren ca. 10 Minuten schmoren lassen. Mit Salz, Lorbeerblatt, Gewürznelke, Pfeffer und Kümmel würzen. Mit einem Schuß Champagner untergießen.

3 Zugedeckt weiter schmoren lassen. Alle paar Minuten mit etwas Champagner untergießen, bis das Kraut nach etwa 20 Minuten weichgedünstet ist.

4 Danach den restlichen Champagner zugießen und eventuell mit einer Prise Majoran abschmecken. Vor dem Servieren Nelke und Lorbeerblatt herausnehmen.

60 Minuten
aufwendig

Eine ideale Beilage für gebratene Lammkoteletts und knusprig gebratene Fische

Bohnengratin

Zutaten für 2 Personen:
100–150 g frische weiße Bohnen (ersatzweise getrocknete)
½ Zwiebel
1 Lorbeerblatt
1–2 Thymianzweige
2 Zehen Knoblauch
1 kleiner Bund Basilikum
5 EL Olivenöl
1 EL Pinienkerne
2 EL Weißbrotbrösel
2 reife Tomaten
2 EL geriebener Parmesan
Salz, Pfeffer

1 Bohnen über Nacht in kaltem Wasser einweichen.

2 Basilikum waschen, Blätter abzupfen. Knoblauch und Zwiebel schälen. Tomate in kochendem Wasser blanchieren, in Eiswasser abschrecken. Haut abziehen, halbieren und entkernen. Fruchtfleisch in kleine Würfel schneiden.

3 Für die Sauce Olivenöl, Basilikumblätter, 1 Zehe Knoblauch, Pinienkerne und etwas Salz mit dem Stabmixer fein pürieren.

4 Bohnen mit einer Zehe Knoblauch, Zwiebel, dem Thymianzweig und Lorbeerblatt weich kochen (getrocknete Bohnen brauchen ca. 1 Stunde, frische etwa 40 Minuten); abseihen. In einer Pfanne etwas Olivenöl erhitzen. Tomatenwürfel darin anschwitzen. Bohnen beigeben; mit Basilikumsauce abschmecken, mit Weißbrotbröseln binden. Backrohr auf 220 Grad Oberhitze vorheizen.

5 In einem feuerfesten Geschirr eher flach aufteilen. Mit Parmesan bestreuen, mit Olivenöl beträufeln und bei großer Oberhitze rasch gratinieren.

Mein Tip: *Hülsenfrüchte beim Kochen nie salzen, sonst werden sie hart. Sollte vom Pesto (Basilikumöl) etwas übrigbleiben, können Sie es zum Würzen von Nudeln, Mischgemüse und Fischgerichten verwenden.*

60 Minuten
leicht

Gefüllte Polentaplätzchen

Polenta einmal anders. Paßt hervorragend zu Braten und Wildgerichten.

Zutaten für 2 Personen:

100 g Maisgrieß
1 Ei
2 Zwiebeln
2 EL frisch geriebener Parmesan
1/4 l milde Rindsuppe
1 Msp. getrockneter Majoran
Öl, Olivenöl
Salz, Pfeffer, Muskat

40 Minuten
aufwendig

Mein Tip: *Wenn Sie den getrockneten Majoran zwischen den Fingern reiben, entfaltet er sein ganzes Aroma.*

1 In einem Topf etwas Olivenöl erhitzen. Den Maisgrieß anrösten und mit Rindsuppe aufgießen. Aufkochen lassen, salzen und zugedeckt bei kleiner Flamme 25 Minuten dünsten. (Am besten geht das im Backrohr bei 100–120 Grad.) Herausnehmen und abkühlen lassen. Die Polenta sollte eher eine feste Konsistenz haben.

2 Zwiebeln in feine Streifen schneiden und in Öl goldgelb rösten. Mit Salz, Pfeffer und Majoran würzen.

3 Abgekühlte Polenta mit Ei und Parmesan vermischen. Mit Muskat abschmecken und eine 1 cm dicke Schicht auf ein Backpapier auftragen. Zwiebeln darauf verteilen und mit einer ebenso dicken Polentaschicht abdecken. Mit Klarsichtfolie verschließen und für mindestens zwei Stunden in den Kühlschrank stellen.

4 Portionieren und in einer Pfanne mit etwas Olivenöl goldgelb braten.

Kartoffelgratin

Zutaten für 2 Personen:
300 g mehlig-festkochende Kartoffeln
1 Zehe Knoblauch
etwas Butter
ca. 0,2 l Obers (Sahne)
ein guter Schuß Milch
1–2 EL frisch geriebener Parmesan oder Gruyère-Käse
Salz, Muskat, Pfeffer

Gourmet-Guru Wolfram Siebeck: „Ihre schönste Erfüllung findet die Kartoffel als Gratin – im Ofen überbackene rohe Kartoffelscheiben."

1 Knoblauch schälen und zerdrücken. Kartoffeln waschen, schälen und in möglichst dünne Scheiben (maximal 3 mm) schneiden oder hobeln. Backrohr auf 120 Grad vorheizen.

2 Eine flache Gratinierform mit Butter ausstreichen und mit der Knoblauchzehe ausreiben. Darin die Kartoffelscheiben schuppenartig auflegen, mit Salz, Pfeffer, Muskat würzen.

3 Mit Obers und Milch übergießen. Die Kartoffeln sollten von der Flüssigkeit bedeckt sein. So lange im Backrohr backen, bis die Oberfläche goldgelb ist (dauert 30–40 Minuten).

4 Mit frisch geriebenem Parmesan bestreuen und kurz bei starker Oberhitze überbacken.

50 Minuten
leicht

Mein Tip: *Kartoffelgratin läßt sich gut vorbereiten. Interessanterweise schmeckt es dann auch besser, weil sich die Kartoffeln besser mit dem Obers-Milch-Gemisch vollsaugen. – Vor dem Servieren nur noch kurz gratinieren. Ein Tip für Luxusliner: Schwarze Trüffel mit Kartoffelgratin ist der Hit.*

Kartoffelpüree und dann auch noch mit Basilikum ist für meinen Freund Paul Panther der Olymp der kulinarischen Genüsse.

Kartoffelpüree mit Basilikum

Zutaten für 2 Personen:

6 größere mehlige Kartoffeln
1/16 l Olivenöl
1 Bund Basilikum
2–3 EL Butter
1/8 l Milch
Salz, Muskat

30 Minuten
leicht

1 Basilikumblätter in kochendem Wasser blanchieren, in Eiswasser abschrecken, ausdrücken. Basilikumblätter und Olivenöl mit dem Stabmixer pürieren. Durch ein feines Sieb seihen.

2 Kartoffeln schälen, vierteln und in Salzwasser weich kochen. Abseihen und mit der Kartoffelpresse zerdrücken. Milch aufkochen. Kartoffeln beigeben und mit einem Schneebesen gut verrühren. Kalte Butterstücke unterrühren. Mit Salz und Muskat abschmecken.

3 Soviel Basilikumöl unter das Püree rühren, bis die gewünschte Konsistenz und Geschmacksintensität erreicht sind

Mein Tip: *Das Parfümieren des Kartoffelpürees hängt vom individuellen Geschmack ab. Probieren Sie doch einmal Rosmarin- oder Trüffelöl oder 1–2 Löffel Butter.*

Risipisi

Champignonschnitzel mit Risipisi war in den 70er Jahren ein Dauerbrenner auf den gutbürgerlichen Speisekarten. Zu Speisen mit viel Sauce nach wie vor eine beliebte klassische Wiener Beilage.

Zutaten für 2 Personen:
100 g Rundkornreis
1 kleine Zwiebel
2 EL Butter
1 Schuß Weißwein
1 kleines Paket Tiefkühlerbsen

25 Minuten
leicht

1 Backrohr auf 150 Grad vorheizen. Zwiebel schälen und kleinschneiden.

2 In einem Topf in 1 EL Butter Zwiebel glasig dünsten. Reis beigeben; unter ständigem Rühren kurz mitglacieren. Mit einem Schuß Weißwein untergießen und mit heißem Wasser auffüllen. Aufkochen lassen und salzen. Zugedeckt ca. 15 Minuten im Rohr dünsten.

3 Erbsen und Butterflocken beigeben und weitere 5 Minuten zugedeckt im Rohr lassen.

Mein Tip: *Die benötigte Flüssigkeit hängt von der Reissorte ab. Orientieren Sie sich an der Kochanleitung auf der Packung. Noch würziger schmeckt der Reis, wenn Sie mit einer milden Rindsuppe aufgießen.*

Risotto mit Steinpilzen

Risotto ist ein unerschöpfliches Thema. Wie immer in der guten Küche sind auch hier allerbeste Zutaten entscheidend.

Zutaten für 2 Personen:
120 g Risottoreis
3–4 EL Butter
100 g frische Steinpilze
1 kleine Zwiebel
1/8 l Weißwein
1 EL geriebener Parmesan
1/4 l milde Rindsuppe (oder Gemüsefond)
Salz, Pfeffer

30 Minuten
leicht

1 Steinpilze putzen und blättrig schneiden. Zwiebel schälen und fein schneiden.

2 In einem Topf etwas Butter aufschäumen. Zwiebel glasig anschwitzen. Reis dazugeben und kurz mitglacieren. Mit Weißwein untergießen. Nach und nach mit heißer Rindsuppe aufgießen. Öfters umrühren. Der Reis sollte bei kleiner Flamme vor sich hin köcheln. Je nach Reissorte nach etwa 15 Minuten die Steinpilze in einer Pfanne mit etwas Butter kurz ansautieren und zum Reis geben.

3 Danach nochmals 2–3 Minuten köcheln lassen. Topf von der Flamme nehmen. 2–3 EL kalte Butter einrühren.
Mit geriebenem Parmesan, Salz und Pfeffer abschmecken.

Champignons à la crème

Paßt sehr gut zu gebratenem Fleisch. Gemeinsam mit Semmelknödel oder Kartoffeln ergeben Champignons à la crème eine herrliche fleischlose Hauptspeise.

Zutaten für 2 Personen:
250 g kleine weiße Champignons
3 EL Butter
Saft von einer 1/2 Zitrone
1 EL gehackte Petersilie
4 EL Obers (Sahne)
1 EL Sauerrahm
Salz, Pfeffer

15 Minuten
leicht

1 Petersilie waschen und fein hacken. Champignons putzen, wenn nötig waschen und nicht zu feinblättrig schneiden.

2 Die Butter in einer Pfanne aufschäumen. Champignons beigeben, mit Salz, Pfeffer würzen und ohne Farbe anschwitzen. Köcheln lassen, bis die Flüssigkeit der Champignons völlig verdampft ist.

3 Obers mit dem Sauerrahm verrühren und aufgießen. Bei kleiner Flamme nochmals aufkochen. Nach Belieben kalte Butter einrühren. Mit etwas Zitronensaft, Salz, Pfeffer und gehackter Petersilie abschmecken.

Orientieren Sie sich nicht sklavisch an der Zutatenliste. Was auf dem Markt gerade gut und schön ist, wird verwendet.

Gemüseauflauf

Zutaten für 2 Personen:

1 Handvoll blanchierter Blattspinat
1 Karotte
1/2 Zucchini
1 kleine Zwiebel
1 Handvoll Karfiolrosen (Blumenkohl)
2 EL Butter
Sauce: 2 EL Butter
1/8 l Milch
2 EL Mehl
2 Eidotter
2 Eiklar
Salz, Pfeffer, Muskat

50 Minuten
aufwendig

1 Karfiolrosen in Salzwasser blanchieren. Karotte schälen, in dünne Scheiben oder kleine Würfel schneiden. Zwiebel kleinschneiden. Zucchini kleinschneiden.

2 Für die Sauce 2 EL Butter aufschäumen. Zwiebel darin farblos anschwitzen. 2 EL Mehl beigeben, mit Milch aufgießen und gut verrühren. Bei kleiner Flamme ca. 10 Minuten köcheln lassen. Die Hälfte des Karfiols beigeben und mit dem Stabmixer pürieren. Sauce erkalten lassen.

3 Eiklar mit einer Prise Salz zu steifem Schnee schlagen. Karotten und Zucchini in etwas Butter andünsten und würzen. Mit wenig Wasser bißfest kochen, bis die Flüssigkeit völlig verdampft ist. Blattspinat in brauner Butter schwenken, mit Salz und Muskat abschmecken. Backrohr auf 160 Grad vorheizen.

4 Erkaltete Sauce mit den Eidottern und dem Gemüse vermischen. Mit Salz, Pfeffer und Muskat abschmecken. Schnee unterheben. In eine passende Form füllen. Etwa 30 Minuten im Rohr backen.

Mein Tip: *Je nach Saison können Sie den Gemüseauflauf mit anderen Gemüsen zubereiten. Kräuter wie Estragon, Schnittlauch oder Petersilie sorgen für zusätzliche Würze.*

Nachspeisen

In kaum einer Küche spielen Nachspeisen eine derart prominente Rolle wie in der österreichischen. Viele Desserts lassen sich gut vorbereiten, sodaß Sie nach dem Hauptgang nur noch kurz in die Küche müssen. Mit diesen Rezepten sollte Ihnen der Schlußapplaus für ein gelungenes Menü sicher sein.

Apfel-ABC

Süße Sorten wie Golden Delicious oder Cox Orange für Fruchtsalate oder Speisen, die ohnehin schon süß sind. Saure Sorten wie Granny Smith, Gloster oder Boskop verwendet man für Strudel, gebackene Apfelspalten und warme Desserts. Damit sich geschälte Apfelscheiben nicht verfärben, sofort mit einer Zitrone einreiben, in ein flaches Gefäß legen und ganz kurz aufkochen.

Apfelstrudel

Wenn der Apfelstrudel einen metallischen Geschmack hat, liegt es wahrscheinlich nur an einem Detail: Sie haben den Strudel nach dem Backen nicht vom Backblech genommen. Liegt er dort zu lange, oxidiert der ausgeronnene Saft mit dem Metall. Strudel also entweder gleich vom Blech nehmen oder eine emaillierte Backform verwenden.

Eigelb lagern

Besonders bei der Zubereitung von Desserts bleibt manchmal Eigelb über. Geben Sie es in einen ganz kleinen Behälter, und gießen Sie vorsichtig kaltes Wasser darüber. So ist das Eigelb vor dem Austrocknen geschützt. Im Kühlschrank lagern und möglichst bald verbrauchen.

Eischnee und Obers (Sahne) schlagen

Das Gefäß muß absolut sauber und fettfrei sein. Schon kleinste Verunreinigungen können die Übung mißlingen lassen. Geschlagener Eischnee gelingt am besten, wenn das Eiklar sehr kalt ist. Wichtig ist auch das Tempo des Mixers. Langsam beginnen, erst am Ende forcieren, sonst gelangt zu wenig Luft in die Masse.

Erdbeeren

sind sehr leicht verderblich. Schon eine einzige matschige Beere kann einen ganzen Erdbeerkorb infizieren. Erdbeeren daher sofort nach dem Einkauf überprüfen und gegebenenfalls kaputte aussortieren.

Melonen

Reife Melonen erkennen Sie an ihrem ausgeprägten Duft. Wenn Sie am Strunk drücken, sollte er ein wenig nachgeben.

Mohn

kann ungemahlen ohne Probleme etwa ein Jahr lang aufbewahrt werden. Gemahlenen Mohn sollten Sie rasch aufbrauchen. Er verliert schnell an Aroma und kann leicht ranzig werden. Mohn mahlen Sie entweder in speziellen Mohnmühlen oder in einer Kaffeemühle, die Sie allerdings vor- und nachher sorgfältig reinigen müssen.

Obstknödel

bekommen ein ganz feines Aroma, wenn man dem Kochwasser einen Schuß Rum sowie Zucker bzw. Vanillezucker beigibt. Das Wasser darf nie kochen, sondern immer nur zart wallen. Falls es doch einmal zu kochen beginnt und die Knödel auseinanderzufallen drohen, die Temperatur mit einem Schuß kaltem Wasser korrigieren. Für Obstknödel immer nur frisches Obst verwenden. Tiefkühlfrüchte lassen zuviel Wasser.

Topfen (Quark)

Je trockener der Topfen, umso besser eignet er sich zum Backen. Meistens ist er aber zu wässrig und weich, weshalb er aus dem Teig ausläuft bzw. die Knödel im Kochwasser zerfallen. Zum Entwässern legt man ein Sieb auf einen Topf und schlägt es mit einem Geschirrtuch aus. Topfen hineingeben, in kleinere Teile schneiden, mit einem Tuch abdecken und beschweren (z. B. mit einem passenden Topf voll Wasser). Nach einigen Stunden das Geschirrtuch zusammenschlagen und möglichst viel Flüssigkeit aus dem Topfen pressen. Gepreßten Topfen passieren Sie am besten mit einer „flotten Lotte" oder einer Kartoffelpresse.

Erdbeeren und Pfeffer: Das wirkt auf den ersten Blick vielleicht seltsam, ist aber eine Kombination, die unwiderstehlich ist.

Erdbeeren mit schwarzem Pfeffer

Zutaten für 2 Personen:
200 g Erdbeeren
1 Schuß Grand Marnier
1–2 EL Staubzucker (Puderzucker)
1 Schuß Orangensaft
einige Tropfen Zitronensaft
1 gestrichener Mokkalöffel schwarzer, sehr grob zerstoßener Pfeffer
2 EL Butter

15 Minuten
leicht

1 Erdbeeren putzen; wenn nötig waschen. Größere Stücke halbieren.

2 In einer Pfanne 1 EL Butter aufschäumen. Pfeffer in die Pfanne streuen. Danach Erdbeeren und Zucker beigeben, kurz durchschwenken. Mit Grand Marnier ablöschen. Mit Orangensaft und Zitronensaft abschmecken.

3 Vor dem Servieren noch 1 EL Butter in die Sauce rühren. In heißen Schalen anrichten. Mit Vanilleeis und Schlagobers servieren.

Erdbeergratin

Wann immer Sie auf dem Markt oder im Wald Walderdbeeren entdecken, greifen Sie unbedingt zu. Sie sind ungleich aromatischer als ihre großen Kolleginnen aus dem Garten.

Zutaten für 2 Personen:

100 g Erdbeeren
100 g Walderdbeeren
etwas Grand Marnier
2 Eidotter
Saft einer 1/2 Zitrone
1 TL Staubzucker (Puderzucker)
Mark einer Vanilleschote
(oder 1 Packung Vanillezucker)
1/8 l Schlagobers (Schlagsahne)
3 Minzeblätter

1 Erdbeeren putzen; wenn nötig waschen. Größere Stücke in Scheiben schneiden. Eine Handvoll Erdbeeren mit dem Stabmixer pürieren und passieren.

2 Übrige Erdbeeren mit dem Erdbeerpüree, einem Schuß Grand Marnier, Staubzucker, Zitronensaft und feingeschnittenen Minzeblättern vermischen. Griller oder Backrohr auf 250 Grad Oberhitze vorheizen.

3 Für die Gratiniermasse Eidotter mit Staubzucker und Vanillemark schaumig rühren, etwas Grand Marnier dazugeben. Obers steif schlagen und unterheben.

4 Erdbeeren in 2 Suppentellern verteilen. Mit der Gratiniermasse bedecken und im Rohr überbacken.

15 Minuten
leicht

Geeiste Honigmelone mit Walderdbeeren und Minze

Im Sommer können Sie dieses Gericht auch als erfrischende Vorspeise servieren.

Zutaten für 2 Personen:
1 Honigmelone
100 g Walderdbeeren
1 Zweig Minze
einige Tropfen Zitronensaft
1 Glas Sekt oder Champagner
5 grob zerdrückte Pfefferkörner
1 Schuß Portwein

1 Walderdbeeren putzen und waschen. Honigmelone entkernen, mit einem Parisienne-Ausstecher oder einem kleinen Löffel Kugeln ausstechen.

2 Übriges Fruchtfleisch von der Schale lösen, mit der Hälfte der Walderdbeeren pürieren. Fruchtpüree mit Zitronensaft, Pfeffer und Portwein abschmecken. Melonenkugeln und Walderdbeeren dazugeben. Einige Stunden gut durchkühlen.

3 Vor dem Servieren mit Champagner aufgießen. In gut gekühlten Schalen anrichten und mit Minze garnieren.

20 Minuten
leicht

Traubensorbet mit Rotwein

In der Hochblüte der Nouvelle cuisine servierte man zwischen fast jedem Gang ein erfrischendes Sorbet. Diese Zeiten sind vorbei. Ich jedoch mag nach dem Käsegang und den großen Rotweinen gerne dieses Traubensorbet.

Zutaten für 2 Personen:

1/8 l frisch gepreßter Traubensaft
1/8 l Rotwein
Zucker nach Geschmack
Schale von einer 1/2 Orange
einige Tropfen Zitronensaft
1 Schuß Cassislikör
2 EL halbierte, entkernte Trauben

1 Wein mit Zucker und abgeriebener Orangenschale aufkochen. Auskühlen lassen, abseihen.

2 Traubensaft, Wein und Cassislikör verrühren. Mit Zitronensaft abschmecken.

3 In der Eismaschine frieren. In gekühlten tulpenförmigen Gläsern anrichten. Mit den halbierten Traubenstücken garnieren.

Mein Tip: *Sie können die Trauben für die Garnitur auch abschälen. In diesem Fall erst halbieren und entkernen, dann mit Grappa marinieren.*

30 Minuten
leicht

Eine kühle Erfrischung, die einfach und schnell herzustellen ist. Je aromatischer die Pfirsiche sind, umso mehr Freude wird dieses Dessert machen.

Pfirsichkaltschale

Zutaten für 2 Personen:

4 reife Pfirsiche
2 EL Zucker (je nach Süße der Pfirsiche)
Saft einer ½ Zitrone
1 Glas Sekt
1 Schuß Mineralwasser
2 EL Pfirsichlikör
Minzeblätter zum Garnieren

20 Minuten
leicht

1 Pfirsiche in kochendem Wasser blanchieren. In Eiswasser abschrecken. Haut abziehen, halbieren. Zwei Pfirsichhälften in Spalten schneiden, mit Pfirsichlikör marinieren. Die übrigen Pfirsiche mit Mineralwasser, Zitronensaft und Zucker pürieren. Mit Pfirsichlikör abschmecken. 2 bis 3 Stunden kalt stellen.

2 Mit Sekt aufgießen. In gekühlten Schalen anrichten. Mit den Pfirsichspalten als Einlage und den Minzeblättern als Garnitur servieren.

Salat von frischen Früchten

Ein Rezept für alle Fälle. – Vorausgesetzt, Sie haben verschiedene Früchte in optimalem Reifezustand zur Verfügung.

Zutaten für 2 Personen:

Saft einer 1/2 Zitrone
Saft einer 1/2 Orange
1 Apfel
2 Pfirsiche
gemischtes Obst je nach Saison (z. B. Trauben, Melone, Birne, Erdbeeren, Heidelbeeren, Ananas, Papaya usw.)
1 unbehandelte Orange
1 Schuß Grand Marnier
Zucker
1 Zweig Minze

30 Minuten
aufwendig

1 Eine unbehandelte Orange waschen; Schale mit einem Zestenreißer abschälen. In kochendem Wasser blanchieren, abseihen. 2 EL Zucker mit 1 EL Wasser aufkochen; darin die Orangenschale bei kleiner Flamme ca. 3 Minuten köcheln lassen. – Beiseite stellen.

2 Übrige Orange mit einem Messer abschälen, alles Weiße und die Häutchen wegschneiden; Filets herausschneiden. Apfel schälen, entkernen, in Würfel schneiden. Pfirsiche waschen, halbieren, entkernen und in Spalten schneiden. Übriges Obst waschen, schneiden; alles vermischen. Minzeblätter in feine Streifen schneiden und zum Obst geben.

3 Mit Staubzucker, Zitronensaft, Orangensaft und Grand Marnier abschmecken. Gut gekühlt in kleinen Schüsseln anrichten. Mit der eingekochten Orangenschale und einem Minzeblatt servieren.

Mein Tip: *Ihrer Phantasie sind bei diesem Salat keine Grenzen gesetzt. Mit verschiedenen Fruchtpürees und Marascino erreichen Sie zusätzliche Effekte.*

Souffliertes Omelett mit Himbeeren

Ein Dessertklassiker für das ganze Jahr. – Wenn Sie einen Vorrat an tiefgekühlten Himbeeren besitzen.

Zutaten für 2 Personen:
150 g Himbeeren
1 EL Staubzucker
(Puderzucker)
1 EL Cassis
Teig: 50 g Mehl
1/16 l Kaffeeobers (Sahne)
2 Eidotter
1 TL Vanillezucker
2 Eiweiß
2 EL Kristallzucker
1 Prise Salz
Butter, Kristallzucker

25 Minuten
aufwendig

1 Backofen auf 180 Grad vorheizen. Himbeeren mit Staubzucker und Cassis marinieren.

2 Mehl, Kaffeeobers, Eidotter, Salz und Vanillezucker zu einem Teig verrühren.

3 Eiweiß mit Kristallzucker zu steifem Schnee schlagen. Unter den Teig ziehen.

4 In einer Pfanne etwas Butter zerlassen, den Boden mit Kristallzucker bestreuen. Teig 1 cm hoch einfüllen und im Rohr backen. Nach 5 Minuten herausnehmen, die marinierten Himbeeren darauf verteilen und nochmals 3–5 Minuten backen.

5 Herausnehmen und anzuckern. Mit Vanilleeis oder Vanillesauce servieren.

Diese Variation vom Beerengratin empfiehlt sich besonders dann, wenn Sie tiefgekühlte Beeren bei der Hand haben.

Gratinierte Waldbeeren

Zutaten für 2 Personen:
200 g gemischte Waldbeeren
(Himbeeren, Brombeeren,
Heidelbeeren und Walderdbeeren)
1 Schuß Grand Marnier
etwas Zitronensaft
1 TL Staubzucker
Gratiniermasse: 1 Eidotter
2 EL Topfen (Quark)
2 EL Staubzucker (Puderzucker)
1 Packung Vanillezucker
1 Schuß Grand Marnier
1/8 l Obers (Sahne)

30 Minuten
leicht

1 Griller oder Backrohr auf 250 Grad Oberhitze vorheizen.

2 Beeren putzen. Mit einem Schuß Grand Marnier, Zitronensaft und Zucker marinieren. Obers steif schlagen.

3 Topfen durch ein Sieb passieren. Mit den übrigen Zutaten verrühren und das Schlagobers unterheben.

4 Die marinierten Beeren in ein feuerfestes Geschirr geben. Mit der Gratiniermasse bedecken und im Griller bzw. Rohr überbacken.

Kaiserschmarren

Nicht jeder Kaiser kann sich rühmen, einen Schmarren zu haben. Kaiser Franz Joseph gehört zu den Glücklichen. Wer den Schmarren flaumiger mag, ersetzt die Hälfte der Milch durch Sauerrahm.

Zutaten für 2 Personen:

1/8 l Milch
50 g Mehl
1 EL Zucker
3 Eier
Butter zum Backen
Vanillezucker
Zitronensaft
1 EL Rosinen
1 Prise Salz
Staubzucker
(Puderzucker)
gemahlener Zimt

1 Backrohr auf 200 Grad vorheizen. Eier in Dotter und Klar trennen. Eiklar mit Kristallzucker zu steifem Schnee schlagen. In einer Schüssel Milch, Mehl, Eidotter, Zitronensaft, Vanillezucker und eine Prise Salz glattrühren. Schnee unter den Teig heben.

2 In einer Pfanne mit feuerfestem Griff etwas Butter erhitzen. Teig eingießen. Zuerst am Herd anbacken, dann im Backrohr braun backen.

3 Pfanne herausnehmen, Teigmasse in kleine Stücke zerteilen. Rosinen dazugeben, mit Kristallzucker bestreuen und im Rohr nochmals kurz bräunen. Mit gemahlenem Zimt und Staubzucker bestreuen. Mit Kompott und/oder Eis servieren.

Mein Tip: *Besonders gut schmecken die Rosinen, wenn sie in Rum eingeweicht wurden. Ersatzweise können Sie auch einen Schuß Rum zum Teig geben.*

20 Minuten
leicht

Die Variationsmöglichkeiten bei Palatschinkenfüllungen sind enorm groß. Von der einfachen Marmeladenfüllung über Schokoladesauce und Vanilleeis bis hin zu den Calvadosäpfeln mit Sauerrahm.

Palatschinkenteig

Zutaten für 2 Personen:

1/8 l Milch
70 g Mehl
1 Ei
1 TL Kristallzucker
1 Packung Vanillezucker
1 Prise Salz
Schale einer 1/2 Zitrone

Mein Tip: *Wenn Sie oft Palatschinken machen, zahlt es sich aus, eine Pfanne ausschließlich dafür zu „reservieren". Am besten eignet sich eine beschichtete Pfanne oder auch eine Eisenpfanne, in die Sie eine Handvoll Salz streuen. Stark erhitzen. Nach diesem „Ausbrennen" die Pfanne mit Küchenkrepp sauber auswischen. Die so behandelte Pfanne nur mehr für das Backen von Crêpes oder Palatschinken verwenden und niemals waschen, sondern stets nur sauberwischen. – Die Pfanne dankt es Ihnen mit Palatschinken, die garantiert nie anbrennen.*

10 Minuten
leicht

1 Alle Zutaten zu einem glatten Teig verarbeiten.

2 In einer beschichteten Pfanne etwas Butter erwärmen. Teig dünn einlaufen lassen. Beidseitig goldgelb backen.

3 Mit der jeweiligen Fülle servieren.

Nußpalatschinken

Zutaten für 2 Personen:
Palatschinkenteig nach nebenstehendem Rezept
Fülle:
100 g geriebene Walnüsse
1/16 l Obers
1 TL Kristallzucker
1 Prise gemahlener Zimt
Vanillezucker
Zitronenschale
Orangenschale
2 EL Rosinen
1 Schuß Rum
Schokosauce:
100 g Kochschokolade
20 g Butter
50 g Obers (Sahne)

20 Minuten
leicht

Mein Tip: *Wenn möglich die Rosinen einen Tag vorher in Rum einlegen. Oder in ein Einsiedeglas Rosinen füllen, mit Rum bedecken und gut verschlossen aufbewahren.*

1 Für die Fülle Obers mit Zucker aufkochen. Nüsse, Zitronenschale, Orangenschale, Zimt, Vanillezucker beigeben. Kurz mitkochen, von der Flamme nehmen. Mit Rum und Rosinen abschmecken.

2 Für die Schokoladesauce Obers, Schokolade und Butter in einen Kessel geben und im Wasserbad erwärmen. Palatschinken backen, mit der heißen Nußfülle füllen. Mit Schokosauce und Schlagobers servieren.

Das ist eine Apfelstrudel-Variante, die sich durch den Sauerrahm und die Walnüsse von anderen unterscheidet. Wenn der Teig für Sie nicht nur die Hülle sein soll, nehmen Sie ruhig die doppelte Menge Strudelblätter.

Apfelstrudel

Zutaten für 2 Personen:
3 säuerliche Äpfel
1 EL Rosinen
1 TL gemahlener Zimt
2 EL Kristallzucker
4 EL Sauerrahm
1 Packung Vanillezucker
Zitronensaft
3 EL Weißbrotbrösel
2 EL Butter
1 Schuß Rum
1 EL geriebene Walnüsse
2 Strudelblätter
Butter zum Einstreichen

1 In einer Pfanne Butter aufschäumen; die Weißbrotbrösel darin goldbraun und knusprig anrösten. Kristallzucker beigeben und Pfanne vom Feuer nehmen. Backrohr auf 180 Grad vorheizen.

2 Äpfel schälen, Kerngehäuse ausstechen, feinblättrig schneiden. Mit den übrigen Zutaten vermischen und abschmecken.

3 Strudelblätter auf ein trockenes Tuch legen und mit flüssiger Butter bestreichen. Fülle auf ein Drittel der Fläche auftragen und mit Hilfe des Tuches einrollen. Mit der Nahtseite nach unten auf ein Backpapier setzen.

4 Strudel mit flüssiger Butter einstreichen. Ca. 20 Minuten im Rohr backen. Vor dem Servieren mit Staubzucker bestreuen. Besonders gut schmeckt der Apfelstrudel mit Zimtsabayon.

Mein Tip: *Fertigen Strudelteig gibt es in tadelloser Qualität zu kaufen. Die Zubereitung von selbstgemachtem Strudelteig bringt bei kleinen Mengen kaum Vorteile und lohnt nicht die Mühe.*

45 Minuten
aufwendig

Flambierte Äpfel

Ein schönes Dessert nach einem Wild-Menü. Die verfeinerte Form des Bratapfels. Besonders effektvoll durch das Flambieren.

1 Äpfel waschen, Kerngehäuse ausstechen

2 Rosinen, Nüsse, Datteln und Marzipan vermischen. Mit Rum, Zucker und Zimt abschmecken. Äpfel damit füllen. Backrohr auf 200 Grad vorheizen.

3 Äpfel in eine feuerfeste Form geben, mit Weißwein und Himbeersirup übergießen. Vanilleschote und Nelken dazugeben und ca. 25 Minuten backen. Die Äpfel sind gar, wenn sie aufspringen und ein wenig einschrumpfen.

4 Aus dem Rohr nehmen, Vanilleschote und Nelke entfernen. Mit Calvados und Rum übergießen. Am Rand anzünden (flambieren) und zu Tisch bringen. Eventuell mit geschlagenem Obers oder Vanilleeis servieren.

Zutaten für 2 Personen:

- 2 Cox Orange-Äpfel
- 1 TL gehackte Walnüsse
- 1 TL gehackte getrocknete Datteln
- 1 EL Marzipan
- 1 EL Rosinen
- 1 EL Butter
- 1 TL Staubzucker (Puderzucker)
- 1 Schuß Rum
- 1 Schuß Weißwein
- 2 Stück Gewürznelken
- 1 Prise gemahlener Zimt
- 1 Schuß Calvados
- 1 Vanilleschote
- 2 EL Himbeersirup

40 Minuten
leicht

Mein Tip: *Noch besser schmeckt die Apfelfülle, wenn Sie die Datteln und Rosinen über Nacht in etwas Orangensaft und Rum einweichen.*

Gebackene Apfelspalten mit Portweinsabayon

Für Kinder werden gebackene Apfelspalten mit Kompott serviert.
Für Erwachsene darf es ruhig ein kräftiges Sabayon sein.

<u>Zutaten für 2 Personen:</u>
2 säuerliche Äpfel
Saft einer 1/2 Zitrone
1 Schuß Rum
1 TL Staubzucker (Puderzucker)
4 EL Preiselbeeren
Zimt, Staubzucker
<u>Weinbackteig:</u> 1 Ei
1 EL flüssige Butter
70 g Mehl
1/16 l Weißwein
1 TL Kristallzucker
1 Prise Salz, Zitronenschale
<u>Sabayon:</u> 1/16 l Portwein
1 EL Kristallzucker
2 Eidotter
1 Prise Vanillezucker
Salz

1 Äpfel schälen, das Kerngehäuse ausstechen. In 1 cm dicke Scheiben schneiden. Apfelscheiben mit Zitronensaft, Rum und Staubzucker marinieren.

2 Für den Weinbackteig das Eiklar vom Dotter trennen. Eiklar mit Kristallzucker zu steifem Schnee schlagen. Dotter mit Mehl, Weißwein, flüssiger Butter, Zitronenschale und einer Prise Salz zu einem glatten Teig verrühren. Eischnee vorsichtig unter den Teig heben.

3 In einer Pfanne Öl auf ca. 160 Grad erhitzen. Die Apfelspalten durch den Teig ziehen. Im Öl beidseitig goldgelb backen (dauert ca. 4 Minuten). Auf Küchenkrepp legen, Fett abtupfen.

4 In einem Topf Wasser erhitzen. Alle Zutaten für das Sabayon in einen Schneekessel geben und mit dem Schneebesen über Dunst schaumig aufschlagen.

5 Die Apfelspalten mit Zimt-Zucker-Gemisch bestreuen. Auf vorgewärmten Tellern anrichten. Mit Portweinsabayon und Preiselbeeren servieren.

30 Minuten
aufwendig

Als Variante können Sie dieses traditionelle österreichische Dessert statt mit Semmeln auch mit Briochegebäck oder Kipferln zubereiten.

Scheiterhaufen

1 Backrohr auf 180 Grad vorheizen. Äpfel schälen, halbieren, Kerngehäuse entfernen und blättrig schneiden. Mit Kristallzucker, Walnüssen, Rosinen, Vanillezucker, Zimt, Rum und Zitronenschale vermischen.

2 Die Semmeln in dünne Scheiben schneiden. Auf ein Backblech legen und im Rohr hellbraun rösten. Anschließend mit flüssiger Butter beträufeln. Milch, Ei und Aromen versprudeln, über die Semmelscheiben gießen.

3 Eine gebutterte Auflaufform mit Semmelbröseln ausstreuen. Form mit Semmelscheiben auslegen. Äpfel darauf verteilen, mit den übrigen Semmelscheiben bedecken. Abgedeckt im vorgeheizten Rohr ca. 45 Minuten bei 200 Grad backen.

4 Für die „Schneehaube" Eiklar zu steifem Schnee schlagen. Etwa 5 Minuten vor Backende Schnee auf dem Scheiterhaufen verteilen und bei maximaler Temperatur rasch bräunen. Mit Fruchtsaucen servieren.

Zutaten für 2 Personen:

- 5 Semmeln vom Vortag
- 50 g Butter
- 1/2 l Milch
- 1 Ei
- Vanillezucker
- Rum
- gemahlener Zimt
- Zitronenschale
- 2 Äpfel
- 1 EL geriebene Walnüsse
- 1 EL Rosinen
- Zucker
- Weißbrotbrösel

Für die Schneehaube:

- 2 Eiklar
- 60 g Kristallzucker

60 Minuten
aufwendig

Vanille-Topfensoufflé

Keine Angst vor Soufflés. Mit ein wenig Übung sind sie gar nicht so schwer zuzubereiten. Mit einer Spur mehr Stärke fällt das Soufflé nicht so leicht zusammen.

Zutaten für 2 Personen:
140 g Topfen (Quark)
2 Eier
40 g Kristallzucker
10 g Stärke
Mark von 1 Vanilleschote
Schale einer ½ Zitrone
Butter und Zucker für die Formen

1 Backrohr auf 220 Grad vorheizen. Topfen passieren. Eier in Klar und Dotter trennen. Topfen, Eidotter, Vanillemark, Stärke und geriebene Zitronenschale vermischen.

2 Eiklar mit Kristallzucker zu Schnee schlagen. Ein Drittel des Schnees unter die Topfenmasse rühren, den übrigen Schnee vorsichtig unterheben.

3 Soufflëförmchen buttern, mit Kristallzucker ausstreuen. Masse ca. ¾ hoch einfüllen und glattstreichen. In eine passende Wanne 1–2 cm hoch Wasser füllen und aufkochen. Förmchen in dieses Wasserbad stellen und für ca. 20 Minuten ins vorgeheizte Backrohr stellen.

4 Gegarte Soufflés herausnehmen und stürzen. Mit Fruchtsauce oder frischen Beeren servieren.

30 Minuten für Ehrgeizige

Liwanzen, Dalken, Palatschinken. Die böhmischen Dessertspezialitäten dominieren in Österreich auch heute noch. Hier ein besonders schönes Liwanzenrezept.

Zutaten für 2 Personen:

Teig: 150 g Milch
ca. 10 g Germ (Hefe)
100 g Mehl
1 Eidotter
einige Tropfen Rum
1 TL Zucker
1 Prise Salz
1 EL Topfen (Quark)

Fülle: 80 g passierter Topfen (Quark)
80 g geschlagenes Obers (Sahne)
2 EL Staubzucker (Puderzucker)
1 Schuß Rum
Vanillezucker
1 EL Rumrosinen
geriebene Zitronen- und Orangenschale

45 Minuten
aufwendig

Topfenliwanzen

1 Backofen auf 180 Grad vorheizen. Germ in lauwarmer Milch auflösen. Restliche Zutaten für den Teig einrühren. Glattrühren und an einem warmen Ort bei ca. 30° Celsius ungefähr 15 Minuten gehen lassen.

2 Den Teig danach mit dem Schneebesen nochmals zusammenrühren und abermals 15 Minuten gehen lassen. Währenddessen für die Fülle Topfen mit den übrigen Zutaten glattrühren. Abschmecken und geschlagenes Obers unterheben.

3 In einer Teflonpfanne mit ofenfestem Griff etwas Butter aufschäumen. Teig mit einem Löffel portionsweise in die Pfanne geben. Ins Rohr stellen und beidseitig backen (dauert ca. 5 Minuten).

4 Jeweils 2 Liwanzen übereinandersetzen, dazwischen mit der Topfenmischung füllen. Mit Zucker bestreuen.

Topfenknödel mit Rhabarberkompott

Wenn Sie zu dieser Knödelmasse etwas mehr Grieß beigeben, haben Sie die perfekte Teigbasis für alle Arten von gefüllten Fruchtknödeln. Und das Kompott variieren Sie natürlich stets nach Marktlage und Saison.

Zutaten für 2 Personen:
200 g Rhabarber
3 EL Kristallzucker
1 Vanilleschote
1 Zimtstange
einige Tropfen Zitronensaft
Knödel: 200 g Topfen (Quark) – 10% Fett
30 g Sauerrahm
1 Ei
1 EL Kristallzucker
40 g Grieß
1 Schuß Rum
Zum Servieren: 4 EL Weißbrotbrösel
3 EL Butter
1 EL Kristallzucker
Vanillezucker

1 Für die Knödelmasse Topfen in einem Geschirrtuch gut ausdrücken, damit er nicht zu wässrig ist. Anschließend passieren. Alle anderen Zutaten gut verrühren, abschmecken. Gut gekühlt mindestens 30 Minuten ziehen lassen.

2 Rhabarber waschen, schälen und in 1 cm dicke Stücke schneiden. Mit Zucker, Zimt, Vanilleschote, Zitronensaft und etwas Wasser kurz aufkochen. Beiseite stellen und ziehen lassen.

3 Aus der Topfenmasse Knödel formen. Wasser leicht salzen, mit Rum und Zucker abschmecken. Auf kleiner Flamme ca. 15 Minuten köcheln lassen.

4 In einer Pfanne 3 EL Butter aufschäumen. Weißbrotbrösel darin goldgelb und knusprig anrösten. Am Schluß Kristallzucker dazugeben. Mit Vanillezucker würzen.

5 Knödel in gerösteten Bröseln wälzen. Mit Rhabarberkompott servieren.

35 Minuten
aufwendig

Mein Tip: *Noch besser schmeckt das Kompott, wenn Sie es bereits am Vortag zubereiten und über Nacht mit den Aromen ziehen lassen.*

Dieses raffinierte Rezept fordert schon etwas Küchenerfahrung. Ganz besonders Ungeschickte sollten die Finger davon lassen.

Marillentörtchen

Zutaten für 2 Personen:
***Teig:* 100 g griffiges Mehl**
60 g zimmerwarme Butter
1 EL Staubzucker (Puderzucker)
1 Eidotter
Fülle:
80 g Topfen (Quark)
1 Ei
80 g geschlagenes Obers (Schlagsahne)
1 Blatt Gelatine
1 EL Kristallzucker
2 Packungen Vanillezucker
Schale einer 1/2 Zitrone
1 Prise Salz
1 Schuß Marillenlikör
6 reife Marillen

1 Für den Teig alle Zutaten miteinander verkneten. Rollenförmig formen und in Klarsichtfolie einwickeln. 30 Minuten kalt stellen.

2 Kleine Formen mit Butter ausstreichen. Teig 2 mm dick ausrollen. Formen damit auslegen. Teig mit einer Gabel einstechen. Im vorgeheizten Backrohr bei 180 Grad goldgelb backen. Törtchen stürzen und auskühlen lassen.

3 Marillen waschen. In kochendem Wasser blanchieren, in Eiswasser abschrecken. Haut abziehen, halbieren, entkernen und in Spalten schneiden. Mit Marillenlikör und Staubzucker marinieren. Backrohr auf 220 Grad vorheizen.

4 Ei in Klar und Dotter trennen. Eiklar mit Kristallzucker zu steifem Schnee schlagen. Topfen passieren, mit Eidotter, Vanillezucker und Zitronenschale glattrühren.

5 Gelatineblatt in kaltem Wasser einweichen. Ausdrücken. Anwärmen, glattrühren und unter die Topfenmasse rühren

6 Geschlagenes Obers, Eischnee und Marillenstücke unterheben. Auf die Törtchen füllen und glattstreichen. Im vorgeheizten Backrohr ca. 10 Minuten backen. Mit Staubzucker bestreuen. Heiß servieren.

90 Minuten **für Ehrgeizige**

Grießflammeri

Ein Dessert für jede Gelegenheit, wenn Sie darauf achten, daß Sie Obers und Milch zu Hause haben. Die Garnierung mit Früchten oder Fruchtsaucen bleibt ganz Ihnen überlassen.

Zutaten für 2 Personen:

¼ l Milch
1 Packung Vanillezucker (oder eine Vanilleschote)
Schale einer Zitrone
Schale einer Orange
2–3 Blatt Gelatine
50 g Grieß
200 g geschlagenes Obers (Schlagsahne)
1 Eidotter
2 EL Kristallzucker

30 Minuten
aufwendig

1 Milch, Kristallzucker, Vanillezucker, Zitronen- und Orangenschale aufkochen. Grieß unter ständigem Rühren mit dem Schneebesen einlaufen lassen. Bei kleiner Flamme zu einer dicklichen Masse einkochen. Abkühlen lassen.

2 Gelatineblätter in kaltem Wasser einweichen. Ausdrücken. In einem Gefäß erwärmen und glattrühren. Gelatine und Eidotter mit einem Schneebesen unter die Grießmasse rühren. Kurz abkühlen lassen.

3 Geschlagenes Obers unterrühren. In Portionsförmchen abfüllen und im Kühlschrank ca. 3 Stunden durchkühlen lassen.

4 Formen kurz in heißes Wasser tauchen. Grießflammeri auf Teller stürzen. Mit frischen Früchten oder Fruchtsaucen servieren.

Zwetschkenknödel

Haben Sie als Kind auch bei Zwetschkenknödel-Wettessen mitgemacht? Mein Rekord lag bei 9 Stück. Gewonnen habe ich damit nie. Das Besondere an meinem Rezept ist die ganz leichte, zarte Teigmasse.

Zutaten für 2 Personen:
Teig: **300 g rohe mehlige Kartoffeln**
250 g Topfen (Quark) – 10% Fett
80 g Mehl
1 gehäufter EL Grieß
1 nußgroßes Stück Butter
Salz, Muskat
Sauce: **250 g Zwetschken**
Saft einer 1/2 Zitrone
Zucker nach Geschmack
1 Schuß Zwetschkenbrand
1 kleines Stück Zimtstange
Garnitur: **6 Stück Würfelzucker**
feingemahlener Mohn
Staubzucker (Puderzucker)

1 Zwetschken waschen, halbieren, entkernen. Für die Fülle 6 Stück Zwetschken nur leicht anschneiden, Kern herausnehmen und mit einem Stück Würfelzucker füllen.

2 Zwetschken für die Sauce kleinschneiden. Mit Zucker, Zimtstange, Zitronensaft weich kochen. Mit dem Stabmixer pürieren (vorher Zimtstange herausnehmen). Mit Zwetschkenbrand abschmecken.

3 Kartoffeln waschen, kochen, schälen und mit der Kartoffelpresse zerdrücken. Kartoffeln abwiegen, 250 g weiterverarbeiten. Übrige Zutaten beigeben und zu einem glatten Teig verarbeiten. Zugedeckt im Kühlschrank eine halbe Stunde rasten lassen. Eine Rolle formen. Gleich große Teigstücke portionieren. Auseinanderdrücken, mit Zwetschken füllen und Knödel formen.

4 Wasser aufkochen, leicht salzen und mit einem Schuß Rum und Zucker abschmecken. Knödel etwa 15 Minuten leicht köcheln lassen. Mit einem Schaumlöffel herausnehmen. Abtropfen lassen. Zwetschkensauce auf den Tellern anrichten, Knödel daraufsetzen. In Mohn-Zucker-Gemisch oder Butterbröseln wälzen. Heiß servieren.

45 Minuten
aufwendig

Mein Tip: *Die Zwetschkenknödel können auch mit gerösteten Bröseln und Zimtsabayon serviert werden.*

Ganz gleich, ob Sie einen Festtag gebührend feiern wollen, die Schwiegereltern oder den Firmenchef zum Essen erwarten, mit Freunden ein Fußball-Ländermatch im Fernsehen ansehen oder Ihren geliebten Partner einkochen wollen: Mit diesen Menüvorschlägen liegen Sie garantiert richtig.

Menüs für jede Gelegenheit

Festtags-Menü

Der Anlaß für dieses Menü sollte schon ein ganz besonderer sein. Schließlich ist der Arbeitsaufwand nicht gerade gering.

Räucherlachspalatschinke . . . . **Seite 76**
Spaghetti in Lauch . . . . **Seite 40**
Rehfilets mit Wacholder gebraten und glacierten Äpfeln . . . . **Seite 144**
Topfenliwanzen . . . . **Seite 205**

Gesamtzubereitungszeit: 135 Minuten

Single-Menü

Ein Gericht für eine Person. Essen und kochen macht ja eigentlich nur zu zweit Spaß.

Spanischer Eierkuchen . . . . **Seite 49**

Gesamtzubereitungszeit: 15 Minuten

Gazpacho

Rund um die Welt

Für kosmopolitische Gemüter, die auch bei Tisch internationales Flair nicht missen mögen.

Glasnudelsalat mit Butterfisch . . . . **Seite 77**
Gazpacho . . . . **Seite 68**
Entrecote Strindberg . . . . **Seite 128**
Salat von frischen Früchten . . . . **Seite 194**

Gesamtzubereitungszeit: 120 Minuten

Spanischer Eierkuchen

Einkochen und einbraten

Die Zubereitung dieses hoffentlich aphrodisierenden Menüs dauert nicht lange, schließlich haben Sie ja noch einiges vor.

Spargelsalat mit Kressekeimlingen . . . . **Seite 92**
Steinbutt in Champagnersauce mit Kaviar . . . . **Seite 103**
Flambierte Äpfel . . . . **Seite 201**

Gesamtzubereitungszeit: 110 Minuten

Souffliertes Omelett mit Himbeeren

Rindersteak auf Schalotten-Marksauce

Hohe Gäste

„Hallo Boß" und „Achtung Schwiegereltern". Ein respektvolles Menü für Respektspersonen. – Sehr heikel und ganz wichtig!

Kresseschaumsuppe . . . . **Seite 66**
Lachscarpaccio . . . . **Seite 75**
Rindersteak auf Schalotten-Marksauce . . . . **Seite 126**
Souffliertes Omelett mit Himbeeren . . . . **Seite 195**

Gesamtzubereitungszeit: 105 Minuten

Ländermatch

Mozzarella für die erste Spielhälfte. Die Fleischlaberln in der Halbzeit (sie schmecken auch kalt in der zweiten Spielhälfte). Nach dem letzten Elfmeter in der Verlängerung tragen Sie den Scheiterhaufen auf.

Mozzarella in Carrozza . . . . **Seite 44**
Fleischlaberln . . . . **Seite 116**
Scheiterhaufen . . . . **Seite 203**

Gesamtzubereitungszeit: 110 Minuten

Fisch total

Fisch in allen Zubereitungsvariationen. Nach so viel Eiweiß rate ich zu einem fruchtigen Finale.

Gesamtzubereitungszeit: 125 Minuten

Gebratene Scampi mit Orangenbutter

Feinschmecker-Elite

Oft fragen mich die Leute, was ich selbst am liebsten esse. Ich bin mir da mit Kochkollegen und erfahrenen Gourmet-Gurus einig: Man kann auch ohne Steinbutt, Trüffel oder Hummer leben, aber nicht ohne so köstliche Dinge wie Kartoffeln, Eier, Salat oder Speck. – Sie sehen also, guter Geschmack hat nichts mit immensen finanziellen Aufwendungen zu tun.

Gesamtzubereitungszeit: 120 Minuten

Dinkellaibchen

Absolut fleischfrei

Wir essen alle viel zuviel Fleisch. Wer sich gesund ernähren will, sollte darauf achten, daß die fleischfreien Tage in der Woche überwiegen.

Gesamtzubereitungszeit: 210 Minuten

Heute bleibt die Küche kalt

An manchen heißen Sommertagen ist man mitunter sogar fürs Essen zu träge. Schon der Anblick des Herdes erhöht Ihre Temperatur, aber Sie bleiben mit diesem Menü ganz cool.

Süßsaurer Karottensalat . . . . . **Seite 166**
Rindercarpaccio mit Senfsauce . . . . **Seite 87**
Traubensorbet mit Rotwein . . . . **Seite 192**

Gesamtzubereitungszeit: 65 Minuten

Kater-Menü

Lang war die Nacht, schön der Wein und kurz der Schlaf. Auf daß sich die Kräfte wieder einfinden, empfiehlt sich folgendes Menü.

Räucherlachs auf Kartoffelpuffer . . . **Seite 73**
Leberknödelsuppe . . . . **Seite 57**
Erdbeeren mit schwarzem Pfeffer . . . **Seite 189**

Gesamtzubereitungszeit: 95 Minuten

Räucherlachs auf Kartoffelpuffer

Dilettanten-Menü

Eigenartigerweise sind sogar vielgereiste und erfahrene Gourmets darauf stolz, in der Küche angeblich zwei linke Hände zu haben. Eine Eierspeise sollten aber selbst Küchendilettanten zusammenbringen. Womit ja wohl der ärgste Hunger gestillt ist.

Avocados mit Crevetten . . . . **Seite 78**
Eierspeise mit Kürbiskernöl . . **Seite 48**
Nußpalatschinken . . . . **Seite 199**

Gesamtzubereitungszeit: 45 Minuten

Loben und preisen wir die Wiener Küche

Kaum eine Küche dieser Welt hat sich in den letzten 10 Jahren so positiv verändert wie die österreichische. Das Fundament dafür liegt zum großen Teil in der Wiener Küche, wo übereifrige Kreativität nach wie vor fehl am Platz ist. Zum Beweis das Wiener Evergreen-Menü.

Frittatensuppe .... **Seite 56**
Wiener Schnitzel mit Kartoffelsalat .... **Seite 115**
Apfelstrudel .... **Seite 200**

Gesamtzubereitungszeit: 100 Minuten

Mancher Fisch sieht gerne rot

Das eherne Gesetz, wonach zu Fisch kein Rotwein paßt, gerät zunehmend ins Wanken. Erlaubt ist, was schmeckt. Und oft lebt das kulinarische Zusammenspiel von den Kontrasten.

In Restaurants hat man manchmal diese übernatürlichen Glücksmomente. Der elegante Rotwein aus der Toskana ergänzt auf fantastische Weise das Kaninchen mit Balsamicosauce. Säure wie Frucht verbinden sich mit jedem Schluck und Bissen zu einem kulinarischen Gesamtkunstwerk. Jeder Feinschmecker hat derartige Kombinationen im Kopf, die naturgemäß nach steigerungsfähigen Nachahmungen verlangen. Groß ist dann der Frust, wenn daheim der edle Tropfen so gar nicht zum an sich gelungenen Gericht passen will. Auch wenn Speise und Wein vom Feinsten sind: Die Harmonie geht oft recht seltsame Wege.

Wein ist ein idealer Speisenbegleiter. Er fördert die Verdauung; während des Essens getrunken, verträgt unser Körper auch den Alkohol viel besser. Daher wird Wein in Ländern wie Italien und Frankreich vor allem zu den Mahlzeiten getrunken. Die österreichischen Heurigen stellen in dieser Hinsicht eine Ausnahme dar, aber nicht umsonst erblüht ja auch hier eine einfallsreiche Büffetkultur. Daß eine schöne Flasche Wein einen Abend wesentlich verschönen kann, ist also evident. Schwieriger ist die exakte Antwort, welcher dies tatsächlich tut. Die althergebrachte Faustregel „Weißer Wein zu weißem, roter Wein zu dunklem Fleisch" ist zwar an sich hieb- und stichfest, verspricht einem aber noch lange keine außergewöhnlichen Gaumenfreuden. Wer zum gekochten Rindfleisch einen schönen Rotwein, zum Fisch einen eleganten Weißen trinkt, kann zwar sicher sein, nichts falsch gemacht zu haben. Die optimale Wahl könnte aber anders aussehen. Weil beim Rindfleisch ja auch noch Röstkartoffeln, Schnittlauchsauce und Apfelkren dabei sind, wozu optimal ein kräftiger Neuburger paßt. Und wenn der Fisch „Serbischer Karpfen mit Erdäpfeln" heißt, dann kann ein schöner Zweigelt Wunder wirken.

Die Farbe des Fleisches ist also nur ein Kriterium für die Weinwahl. Viel wichtiger sind Würzung, Zubereitung, Beilagen und vor allem die Sauce. Früher, als letztere noch mit Einbrenn gemacht wurde, war sie Geschmacksdiener statt -herr. Heute sind Saucen stark reduzierte, besonders aromareiche Fonds, die Fisch und Fleisch erst den entscheidenden Pfiff geben. Entenbrust, Freilandhuhn und Kalbsmedaillons – ohne Sauce sind die Geschmacksunterschiede nicht spektakulär groß. Ebenso ähneln sich diverse Fischsorten wie ein weißes Ei dem braunen.

Wer nun über die Geschmacksdominanz Bescheid weiß, befindet sich auf dem richtigen Weg, aber noch lange nicht am Ziel. Schon die kleinste Unregelmäßigkeit kann alle Weinempfehlungen über den Haufen werfen. Immerhin ist hier von einem Pro-

dukt die Rede, das sich in jedem Jahrgang anders präsentiert, von Rebsorten, die in jeder Region eine andere Geschmackstypizität besitzen. Ein Beispiel: Zum klassischen Wiener Schnitzel mit Vogerl- oder Erdäpfelsalat paßt optimal ein würziger, fruchtiger, junger Grüner Veltliner aus der Wachau. Weil der Teufel nicht schläft, erwischen Sie aber einen Veltliner, der schon eher reif, vollmundig wirkt und die sonst übliche Säure vermissen läßt. Kein schlechter Wein, aber völlig falsch zum essigsauren Salat, der jeden anderen Geschmack niederkämpft. Da hilft nur: nicht ärgern – trinken. Und zwar vor und nach dem Essen, um damit den Genuß von Wein und Speise möglichst wenig zu trüben.

Wirklich große Weine sind ohnehin ein solistisches Erlebnis. So komplex und vielfältig ein majestätischer Bordeaux auch sein mag, oft passen dazu nur in der Zubereitung recht simple Speisen, wie Steak oder Lammrücken. Der goldene Mittelweg sind daher nicht die von Weinhändlern und Gourmet-

Harmonie ist nur eine Seite der Medaille. Oft lebt das kulinarische Zusammenspiel auch von den Kontrasten.

magazinen vielgelobten und hochkonzentrierten „Granaten", sondern leichtere, aber doch schmackhafte Weine, die zumeist delikate Speisenbegleiter sind und erfreulicherweise nicht so stark das Budget belasten. Demnach lautet eine der vielen Regeln: Einfache Weine zu komplexen Gerichten, komplexe Weine zu einfachen Gerichten. Mögliche zuverlässige „Dienerweine", die Sie kaum im Stich lassen: steirische Welschrieslinge; junge, fruchtig-frische Grüne Veltliner; unkomplizierte Zweigelt und Blaufränker; bessere Chianti-Qualitäten.

Harmonie ist allerdings nur eine Seite der Medaille. Oft lebt das kulinarische Zusammenspiel auch von den Kontrasten. Wer je eine halbtrockene Riesling-Auslese zu Wild oder eine Trockenbeerenauslese zu Roquefort-Käse probiert hat, weiß davon ein Loblied zu singen. Weine zu Käse und Dessert sind ein ganz spezielles Kapitel, welches hier den Rahmen sprengen würde. Nur soviel: Zu fettigem Käse macht sich Rotwein gut, Blauschimmel-, Ziegen- und Hartkäse vertragen sich mit charaktervollen Weißweinen, manchmal darf es auch eine Beerenauslese sein. Bei Desserts reicht das mögliche Kombinationsangebot von den herrlichen burgenländischen Trockenbeerenauslesen über Riesling-Auslesen bis hin zu Portwein und Champagner.

Sie merken schon: Etliche Regeln und Regelchen verwirren, statt Lösungen zu erbringen; strenggenommen kommt die Zusammenstellung eines Menüs einer Rechnung mit 20 Unbekannten gleich. Ehe Sie nun vor Zorn über die unberechenbaren Geschmacksspiele die Serviette werfen, denken Sie an die Grundmaxime für ein erfülltes Genießer-Leben: Erlaubt ist, was gefällt. Soll heißen: Trinken Sie den Wein, den Sie gerne mögen, zu den Speisen, die Sie gerne essen. Und wenn der Wein nicht zum Essen paßt, dann trinken Sie ihn eben danach. – Hauptsache, es schmeckt.

Wichtig ist nicht nur die Zusammenstellung der Weine und Speisen, sondern auch – und vor allem – die Abfolge der Speisen und Weine untereinander. Starten Sie mit leichten Weißweinen, ehe Sie stärkere Kaliber folgen lassen. Nach einem wuchtigen, im Barrique ausgebauten Chardonnay wird ein filigraner Rotwein eher ärmlich schmecken. Ähnlich verhält es sich bei den Speisen. Essen Sie nicht zu salzig vor Süßem, vermeiden Sie allzu viele schwere Saucen, würzen Sie nicht schon die Vorspeise heftig, weil sonst keine Steigerungen möglich sind. Jeder Gaumen ist in dieser Hinsicht unerbittlich und goutiert ausschließlich die logische Abfolge vom Einfachen zum Komplexeren. Sollte dies einmal unumgänglich sein: ein Sorbet oder ein Glas Champagner renkt die Geschmäcker wieder ein. Eine Regel, mit der man prinzipiell gut fährt: Trinken Sie Weine aus dem Land, aus dem auch die Speise kommt. Also beispielsweise italienische Tischweine zu Pasta, Pizza, Carpaccio & Co. Besonders heikel sind Speisen mit Essig. Diese killen fast jeden Wein. Ein Bier, speziell bei Salat-Vorspeisen und Sulz, ist da oft die beste Alternative.

Nicht unwesentlich für den Genuß sind die richtigen Gläser. Groß genug und dünnwandig sollten sie auf jeden Fall sein. Wer die Sache ernst angeht, wird an den kostspieligen wie funktionellen Riedel-Gläsern nicht vorbeikommen. Weißweingläser sind nicht zuletzt deshalb kleiner, weil so der Wein länger kühl bleibt. Apropos Temperatur: Rotwein serviert man immer mit sogenannter Zimmertemperatur. Aber Vorsicht! Der Begriff stammt aus Zeiten, als noch nicht von zentralgeheizten Räumen die Rede war. Unsere Vorfahren lebten etwas kühler, bei 18 bis 20 Grad. Das ist auch die Trinktemperatur für einen schönen Roten. Daher sollte man ihn rechtzeitig temperieren. In der Wohnung erhöht sich die Temperatur pro halbe Stunde um zwei Grad. Wenn der Rotwein zu warm ist, zögern Sie nicht, ihn für einige Zeit in den Kühlschrank zu stellen. Merke: Je langsamer das geschieht, umso dankbarer zeigt sich der edle Tropfen. Burgunder oder Zweigelt darf man stets eine Spur frischer servieren. Leichte Rotweine wie Beaujolais schmecken bei 12 bis 15 Grad am besten. Trockene Weißweine sollten mit 10 Grad serviert werden. Sind sie kälter, können sich die Bouquetstofe nicht entfalten. Lagern Sie daher auch bitte den Wein nicht tagelang im Kühlschrank. Durch die Kälte und die geringe Luftfeuchtigkeit trocknet der Wein regelrecht aus. Er macht dann nur halb soviel Spaß, wird oft unscheinbar und neutral.

Bei Tisch bewahrt man Weißwein am besten in einem Plastikbehälter nach Vinicool-System auf. Das System basiert auf dem einfachen Prinzip, wonach Warmluft steigt und Kaltluft fällt. Weil es ohne Wasser funktioniert, ersparen Sie sich die lästige Tropferei, wie man sie bei der Kühlung mit Eis hat.

Grau die Theorie, farbenprächtig und überraschend die Praxis. Anstatt Ihnen an dieser Stelle Selbstverständlichkeiten wie „trockener Weißwein zu Räucherlachs" vorzubeten, ein kleiner Leitfaden durch die grundsätzliche Harmonielehre des Geschmacks. Unsere Zunge kann im wesentlichen vier Geschmackskomponenten unterscheiden. Am Ende der Zunge nimmt man Bitternis und adstringierende Geschmackskomponenten wahr. Der äußere Zungenrand schmeckt Salz. Unter der Zunge und am Rand wird die Säure spürbar. Auf der Zungenspitze schmecken wir Süßes. Je nachdem, welche Komponenten nun überwiegen, sagt der Gaumen gut oder scheußlich.

Kombinationen, die funktionieren:

- ***Säure und Fett:*** *Weinsäure löst fettreiche Speisen auf. Sie wirken bekömmlicher, die Säure des Weines wirkt nicht so aggressiv.*
- ***Säure und Süße:*** *Fruchtsäuren von Obst verbinden sich perfekt mit Süßweinen. Der Wein wirkt frischer und fruchtiger.*
- ***Süße und Süße:*** *wirkt weniger süß, als es tatsächlich ist. Darum schmeckt die Trockenbeerenauslese so gut zum Apfelstrudel.*
- **Bitterstoffe (Tannine) und Fett:** *neutralisieren einander weitgehend. Junge, unreife Weine schmecken plötzlich sehr brauchbar (z. B. Rotwein und Käse).*
- ***Tannine und Röststoffe:*** *ähnlich wie zuvor. Durch gebratenes und gegrilltes Fleisch und das darin enthaltene Protein schmeckt der Wein viel weicher, als er tatsächlich ist.*

Was niemals schmecken wird:

- ***Säure und Säure:*** *summiert sich zu einem metallischen Spektakel zwischen den Zähnen.*
- ***Säure und Tannine:*** *Essig oder Zitrone läßt die Gerbstoffe im Wein völlig bitter wirken.*
- ***Säure und Salz:*** *summieren sich auf aggressive Weise.*
- **Bitterstoffe/Tannine und Säure:** *fast unlösbar. Jede Geschmackskomponente wird unangenehm verstärkt.*
- ***Tannine und Salz:*** *unmöglich, harmonieren in keiner Weise.*
- ***Tannine und Süße:*** *Schon bei Bitterschokolade scheiden sich die Geister …*

Genug der Regeln. Probieren ist das halbe Vergnügen. Sollten Sie daheim zu jedem Gang einen speziellen Wein servieren, ist es schön, wenn Sie genügend Gläser im Haus haben. Dann kann man immer wieder zu den vorangegangenen Weinen zurückkehren und womöglich unvermutete Kombinationen entdecken. Natürlich ist auch das Gegenteil möglich, aber sehen Sie es doch positiv: Jede mißlungene Zusammenstellung ergibt für eine Feinschmeckerrunde ein wunderbares Gesprächsthema.

Wenn Gäste kommen

Der Höhepunkt an Gastlichkeit: Eine Freundesrunde genießt daheim Ihre Kochkunst. Mit etwas Organisation ist ein schöner Abend garantiert.

Auch wenn dieses Buch für zwei Personen konzipiert ist: Wer gerne kocht, wird gerne einmal liebe Freunde einladen, um sie nach allen Regeln der guten Gastlichkeit zu bewirten. Orientieren Sie sich an den Menüvorschlägen auf den vorangegangenen Seiten, oder komponieren Sie ganz einfach Ihre ganz persönliche Speisenfolge nach Lust und Laune.
Was die Zutatenmengen der Rezepte anbelangt: Erhöhen Sie die Mengen je nach Bedarf. Bedenken Sie aber, daß speziell bei fünfgängigen Menüs die eine oder andere Portion durchaus ein wenig kleiner ausfallen darf.
Oberstes Gebot für einen schönen Abend mit Freunden ist gute Organisation. Wenn Sie sich stundenlang in der Küche abmühen, während der Rest der Gesellschaft vergnüglich plaudert, liegt eindeutig eine Themenverfehlung vor. Schließlich kommen die Leute ja vor allem, um Sie zu sehen. Wer also seine Gäste möglichst viel zwischen der unvermeidbaren Arbeit in der Küche sehen will, halte sich tunlichst an gut vorbereitbare Gerichte. Eine Suppe oder eine kalte Vorspeise als erster Gang ist da gerade richtig. Ein schnell herzustellendes Fisch- oder Meeresfrüchtegericht als zweiter Gang bringt erste wohltuende Sättigung und Ihnen selbst trotzdem nicht unmenschlichen Streß. Apropos: Kochen Sie nie Speisen, die Sie zuvor noch nie ausprobiert haben. Das Risiko, daß etwas schiefgehen kann, ist viel zu groß. Ihre privaten Küchenstandards sind in dieser Hinsicht eine sichere Sache und geben den Gästen einen sympathischen Einblick in Ihre persönliche Geschmackswelt.
Als Hauptgericht überlegen Sie sich am besten einen Braten oder ein recht rasch herzustellendes Fleischgericht mit einer nicht zu komplizierten Beilage. Und auch für das Dessert halten Sie vorzugsweise nach gut vorzubereitenden Gerichten Ausschau, die sich mit wenigen Handgriffen vollenden lassen. Noch ein Mal: Weniger ist oft mehr. Ein rundum gelungenes dreigängiges Menü ist besser als ein Gerade-noch-5-Gang-Menü, das Sie durch die Küchenarbeit völlig erschöpft.
Denken Sie in diesem Zusammenhang bitte auch an die technischen Gegebenheiten Ihrer Küche: Ein Standardherd hat nur drei Kochfelder und ein Backrohr. Was in der

Theorie vielleicht leicht von der Hand gehen sollte, scheitert dann womöglich an einer fehlenden Kochstelle. Bedenken Sie auch, daß Sie für größere Mengen größere Pfannen oder Töpfe brauchen bzw. Fleisch oder Fisch in mehreren Arbeitsgängen scharf anbraten müssen.
Nicht unwesentlich ist die Speisenzusammenstellung und deren Kombination mit Wein (siehe Seite 214). Zutaten, Zubereitungsarten und womöglich auch Farben und Formen sollten sich nicht wiederholen. Also nicht zum Beispiel zwei Mal Huhn, Kartoffeln oder gleichartige Saucen zubereiten. Kalte Gerichte stets vor warmen servieren. Leichtes stets vor Schwerem. Die Dramaturgie sollte wie bei einem guten Hollywood-Film funktionieren. Spannung (aber bitte keine unerträgliche), die sich stetig aufbaut, und am Ende löst sich alles in Wohlgefallen auf.
Es mag vielleicht banal klingen: Überzeugen Sie sich, daß Sie genügend Teller und Besteck haben. Das erspart Ihnen so manchen Abwasch zwischendurch, der sonst unvermeidlich wird. Zum Thema Tischkultur wurden schon unzählige Bücher geschrieben. Orientieren Sie sich auch hier an Ihren persönlichen Ideen und Vorlieben. Besonders nett wirkt eine (nicht überladene) Tischdekoration, die womöglich zum Motto des Menüs oder zu dessen wichtigsten Bestandteilen paßt. Also zum Beispiel kleine Plastikfische etc., wenn es ein „fischiges" Menü gibt oder beim Essen der kommende Urlaub am Meer besprochen werden soll – Individualität geht auch dabei über alles. Lassen Sie doch einfach Ihren Charme spielen …

Zeitregister

Auf einen Blick:
Alle Rezepturen nach Zubereitungszeiten.

bis 15 Minuten

bis 20 Minuten

bis 30 Minuten

bis 45 Minuten

bis 60 Minuten

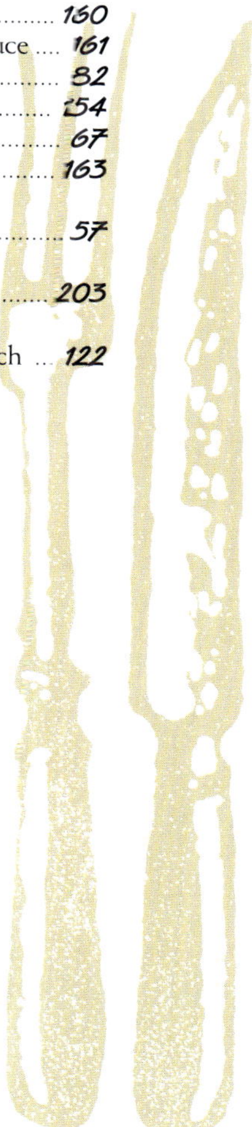

über 60 Minuten

Rezepte von A–Z

Danke an …

… den einzigartigen Herbert Völker für so manche wertvolle Wortspende zur Porträtstrecke.

… Fritz Kusche von Cerny-Fisch für die Bereitstellung von Fischen für die Fotoaufnahmen.

… Eschenbach-Porzellan für die Bereitstellung der Teller aus den Serien „Château Loire"

und „Bristol" (Bezugsquelle Österreich: Porzellanhaus Thun-Hohenstein, 1010 Wien).

… Uschi Korda für vielfältige sachdienliche Hinweise.

… Martina Willmann für ihre wertvolle Mitarbeit zum Entstehen dieses Buches.

… Thomas Friesenecker und Roman Kotzeny für die Unterstützung bei den Fotoaufnahmen.

… Brigitta Duregger für die Unterstützung beim Food-Styling.

2. Auflage 1995
Die Gesamtherstellung
des Werkes erfolgte durch die D+R Verlagsgesellschaft m.b.H.,
A-1060 Wien, Otto-Bauer-Gasse 6.

Art Direction: Erwin Kavcik
Grafik: Günther Schöffmann
Lektorat: Martin Grill und Regina Moshammer
Produktionsleitung: Martina Moser
Lithografie: Atelier Laut, 1050 Wien; Druck: Strohal, 1230 Wien.

ISBN 3-85447-612-4
Christian Brandstätter Verlagsgesellschaft m.b.H.
A-1080 Wien, Wickenburggasse 26, Telephon (++43-1) 408 38 14

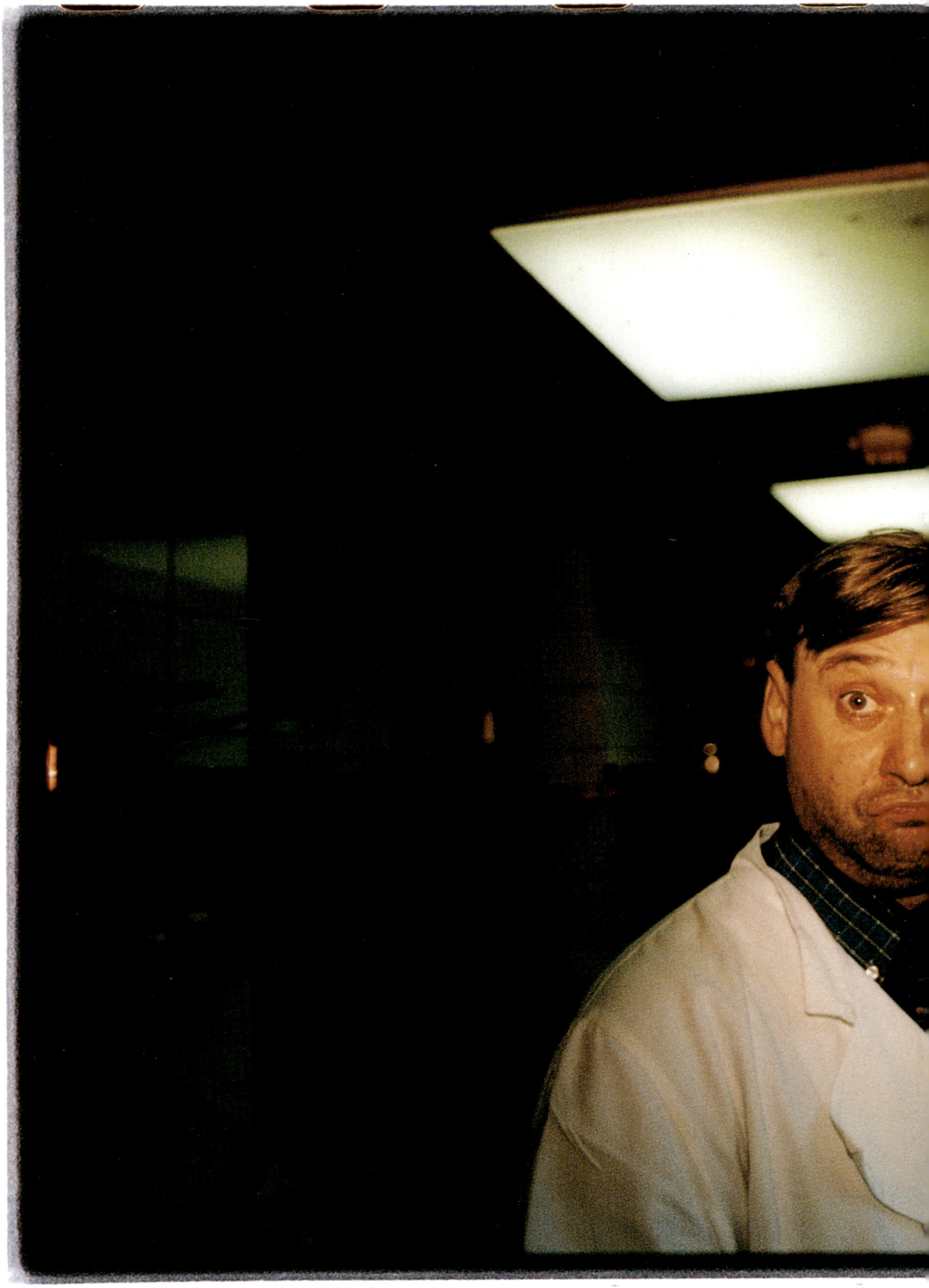